FORMATION PERMANENTE EN SCIENCES HUMAINES

Roger MUCCHIELLI

L'ANALYSE DE CONTENU DES DOCUMENTS ET DES COMMUNICATIONS

APPLICATIONS PRATIQUES

7e EDITION

EXERCICE 1

TROIS OPERATIONS INTELLECTUELLES : ABSTRAIRE, COMPARER, JUGER

Cet exercice est individuel dans la première partie qui consiste pratiquement à passer un test avec auto-correction. Il est individuel ou collectif dans la seconde partie qui demande de répondre à quatre questions finales. Dans son exploitation collective (en session de groupe ou en T.P.), on formera des groupes de trois stagiaires, par affinités et en auto-organisation en demandant d'écrire les réponses par groupe. La confrontation des rapports se fera en grand groupe, ainsi que la discussion et la synthèse.

. . . .

PREMIERE PARTIE.

Nous vous proposons ci-dessous un « test de capacité à l'analyse de contenu » qui est inspiré du principe du test d'intelligence verbale BVC 16 de Bonnardel. Il y a 10 épreuves (ou *items*) successives. Chacune consiste en ceci : 1) Prenez connaissance attentivement de la phrase écrite en majuscules et en tête. Il s'agit d'une pensée et le nom de son auteur est indiqué. 2) Marquez d'une croix, dans le cercle précédant les 6 phrases qui suivent cette pensée, *les deux énoncés dont le sens vous paraît équivalent à celui de la pensée écrite en majuscules en tête de l'épreuve.*

Faites ainsi pour toutes les 10 épreuves sans consulter le corrigé.

Quand vous aurez terminé, consultez le corrigé page 41, et calculez selon le mode de calcul indiqué, votre score personnel. Ne lisez pas les réponses aux questions annexes.

DEUXIEME PARTIE.

En réfléchissant sur votre travail antérieur (l'exécution du test) et sur vos erreurs (rectifiées par le corrigé), répondez aux quatre questions qui sont à la fin du test.

. . . .

PREMIERE PARTIE : LE TEST

1 UNE FOI QUI NE DOUTE PAS EST UNE FOI MORTE *(Miguel de UNAMUNO)*

A o Il faut douter pour pouvoir croire.
B o Celui qui doute n'a pas la foi.
C o L'incertitude est un aspect essentiel de la vraie foi.
D o Le doute est l'état d'âme normal de celui qui cherche.
E o Les tourments moraux du doute constituent la vie même de la foi sincère.
F o La foi du charbonnier est une foi tranquille.

2 PLUS ON EST HEUREUX ET MOINS ON PRETE ATTENTION A SON BONHEUR *(Alberto MORAVIA)*

A o Le bonheur est une ivresse qui rend inconscient.
B o C'est l'existence des malheurs qui aiguise l'attention au bonheur.
C o Quand tout va bien, on ne se rend pas compte de son bonheur.
D o Le bonheur est tonique pour la conscience personnelle.
E o Les petits malheurs stimulent l'énergie des humains.
F o Le bonheur est comme un sommeil.

3 PLUS LES TALENTS D'UN HOMME SONT GRANDS, PLUS IL A LE POUVOIR DE FOURVOYER LES AUTRES *(Aldous HUXLEY)*

A o Obéir aveuglément à quelqu'un peut conduire aux pires bêtises.
B o Il ne faut pas croire sur parole les gens qui nous éblouissent.
C o On fait prévaloir facilement ses idées quand on parle avec autorité.
D o Celui qui a du talent impose facilement ses opinions, même si elles sont fausses.
E o Il y a un mauvais usage du génie.
F o L'intelligence sert souvent à tromper autrui.

4 LES CONVICTIONS SONT DES ENNEMIS DE LA VERITE PLUS DANGEREUX QUE LES MENSONGES *(Frédéric NIETZSCHE)*

A o Lorsqu'on traite un sujet avec passion, on le déforme plus qu'en mentant délibérément.
B o Le fanatisme est une forme du mensonge.
C o Un passionné ne peut pas être objectif.
D o La Croyance est l'ennemie de la Vérité.
E o Ceux qui ne sont pas convaincus n'approchent jamais de la vérité.
F o Lorsqu'on tient à ses opinions, on devient capable de nier les faits avec plus d'agressivité qu'un menteur.

5 CELUI QUI NE VEUT AGIR ET PARLER QUE JUSTEMENT NE FAIT RIEN DU TOUT *(Karl JASPERS)*

A o Celui qui ne fait rien ne se trompe jamais.

B o Si l'on doit attendre d'être juste et certain, pour agir ou même pour parler, on ne commencera jamais.

C o Il faut courir le risque de se tromper si l'on veut faire ou dire quoi que ce soit.

D o Celui qui ne fait rien et ne dit rien, a toujours raison.

E o L'action et la parole justes sont d'une difficulté décourageante.

F o Il vaut mieux ne rien faire du tout qu'agir injustement.

6 L'ART NE CONSTITUE PAS UNE PUISSANCE, IL N'EST QU'UNE CONSOLATION *(Thomas MANN)*

A o L'art donne à l'artiste une consolation qui n'est pas la puissance.

B o La création artistique donne à l'artiste un sentiment de puissance.

C o L'artiste se console de son impuissance sociale par son art même.

D o L'œuvre d'art n'exprime pas une volonté de puissance mais un besoin de compensation intime.

E o Ce qui compte pour l'artiste, c'est ce que sa création lui apporte sur le plan personnel et affectif, non sur le plan social.

F o L'œuvre d'art est, pour l'artiste qui la conçoit et la réalise, un apaisement de ses souffrances et une manière de se consoler.

7 NOUS VOULONS TOUS LOUER A L'ANNEE ET NOUS NE POUVONS JAMAIS LOUER QUE POUR UNE SEMAINE OU POUR UN JOUR *(Jean ANOUILH)*

A o La réalité met toujours, malgré nous, des obstacles sévères à notre besoin de sécurité.

B o Nous aimons faire des projets à long terme, mais nous agissons toujours à la petite semaine.

C o On est obligé d'agir par rapport aux circonstances plutôt que par principe.

D o Quels que soient nos rêves et nos ambitions, nous devons vivre au jour le jour.

E o Nos espoirs les plus chers sont ceux qui sont le plus souvent déçus.

F o Nous aimons faire des projets à long terme mais les nécessités de la vie nous obligent à vivre à court terme et même au jour le jour.

8 QUAND LA FAMILLE SE DEFAIT, LA MAISON TOMBE EN RUINES *(Oliveira SALAZAR)*

A o La destruction de la maison familiale entraîne la dispersion de la famille.

B o La dissolution des liens familiaux conduit à la ruine de la Société.

C o La dispersion de la famille laisse à l'abandon la maison familiale.

D o La stabilité des structures humaines est fondée sur la Famille.

E o La famille est à la base de toutes les constructions.

F o L'entretien de la maison familiale est le devoir des familles.

9 LA OU LA LUCIDITE REGNE, L'ECHELLE DES VALEURS DEVIENT INUTILE *(Albert CAMUS)*

A o Lorsqu'on est arrivé à être parfaitement objectif, on ne peut plus avoir de préférences.

B o Comprendre dispense de juger.

C o L'homme lucide et objectif a un jugement sûr.

D o Quand on a compris, on ne sait plus juger.

E o La connaissance de la vérité exclut le recours aux valeurs.

F o On hésite à choisir tant qu'on ne sait pas la vérité.

10 LES ENFANTS NE REFLECHISSENT QUE COMME LES MIROIRS ; IL LEUR FAUT LE TAIN DU RESPECT *(Hervé BAZIN)*

A o Il faut respecter la réflexion personnelle des enfants.

B o Les enfants doivent apprendre à respecter leurs maîtres.

C o Les enfants n'apprennent vraiment quoi que ce soit que s'ils respectent ceux qui les enseignent.

D o Le comportement des enfants est le miroir de leurs sentiments envers leurs éducateurs.

E o Les enfants ne réfléchissent pas tout seuls. Il faut savoir les y encourager fermement.

F o Les enfants n'apprennent à réfléchir qu'après avoir appris à respecter.

Corrigé page 44.

. . . .

DEUXIEME PARTIE : QUESTIONS

1. Le corrigé vous a confirmé quelles sont les 2 phrases qui expriment l'idée contenue dans chaque pensée de référence, et cela pour les 10 items du test. En quoi consiste, sur ces exemples concrets, le travail de l'intelligence lorsqu'elle a à choisir ces 2 phrases et à éliminer les autres formulations ?

2. Quelles sont les conditions non intellectuelles de l'efficacité de ce travail de l'intelligence ?

3. En prenant maintenant pour objet la structure du test, dites comment il est construit, quelles sont les caractéristiques formelles de toutes les phrases cotées — 2, de celles cotées — 1, de celles cotées O ?

4. Que vous a appris cet exercice par rapport à l'analyse de contenu ?

. . . .

Corrigé page 44.

EXERCICE 2

DES ENONCES A CATEGORIER

Exercice individuel ou par petites groupes de 2 ou 3 formés par affinités.

N.B. — *Les résultats ne seront pas forcément identiques et une discussion devra avoir lieu pour justifier les catégories proposées. C'est au terme de cette discussion que, en session, l'animateur pourra définir la notion de* catégorie *en analyse de contenu et formuler les difficultés méthodologiques de la catégorisation.*

PREMIÈRE PARTIE : 51 RÉPONSES AU MOT « VACANCES ».

Nous avons posé, au cours d'un questionnaire sur les goûts et les aspirations personnelles, la question : « Que signifie pour vous le mot VACANCES » à 51 élèves-éducateurs (d'une Ecole spécialisée située dans le Sud-Est) âgés de 18 à 23 ans, dont 10 jeunes filles.

Votre travail consiste d'abord à dégager de la liste (ci-dessous) des 51 réponses, les catégories ou les thèmes sous lesquels se rangent ces réponses. Il ne s'agit pas d'inventorier les différences selon les âges ou les sexes (ce qui eût été possible si vous aviez les caractéristiques d'âge et de sexe de chaque répondant), mais *simplement de classer* ces réponses, de donner un nom ou un titre à chacune des classes obtenues et de compter combien d'unités se trouvent dans chaque catégorie. Question annexe : que pouvez-vous dire de la population interrogée (en tirant vos remarques de considérations numériques) ? Lorsque vous aurez fait cette première opération, vous aurez un certain *nombre* de catégories. Vous devez alors (deuxième opération) essayer de *réduire* ce nombre, en nommant les nouvelles catégories, et enfin, à l'inverse, de doubler le nombre initial (3e opération).

N.B. — *Les textes vous sont donnés ici en style télégraphique, ce qui vous évitera de le faire et facilitera votre travail de classement-catégorisation.*

Par convention :

1) ***chaque réponse peut être décomposée en unités plus petites si c'est nécessaire au travail d'analyse,***
2) ***aucun élément significatif dans les réponses ne doit être non-classé,***
3) ***les catégories doivent être justifiées et doivent correspondre également au sens des éléments qu'elles rassemblent,***
4) ***les catégories doivent être de même niveau de généralité.***

Pour terminer, vous direz aussi clairement que possible quel genre de travail intellectuel vous avez fait, quelles difficultés vous avez rencontrées et comment vous les avez résolues.

. . . .

REPONSES OBTENUES

Répondant 1 : *Eloignement radical du milieu habituel, géographique, professionnel, culturel. Complète liberté, même jusqu'au laisser-aller intégral si possible.*

Répondant 2 : *Dépaysement nécessaire avec environnement inconnu, chaud, sauvage. Liberté, insouciance, découverte.*

Répondant 3 : *Dépaysement par voyage long. Séjour dans endroits calmes. Farniente. Détente.*

Répondant 4 : *Partir à deux dans vieille voiture faire le tour du monde. S'arrêter quand envie de se reposer.*

Répondant 5 : *Tranquillité, calme, plaisir de l'inattendu et de l'improvisation. Rigoler, voir beaucoup de choses, faire photos, consacrer son temps à ce qui plaît. Pas de foule. Intimes en nombre restreint. Camping sauvage.*

Répondant 6 : *Loin des rassemblements et des foules. Plage ou montagne. Camping sauvage à deux ou trois maximum. Inutile avaler des kilomètres.*

Répondant 7 : *Evasion, dépaysement, liberté, voyage. Mer et soleil indispensables.*

Répondant 8 : *Visite d'une région avec dialogue auprès autochtones. Montagne préférée, avec soleil, silence, tranquillité.*

Répondant 9 : *Partir des villes encombrées par circulation et polluées ; trouver calme et tranquillité, soleil et air pur. Visite de pays étrangers en évitant grandes villes. Promenades à pied dans nature. Pas d'horaire.*

Répondant 10 : *Ni foule, ni radio, ni journaux, ni horaire, ni itinéraire, ni menus imposés. Improvisation et farniente.*

Répondant 11 : *Bord de mer, plage de sable. Bains à longueur de journée. Bronzage au soleil. Habiter maison donnant sur la mer. Repos, détente, calme.*

Répondant 12 : *Soleil, fleurs, nature, campagne, camping sauvage. Rêveries méditatives béates + pêche, ruisseau, poissons.*

Répondant 13 : *Tour du monde à 4 ou 5 en dehors organisme tourisme collectif. Temps non limité. Contacts recherchés avec population rencontrée. Hébergement au hasard, pas d'hôtel.*

Répondant 14 : *Temps consacré à visiter lieux nouveaux et à enrichissement culturel. Eviter radicalement relations avec gens du milieu de travail habituel : question de vie ou de mort. Evasion.*

Répondant 15 : *Eviter vacances organisées par agences. Construction personnelle de l'itinéraire. Suivre son inspiration du moment et exploiter intérêt occasionnel. Recherche de la nature et du dépaysement. Concilier connaissance du monde et repos. Etalement du temps.*

Répondant 16 : *Absence de soucis matériels. Dépaysement. Réalisation de rêves d'enfant : l'étranger et tout ce qu'il symbolise.*

Répondant 17 : *Ile déserte et voilier. Soleil, sable, mer, évasion. Rester allongé toute la journée.*

Répondant 18 : *Voir nouveaux paysages. Evasion et découverte.*

Répondant 19 : (le répondant donne, au lieu d'une réponse verbale, un dessin représentant une route droite allant de gauche à droite et finissant en perspective en Haut-Droit, avec, à la jonction des traits, une fleur).

Répondant 20 : *Une maison, de bons livres, de bons disques, quelques bons amis parfois, un être à aimer peut-être. Vivre sans avoir besoin d'évasion. Pas de soucis pécuniaires. Soleil ou pluie. Des animaux près de soi.*

Répondant 21 : *Je souhaite ne pas avoir besoin vacances, être bien où je vivrai et être satisfait de mon métier. A par ça, je conçois 2 genres : vacances-dépaysement : partir en Turquie ou en Afghanistan ; vacances actives : rester chez soi et s'occuper, loisirs culturels, artisanat.*

Répondant 22 : *Temps illimité avec femme. Automobile confortable et bonne routière. Découverte de l'Europe avec 3 ou 4 journées dans chaque ville intéressante, séjours dans hôtels luxueux, bonne table, service parfait. Finir ce tour par 8 jours dans petite île grecque.*

Répondant 23 : *Etre dans un monde absolument différent du quotidien : voyages, découverte nouveaux horizons, évasion. Mais activités et plaisirs de riches (avion, casino, château). Aucune contrainte pécuniaire ou morale.*

Répondant 24 : *Paix solitaire dans cadre reposant ou sportif (style Gorges du Tarn) ou alors grande vie avec beaucoup d'argent dans île du Pacifique : bateau, villa, femmes.*

Répondant 25 : *Partir pour pays ensoleillé. Pas de soucis matériels. Se reposer dans immense propriété. Etre au calme, tout en pouvant jouir de la compagnie d'amis.*

Répondant 26 : *Etre entre amis et changer d'horizon. Avoir le temps. Voyage, aventure, soleil, nature.*

Répondant 27 : *Déteste vacances synonymes de furie citadine, amoncellement de chair humaine, ambre solaire, marée humaine, sans originalité. Je préfère petit coin tranquille sans touristes.*

Répondant 28 : *Destitution des habitudes et abolition des contraintes. Liberté. Loisir, changement. Lumière, calme, montagne ou lac. Solitude. Retour sur soi.*

Répondant 29 : *Ciel, soleil et mer. Se baigner, dormir, manger.*

Répondant 30 : *Changement d'habitudes. Pas d'horaire. Dépaysement et détente.*

Répondant 31 : *Soleil, plage, mer, amour, promenades, jeux, nature, repos.*

Répondant 32 : *Nécessitent préparation. Marche à pied dans les Alpes suisses, air pur, solitude, froid, accident peut-être.*

Répondant 33 : *Culture personnelle dans un espace naturel nouveau. Profiter du calme, du repos, de l'immensité, de la fraîcheur comme du soleil.*

Répondant 34 : *Solitude. Sports : voile et bateau, pêche et escalades. Cela dans ciel bleu et soleil.*

Répondant 35 : *Séjour en pays exotique.*

Répondant 36 : *Evasion du cadre de vie habituel. Solitude, soleil, grand air. Pas de problèmes pécuniaires et autonomie complète.*

Répondant 37 : *Naturisme, soleil, mer, plage, plaisirs des noctambules avec retours au petit matin. Sieste.*

Répondant 38 : *Soleil, évasion, pêche, chasse, « parties » grivoises, découvertes. Vie intense, insouciante, naturelle.*

Répondant 39 : *A deux, sans horaire ni contrainte, l'évasion dans la nature et la détente.*

Répondant 40 : *Loin des villes et des foules, trouver le repos réparateur et bienfaisant dans la détente et les promenades à pied. Beau temps, soleil, tranquillité.*

Répondant 41 : *Liberté intégrale, à la mer ou à la montagne. Ciel bleu, promenades, gaieté.*

Répondant 42 : *Farniente. Camping. Quelques activités sportives telles que voile et équitation. Mer ou montagne.*

Répondant 43 : *Changement de lieu géographique et de relations.*

Répondant 44 : *Oubli des contraintes de l'horaire, de la profession, du vêtement. Rencontres. Soleil.*

Répondant 45 : *Détente. Camping en campagne, à la mer, ou à la montagne. Promenades. Amis. Joie, rires et détente.*

Répondant 46 : *Changement d'habitudes.*

Répondant 47 : *Fin des contraintes et des soucis. Soleil, chaise-longue, apéritif, sieste, petites amies pas trop sérieuses.*

Répondant 48 : *Plaisir des yeux et du ventre dans une vie au grand air, sans touristes ni agitation. Retour au pays.*

Répondant 49 : *Liberté intégrale. Fuite. Possibilité de choisir et de nouer de nouvelles relations. Ne rendre de comptes à personne.*

Répondant 50 : *Fuite de la foule et de la ville. Plein air et solitude.*

Répondant 51 : *Liberté et fantaisie avec de bons amis. Vivre dans l'imprévu et la détente.*

.. ..

Corrigé page 45

DEUXIEME PARTIE : 63 IMAGES POPULAIRES DE LA FOLIE.

Vous trouverez ci-dessous, présentés pêle-mêle, des mots ou expressions populaires et argotiques désignant « le fou » ou plus généralement la « folie ».

Votre travail consiste à regrouper ces mots et expressions par « catégories », à trouver un mot pour signifier chacune de ces catégories, et à découvrir si possible les relations sémantiques entre les catégories.

Cet exercice est inspiré d'un article du Dr S. CONSOLI, « Survol du lexique populaire de la folie », paru dans *Psychologie médicale*, 1978, X, n° 8, pp. 1497-1501.

.. ..

1 — perdre la boule, perdre la tête

2 — perdre le Nord

3 — avoir la tête à l'envers

4 — marcher à côté de ses pompes

5 — être dingue (ou dingo) (origines probables soit *dengue*, maladie organique qui laisse raide, soit le verbe *dinguer*, être balancé comme une cloche qui sonne)

6 — perdre la boussole, être déboussolé

7 — être à la masse

8 — passer sur la tranche

9 — être évaporé

10 — travailler du bigoudi

11 — être gaspillé de la tête

12 — être frappé, percuté

13 — être à côté de la plaque

14 — avoir le crâne fêlé

15 — être sonné

16 — être piqué

17 — travailler de la cafetière, de la terrine, de la tronche

18 — être timbré

19 — être éventé

20 — être marteau

21 — déménager

22 — fermenter du couvercle

23 — être cinglé (origines soit synonyme de *ivre*, soit du verbe *cingler*, frapper)

24 — être fêlé

25 — travailler du chapeau, du canotier, du melon

26 — être dérangé

27 — dérailler

28 — avoir la berlue, avoir des visions

29 — perdre la raison

30 — être louf (argot de « fou »), loufoque, louftingue

31 — avoir la serrure brouillée

32 — être jobard, barjo

33 — ne pas tourner rond

34 — onduler de la toiture

35 — avoir une araignée au plafond

36 — être tombé sur la tête

37 — yoyotter de la touffe

38 — divaguer

39 — être désaxé

40 — débloquer

41 — être maboul (origine de l'arabe *mahboul*, fou)

42 — être chaviré

43 — avoir une case en moins

44 — yoyotter de la mansarde

45 — être tordu, être cintré

46 — être syphonné (au sens de « évacué », « vidé »)

47 — avoir un cafard dans la tirelire, dans la tête

48 — être comme un lapin

49 — être comme une guêpe, comme un bourdon

50 — être détraqué

51 — avoir un vélo dans la tête

52 — avoir un trapèze dans le salon

53 — perdre les pédales

54 — être fondu

55 — être gaga

56 — être givré

57 — être huluberlu

58 — être toqué, toc-toc

59 — être un déséquilibré
60 — être zinzin
61 — être ramolli
62 — être fada
63 — être déphasé

. . . .

Votre réponse

Corrigé page 45.

EXERCICE 3

LE PROBLEME DU RESUME

Exercice individuel ou de petits groupes avec le dispositif décrit pour l'exercice 2. En session de groupe ou T.P., vous pouvez varier l'exercice en utilisant d'autres textes à résumer.

. . . .

Résumer consiste à condenser un texte donné (et nous supposerons ici que le texte et son résumé sont écrits dans la même langue) en changeant la forme et la longueur, mais en respectant le sens.

Cette opération répond au besoin le plus impérieux de notre époque submergée par la quantité d'information. « Autrefois, on disait aux élèves et étudiants (nous raconte Roger PREVOST dans un article de la Revue *Management*) *expliquez et commentez*... Aujourd'hui, il faut apprendre à *résumer*. Chaque jour en constate qu'il le faut ».

Que ce soit pour prendre des notes de cours ou de lecture, pour faire un compte rendu, pour établir une fiche documentaire ou pour condenser un ensemble d'informations utiles,... il faut savoir *résumer*.

Résumer exige la maîtrise de la langue du texte et des concepts qu'il utilise, l'intelligence du sens (le discernement de l'essentiel et de l'accessoire, la compréhension des idées, la reconnaissance des liens logiques entre les paragraphes successifs), la clarté de la reformulation, le respect des règles que l'on se donne ou que l'on reçoit concernant la longueur du résumé ou le nombre maximum de mots.

Les difficultés sont nombreuses. Les méthodes sont peu codifiées parmi les « littéraires », et pourtant, en sciences de l'information, on confie déjà à l'ordinateur les opérations du résumé.

Votre travail va se dérouler en plusieurs phases.

PREMIERE PARTIE.

Elle consiste à faire le résumé d'un texte court, en ne vous servant que de votre intelligence. Le résumé doit réduire le texte original des trois quarts. L'original a 264 mots ; votre résumé ne doit donc pas dépasser 66 mots.

Après cet essai, décrivez les genres de difficultés que vous avez rencontrées effectivement puis faites la liste de tous les genres d'erreurs possibles par suite de la transformation du texte en un texte-résumé.

. . . .

TEXTE A RESUMER

(extrait du « Siècle de Louis XIV », de VOLTAIRE)

« ... *L'industrie, s'étant perfectionnée dans les villes, s'est accrue dans les campagnes. Il s'élèvera toujours des plaintes sur le sort des cultivateurs ; on les entend dans tous les pays du monde ; et ces murmures sont presque partout ceux des oisifs opulents, qui condamnent le gouvernement beaucoup plus qu'ils ne plaignent les peuples. Il est vrai que, presque en tout pays, si ceux qui passent leurs jours dans les travaux rustiques avaient le loisir de murmurer, ils s'élèveraient contre les exactions qui leur enlèvent une partie de leur subsistance. Ils détesteraient la nécessité de payer des taxes qu'ils ne se sont point imposées et de porter le fardeau de l'Etat sans participer aux avantages des autres citoyens. Il n'est pas du ressort de l'Histoire d'examiner comment le peuple doit contribuer sans être foulé, et de marquer le point précis, si difficile à trouver, entre l'exécution des lois et l'abus des lois, entre les impôts et les rapines ; mais l'histoire doit faire voir qu'il est impossible qu'une ville soit florissante sans que les campagnes d'alentour soient dans l'abondance ; car certainement ce sont ces campagnes qui la nourrissent. On entend, à des jours réglés dans toutes les villes de France, des reproches de ceux à qui leur profession permet de déclamer en public contre toutes les différentes branches de consommation auxquelles on donne le nom de luxe. Il est évident que les aliments de ce luxe ne sont fournis que par le travail industrieux des cultivateurs, travail toujours chèrement payé...* »

. . . .

Votre résumé et vos réponses aux 2 premières questions.

Voyez le corrigé page 46.

DEUXIEME PARTIE.

Voici le résumé-corrigé du texte de VOLTAIRE (corrigé proposé par Jean MOREAU, *la contraction de texte aux examens et concours, op. cit.*, p. 45). Il a 54 mots.

L'activité et les techniques, progressant dans les villes, ont progressé dans les campagnes. Les paysans certes se sont toujours plaints et ont à se plaindre réellement d'être accablés de charges. Mais comme la prospérité urbaine dépend nécessairement des paysans, ceux-ci peuvent, grâce au luxe honni par les prédicateurs, devenir plus riches.

....

Votre travail consiste à résumer encore ce texte : 1) en 30 mots, 2) en 15 mots, 3) en un titre court qui conviendrait à cet extrait.

Corrigé page 47.

TROISIEME PARTIE.

Voici un autre texte original à résumer. Mais *votre travail* consistera non pas à refaire les opérations demandées ci-dessus dans les parties I et II de l'exercice, mais à imaginer successivement *deux méthodes objectives* du résumé éventuel, la première sera une méthode purement logique-intellectuelle-personnelle pour éviter les distorsions et trouver l'articulation des idées-clés du texte,... la seconde sera une technique qui permettrait de programmer le travail du résumé à l'intention de l'ordinateur.

N.B. — *Nous supposerons que l'ordinateur sait lire un texte préparé, qu'il peut extraire les mots à haute fréquence ainsi que leurs associations à d'autres mots et qu'il peut compter les occurences (ou apparitions de ces mots dans le texte). Un « programme » est une suite d'opérations bien définies avec les moyens de les réaliser automatiquement dans l'ordre prescrit.*

Après les avoir formulées, appliquez vos deux méthodes au texte de référence ci-dessous.

. . . .

(extrait de *Studies of broad casting*, de Olivier BURGELIN, 1968 *)

« *L'analyse de contenu traditionnelle est essentiellement quantitative. Quel que soit son but, elle s'efforce toujours d'opérer par dénombrement d'items. Il n'est pas difficile de discerner, derrière cette attitude... un vieux préjugé behaviouriste : on ne sait pas exactement ce que signifie le texte, mais on peut dire avec certitude que l'item Staline revient dix fois plus souvent que l'item Lénine. Au contraire, l'analyse structurale ne dénombre qu'exceptionnellement. Pourquoi cela ? Il serait vain de nier qu'il est parfois possible de tirer certaines inférences du fait que le mot Staline revient plus ou moins souvent dans un texte. Mais pris en lui même, ce fait est inintelligible, si nous ne tenons pas compte de ce que le texte nous dit chaque fois de Staline. Si nous en tenons compte, le dénombrement devient de plus en plus difficile, voire impossible. Mais surtout rien ne nous dit que ce qui revient le plus souvent soit le plus important ou le plus significatif, car un texte est... une totalité structurée à l'intérieur de laquelle la place des éléments est plus importante que leur nombre. Supposons par exemple un film dont le héros soit un gangster qui ne cesse d'accomplir des actes méchants mais qu'à un seul moment nous le voyons accomplir un acte bon. Les actes du gangster relèvent donc d'une double opposition : méchants/bons et fréquents/exceptionnels. L'opposition fréquents/exceptionnels est perceptible à première vue et ne nécessite aucune quantification. Par ailleurs il est évident que nous ne pourrons faire aucune inférence valable à partir d'un dénombrement des actes méchants, mais que le problème posé est celui de savoir quel est le sens donné aux actes méchants du fait de leur confrontation à cet unique acte bon. Et seule la prise en considération des rapports structuraux entretenus par cet unique acte bon et l'ensemble de la conduite méchante du gangster à l'intérieur du film peut nous permettre de faire une inférence concernant la signification d'ensemble du film. D'une façon plus générale, la signification de ce qui est fréquent ne se révèle que par opposition à ce qui est rare... Tout le problème est d'identifier l'item rare ou absent. L'analyse structurale propose une méthode pour y parvenir, ce que ne fait pas l'analyse de contenu traditionnelle.* »

. . . .

* Traduit et présenté in *Sociologie de l'information*, par F. BAILLE et J.G. PADIOLEAU, Larousse Ed., 1973, p. 116.

Vos propositions de méthode et leurs résultats expérimentaux pratiques sur le texte de référence.

Corrigé page 48.

EXERCICE 4

UNE ANALYSE DE PRESSE

Exercice individuel ou par petits groupes de 3 stagiaires se choisissant librement. Il y aura renvoi au corrigé (en exercice individuel) ou mise en commun des résultats après chacune des 3 parties de cet exercice.

N.B. — *Cet exercice n'est qu'un exemple. Vous pourrez en T.P. de groupe utiliser les événements du jour et, en disposant des journaux de diverses tendances, faire procéder à toutes les phases de l'analyse.*

.. ..

Nous nous inspirons dans cet exercice d'une étude réalisée par Evelyne SULLEROT avec la collaboration de Marie-Claude GARDELLE et sous la direction de George GEBNER, parue dans la Revue *Les Temps Modernes* en 1965, tome 20, n° 226, pp. 1704-1722.

L'objectif était de faire une analyse de tendances comparées d'articles de journaux à propos d'un fait divers dont voici l'essentiel : *un professeur de lycée du Midi de la France tua d'un coup de revolver un jeune élève qu'il ne connaissait pas, ceci en tirant par sa fenêtre et au jugé sur un groupe de jeunes qui, pour la quatrième ou cinquième fois, faisaient éclater des pétards dans sa boîte aux lettres. Cette histoire tint la première page des journaux en son temps en France, et l'année suivante le procès du meurtrier eut le même retentissement.*

Les journaux qui furent dépouillés pour cette analyse de presse furent : *L'Humanité, Libération, France-Soir, Le Parisien Libéré, L'Indépendant, L'Aurore, Le Figaro* pour la presse nationale, et *Le Provençal, Le Midi-Libre* pour la presse régionale.

Voici le tableau des journaux et les caractéristiques objectives de présentation de leurs articles :

Journaux	Nombre de lecteurs selon l'I.N.S.E.E. à la date de l'événement	Surface totale des titres, articles et photos en centimètres carrés	% de cette surface en 1re page	% de cette surface en photos	Nombre d'articles sur le cas
L'Aurore	870 000	2 631	7 %	27 %	9
Le Figaro	1 018 000	640	28 %	0 %	8
France-Soir	2 124 000	1 961	12 %	17 %	10
L'Humanité	283 000	853	19 %	4 %	6
L'Indépendant	198 000	1 869	64 %	29 %	11
Libération	148 000	1 671	19 %	5 %	7
Le Midi-Libre	577 000	2 845	27 %	14 %	10
Le Parisien Libéré ..	1 933 000	975	27 %	19 %	9
Le Provençal	690 000	1 321	43 %	43 %	7

Les chercheurs découpèrent tous les textes correspondant aux deux périodes (le fait divers et le procès du meurtrier) en « syntagmes » (groupe de mots significatifs dans chaque proposition) que nous appellerons « énoncés », et collationnèrent au total 642 énoncés. De cette masse, ils éliminèrent les énoncés *communs à tous les journaux* puisque par définition, ces énoncés n'apportaient rien de significatif pour une analyse de *tendances comparées :* ils concernaient les faits, les personnes, les moments du procès, les diverses circonstances que les récits des 9 journaux mentionnent tous également.

Les chercheurs retinrent uniquement donc les énoncés non communs, ce qui constitua le *corpus* final de leur recherche (ensemble des textes significatifs retenus). Ce corpus contient 176 énoncés différentiels, toutes les propositions synonymes étant ramenées à une seule.

Nous vous donnons ci-dessous les 176 énoncés réécrits. Des manipulations variées furent faites alors avec les énoncés pour faire apparaître les tendances et les moyens quantitatifs de leur comparaison.

Nous allons refaire ce travail.

. . . .

PREMIERE PARTIE. Inventaire et classement des énoncés.

Par convention, nous appellerons A le journal *L'Aurore,* F *Le Figaro,* FS *France-Soir,* H *L'Humanité,* I *L'Indépendant,* L *Libération,* M *Le Midi-Libre,* PL *Le Parisien Libéré,* PR *Le Provençal.*

Après chaque énoncé, nous mettons entre parenthèses les indicatifs des journaux qui ont utilisé cet énoncé ou des formules synonymes.

Votre premier travail consiste à *regrouper les énoncés par catégories,* sans vous préoccuper d'abord des journaux auxquels se réfèrent ces énoncés.

LISTE DES ENONCES

1. *Monsieur X... (l'accusé) est un honnête travailleur* (H, L, PR).
2. *Il n'a rien d'un fou ni d'un assassin* (H, PR, I).
3. *Il est atteint de la maladie de la persécution* (A, PL).

4. *Il est au seuil de la folie* (M, FS).
5. *Il est intelligent* (H, FS).
6. *Il est faible* (A, M, PL).
7. *Il manque du sens de l'humour* (FS, PL, F, M).
8. *Il est surmené* (H, PR, I).
9. *Il donnait des signes d'épuisement en classe* (I, A, PR).
10. *Il a agi avec une inconscience incroyable* (A, FS, M, PL).
11. *Il a tiré en l'air sans penser à mal* (H, L, PR, I).
12. *Il est possible qu'il ait visé* (A, PL, F, M).
13. *Il est saisi de panique* (PR, I).
14. *Il est bourrelé de remords* (FS, M).
15. *C'est un peureux* (A, PL).
16. *Il garde un silence lâche* (F, M, FS).
17. *Il est affolé quand il voit l'adolescent étendu sur le sol* (M, FS).
18. *Il avait essayé d'effrayer les farceurs* (L, FS).
19. *Il est sensible aux chahuts et aux moqueries* (H, L, PR, FS, I).
20. *Ce crime est tellement hors-série qu'il est difficile à juger* (P, M, FS, F).
21. *Des causes politiques sont à l'origine de cette affaire* (H, L).
22. *Les mobiles politiques sont déplacés pour expliquer une telle affaire* (FS, A, F).
23. *Madame X... reprochait aigrement à son mari de ne pas réagir contre les chahuteurs* (FS, M).
24. *X... est à plaindre, comme tous les intellectuels en proie aux mesquineries* (H, L, PR).
25. *Il effrayait les enfants* (A, PL, M).
26. *Il était brutal* (A, PL, F, M).
27. *Son père avait été professeur* (FS, PL).
28. *Ses grands-parents avaient été professeurs* (PR, M, F, A).
29. *Son père était Directeur du contrôle économique* (PR, I).
30. *Son père était chef de service des Douanes dans une petite ville* (H, L).
31. *Son père est mort terrassé par la honte et le chagrin* (FS, PL, I).
32. *Il a sorti à contrecœur sa voiture pour conduire la victime à l'hôpital* (F, FS, M).
33. *Il a recommandé aux amis de la victime de faire attention à ne pas tacher les coussins de la voiture avec le sang* (FS, PL).
34. *Il a caché son méfait aussi longtemps qu'il a pu* (A, PL).
35. *Les professeurs qui ont témoigné n'ont pas dit la vérité* (A, F, M).
36. *Ils ont caché ses comportements anormaux* (A, F, M).
37. *Un professeur ne peut être un tueur* (H).
38. *Monsieur X... était accablé de problèmes financiers* (PR, I).
39. *Il était lourdement endetté* (FS, I).
40. *Il s'est construit une belle villa* (F, M, FS).
41. *Il n'a pas le sens des réalités* (FS, PL, A).
42. *C'est un introverti* (A, PL).
43. *Exagérément orgueilleux* (F, M).
44. *Il s'enferre dans ses contradictions* (A, F, M, FS, PL).
45. *Il ment* (F, M, FS).
46. *Il ne paraît pas particulièrement tourmenté* (PL, A, F, M).

47. *Physiquement c'est un pauvre type* (FS, PL, M).
48. *Il est prématurément vieilli* (FS, PL, L, H).
49. *Il eut une jeunesse heureuse* (FS, PL, A, F).
50. *Sa jeunesse fut sans problèmes financiers* (FS, PL, A, F).
51. *Il est issu d'une famille modeste* (H, L, PR, I).
52. *C'est un bûcheur, un travailleur* (H, L, PR, I).
53. *Il prenait des stimulants pour se tenir éveillé* (M, FS).
54. *Il était contraint de faire des travaux supplémentaires* (H, PR, I).
55. *Ses collègues l'estimaient* (H, L).
56. *L'Inspecteur ne s'est jamais plaint de son travail* (H, L, PR).
57. *Il n'avait jamais reçu de promotion* (L, PR, FS).
58. *Il a reçu une promotion en prison* (FS, A, PL, M).
59. *Le meurtrier est politiquement un homme de gauche* (H, L).
60. *Sa femme a des convictions de gauche* (PR, I).
61. *Il milite modestement à la S.F.I.O.* (PR, I).
62. *Sa femme et lui ne sont pas militants* (FS, PL).
63. *Des mobiles religieux ne sont pas en cause* (A, F, M, FS, PL).
64. *On a prétendu que les jeunes gens qui avaient déposé des pétards chez lui étaient élèves des Jésuites* (F, M).
65. *On a prétendu que ces élèves s'en prenaient à un enseignant laïque de gauche, mais c'est faux* (FS, PL, A).
66. *Des discussions idéologiques peuvent exister au sein d'un même établissement scolaire* (PR, I).
67. *Mais cela n'a jamais provoqué de crime* (PR, I).
68. *Il battait ses élèves* (A, PL).
69. *Il terrorisait ses élèves* (A, PL).
70. *Il faisait des colères en classe...* (M, FS).
71. *... surtout avec les plus jeunes élèves* (M, FS).
72. *Il n'avait pas d'autorité réelle* (FS, M, F).
73. *Il manquait de confiance en soi* (FS, PL).
74. *Il prenait des somnifères pour dormir* (M, FS).
75. *Il devait donner des leçons particulières pour arrondir son budget* (H, FS).
76. *Il désirait une maison à lui* (H, L).
77. *Se construire une villa dépassait ses possibilités financières* (H, I, PR).
78. *Posséder une maison... était son rêve* (H, L).
79. *... son bonheur...* (FS, M).
80. *... son succès...* (FS, M).
81. *... le couronnement de sa carrière* (FS, M).
82. *Malgré deux salaires de professeurs, les revenus n'y suffisaient pas* (PR, I, H, L).
83. *Il travaillait comme interprète à l'aérodrome* (I, PR).
84. *Il était correcteur d'un cours par correspondance* (I, FS).
85. *Il corrigeait des copies la nuit* (L, PR, I).
86. *Il avait décidé de travailler double et triple* (H, PR, I).
87. *Il était néanmoins suffisamment généreux pour donner des leçons gratuites à la fille d'un collègue* (H, PR).
88. *Il envisageait l'avenir avec courage* (H, FS).

89. *Ses supérieurs l'appréciaient* (H, L).
90. *Ses collègues ont offert une aide financière à sa femme* (H, L, PR, I).
91. *Monsieur X... s'intéressait à ses élèves,...* (PR, I).
92. *Il les faisait travailler,...* (PR, I).
93. *Il avait gagné leur respect...* (L, PR, I).
94. *Il n'a pas perdu leur respect* (L, PR, I).
95. *Cet acte* (le crime) *est insensé* (FS, PL, A).
96. *Les professeurs aiment les enfants* (H, L).
97. *Beaucoup de professeurs manifestent de l'hostilité envers les enfants de familles aisées* (A, PL).
98. *Monsieur X... se montrait souvent pédant,...* (A, PL).
99. *... froid...* (A, PL).
100. *... rigide,...* (A, PL).
101. *... sévère...* (A, PL).
102. *Il se réfugiait derrière les règlements* (A, PL).
103. *Monsieur X... ne vaut rien, sorti de sa spécialité d'enseignant* (A, F, M).
104. *C'est un éducateur capable,...* (H, L).
105. *Un bon époux...* (H, L).
106. *Un bon père* (H, L).
107. *Il a le sens de l'humour* (PR, I).
108. *Sa vie a été sans histoire jusqu'ici...* (H, FS).
109. *... sans reproche* (H).
110. *Son passé est sans tache* (H, PR, I).
111. *Il est issu d'une famille de fonctionnaires* (H, L).
112. *Il a connu une vie d'étudiant sans écueils* (FS, PL, A, F, M).
113. *Il a connu seulement les problèmes financiers qui sont le lot de tous les jeunes couples* (FS, PL).
114. *Sa femme n'a pas de cœur* (M, F).
115. *Elle a un visage froid et dur* (F, M).
116. *Elle est querelleuse et tracassière* (M, F).
117. *Il était humilié dans sa profession,...* (H, L).
118. *Toujours contrôlé,...* (H, L).
119. *Toujours supervisé,...* (H, L).
120. *En dépit de sa valeur professionnelle* (H, L, PR).
121. *Il est victime de conditions de vie injustes* (L, H, PR).
122. *Lors du procès, on a évité à dessein de parler de la situation catastrophique de l'enseignement secondaire en France* (H, L, PR).
123. *Les enfants des colons rapatriés d'Afrique du Nord, installés à Perpignan, ne sont pas respectueux de la démocratie* (H, L).
124. *Ils sont partisans du Général Massu* (H, L).
125. *Ils avaient organisé au lycée Arago, un comité de salut public,...* (H, L).
126. *... Ils ont blessé le concierge du lycée,...* (H, L).
127. *... menacé de mort trois de leurs professeurs,...* (H, L).
128. *... ainsi que le secrétaire du Syndicat C.G.T. de l'Etablissement,...* (H, L).
129. *... Ils ont envoyé une lettre de menace à un hebdomadaire communiste local...* (H, L).
130. *Ils ont commis des actes de vandalisme au lycée,...* (H, L).
131. *Ils visaient les professeurs connus pour leurs idées antifascistes* (H, L).

132. *Ils ont protesté contre la grève du 30 mai* (H, L).
133. *Monsieur X... n'avait pas d'opinion politique* (FS, A, PL).
134. *Il n'a jamais fait de politique* (FS, A, PL).
135. *Il n'a pas fait la grève du 30 mai* (A).
136. *Il a fait la grève du 30 mai sans savoir pourquoi* (F, M).
137. *Il l'a faite par esprit d'imitation, non par conviction* (F, M).
138. *Il a simplement suivi le mot d'ordre* (F, M).
139. *Il vit actuellement un horrible calvaire* (PL, FS).
140. *Il ne s'en remettra jamais* (FS, I).
141. *Il a perdu le goût de vivre* (PR, I).
142. *Il est presque indifférent au destin qui s'abat sur lui* (FS).
143. *Il ne veut pas assister aux obsèques de son père, de peur d'infliger à sa mère la vision d'un fils entre deux gendarmes* (FS).
144. *Les vrais mobiles de son geste sont inconnus* (M, F).
145. *Il devait préparer la distribution des prix de fin d'année* (H, L).
146. *Il devait rédiger les bulletins de notes de fin d'année* (H, L).
147. *Il devait assister aux réunions du Conseil de discipline* (H, L, FS).
148. *Les élèves des familles riches se rebellent à la moindre sanction* (L).
149. *Les élèves riches et leurs familles prennent des attitudes de supériorité à l'égard des professeurs* (L).
150. *Monsieur X... a voulu, en faisant la grève du 30 mai, défendre les libertés républicaines* (H, PR, I).
151. *Tout le corps enseignant a fait de même* (H, PR, I).
152. *La jeunesse dorée et les chahuteurs ont fait un Club James Dean* (L).
153. *Parmi ces élèves, beaucoup sont corrompus* (L).
154. *Ils se permettent de critiquer les opinions politiques de leurs professeurs* (H, L, PR, I).
155. *Ils s'inspirent des méfaits de la jeunesse américaine* (H, L).
156. *Le crime de X... est le résultat malheureux d'une longue exaspération* (I, PR).
157. *Les chahuts et les brimades le poursuivaient dans sa vie privée* (L, PR, FS, PL, I).
158. *Il était habituellement agréable et sympathique* (H, L, FS, PR).
159. *Il refuse aujourd'hui toutes les circonstances atténuantes qu'on lui suggère* (FS).
160. *Il est las,...* (FS, I).
161. *... Il pleure,...* (FS).
162. *... Il parle bas mais avec mesure* (FS, I).
163. *Il pleure en voyant sa famille au procès* (FS, PL, F, M).
164. *Il manifeste de la tendresse à sa femme,...* (H, L, FS).
165. *Sa femme est bouleversante,...* (FS).
166. *... Elle ressemble à Antigone,...* (FS).
167. *... Elle est pathétique dans ses efforts pour défendre son mari* (FS, I)
168. *Elle traite son mari avec dureté pendant le procès* (F, M).
169. *Le remords de Monsieur X... est son plus grand châtiment* (FS).
170. *Le verdict a été trop clément* (A, PL).
171. *C'est une invitation à l'anarchie* (A, PL).
172. *Beaucoup de lecteurs ont écrit des lettres indignées* (A, PL).

173. *Il doit quitter sa profession,...* (L, H, PR).

174. *... sa maison...* (L, H, I, FS).

175. *Monsieur X... doit quitter la France* (F, M).

176. *Le verdict est une honte nationale* (A, PL).

VOTRE CLASSEMENT PAR CATÉGORIES :

Corrigé page 49.

. . . .

DEUXIEME PARTIE.

En utilisant les références aux journaux (selon le code des lettres donné en début d'exercice), répartissez le pourcentage de ces catégories parmi les 9 journaux cités, étant convenu que : *L'Humanité, Libération, Le Provençal* sont considérés comme des journaux « de gauche » ; 2) *L'Indépendant, France-Soir, Le Parisien Libéré* sont considérés comme des journaux à grand public (presse dite « commerciale » non idéologiquement marquée) ; 3) *L'Aurore, Le Figaro, Le Midi-Libre* sont considérés comme des journaux « de droite ».

D'autre part, en sachant que *L'Indépendant, Le Provençal, Le Midi-Libre* sont des journaux locaux-provinciaux et que les autres sont des journaux parisiens-nationaux (à diffusion sur tout le territoire), dessinez les divers types de présentation de l'affaire par journal.

N.B. — *Il convient de tenir compte des informations supplémentaires contenues dans le tableau de la page 19 ci-dessus donnant les surfaces, le pourcentage en première page et le pourcentage en photos.*

Corrigé page 49.

. . . .

TROISIEME PARTIE.

Tracez la carte des relations idéologiques entre ces 9 journaux à propos de ce « fait divers ». Quelle conclusion en tirez-vous ?

N.B. — *Pour préparer la carte, faites un tableau à double entrée et portez sur ce tableau (symétrique) toutes les relations. Ainsi à propos de l'énoncé 1, tiré des journaux H, L, PR, vous marquerez 3 relations H/L, H/PR, L/PR. Vous marquerez un signe dans les cases communes à H et L, H et PR, L et PR, et ainsi de suite. Aucun signe n'est à marquer lorsque l'énoncé est référé à un seul journal.*

Corrigé page 50.

EXERCICE 5

ANALYSE DES PROCEDES DU RECIT

Cet exercice est individuel. En session et T.P. de groupe, on fera commencer le travail individuellement à moitié, puis on fera former des petits groupes de 3 par affinités pour continuer, discuter et préciser les résultats.

. . . .

Il s'agit de faire une analyse *formelle*, c'est-à-dire de trouver, par l'analyse du texte ou des textes, le schéma général, l'organisation structurelle, le ou les procédés de composition des textes proposés.

Un tel travail peut s'effectuer dans plusieurs orientations et il est souhaitable que vous multipliiez ce genre d'exercice avec des consignes et des objectifs variés :

A-1. *Recherche des procédés de la propagande* en collectionnant des informations tendancieuses à buts soit de propagande de recrutement, soit de propagande d'intégration, soit de propagande d'agitation et de subversion (cf. fascicule *Psychologie de la publicité et de la propagande*). Historiquement, l'analyse de contenu, avec LASWELL, a commencé par ce genre de recherches.

2. *Recherche des procédés de rédaction et de présentation des nouvelles « à sensation »* dans les hebdomadaires spécialisés avides de scandales et de sensationnel.

B-1. *Recherche de la structure linguistique-syntaxique des récits et textes* en vue de déterminer les algorithmes permettant par exemple la traduction automatique. Un exercice de ce genre peut être tiré de l'Annexe 1 de l'ouvrage de Michel PECHEUX, *L'analyse automatique du discours*, Dunod, 1969, qui prend pour exemple un passage de *Alice au pays des merveilles.*

2. *Recherche du style* des auteurs de romans ou de nouvelles, dans l'objectif de formuler les principes du bon pastiche. La comparaison des pastiches et des textes authentiques permet aussi de faire de bonnes analyses formelles comparées.

C-1. *Typologie des récits,* par exemple des romans-photos, à la mode dans certains magazines, et classification des schémas.

2. *Schéma matriciel des « séries »* de romans policiers ou d'émissions policières ayant le même héros.

---

3. *Structure des situations dramatiques typiques ou des récits mythiques* en utilisant le modèle actanciel. L'ouvrage de E. SOURIAU, *Les deux cent mille situations dramatiques* serait une bonne référence. Ces problèmes relèvent de l'esthétique, et de la critique esthétique. Dans *L'esthétique du roman policier,* Thomas NARCEJAC étudie aussi les procédés du genre et leurs variantes par auteur.

N.B. — *Pour bien faire comprendre la différence radicale d'orientation entre l'analyse du contenu en vue d'en tirer les structures formelles et l'analyse du contenu en vue d'en tirer le leitmotiv ou les thèmes essentiels, on opposera par exemple l'analyse automatique décrite par Michel PECHEUX* (op. cit.) *et l'analyse automatique décrite par Robert ESCARPIT dans son féroce roman satirique* Le Littératron, *pages 105-122. En session, si on a le temps, on peut faire comparer les deux textes cités et formuler les différences entre les méthodes d'analyse automatique en poussant jusqu'à faire préciser les programmes si les stagiaires ont des notions d'informatique.*

.. ..

Nous avons choisi l'analyse des procédés de l'histoire drôle *, en nous référant à l'article de Violette MORIN, *L'histoire drôle,* paru dans la revue *Communications,* n° 8, Editions du Seuil, 1966. Vous pourrez multiplier *ad libitum* le matériel d'analyse en collectionnant les blagues et autres histoires de commis-voyageur.

Votre travail consiste à effectuer l'analyse formelle et à définir dans les 12 histoires drôles qui suivent, le ou les procédés du récit. Ces histoires ont une structure commune (qu'il faudra formuler) et mettent en jeu des procédés variés. Vous devrez formuler ces procédés en regroupant les histoires par analogie de forme.

Accessoirement, vous essayerez d'inventer d'autres histoires en utilisant les procédés découverts.

.. ..

DOUZE HISTOIRES DROLES

1. Un Corse en rencontre un autre, et lui demande des nouvelles de son fils. L'autre répond : « Eh ! il vient d'avoir vingt ans... ». Son interlocuteur sursaute et dit : « Mais comme... ? Il avait un mauvais avocat ? ».

2. Un mari cherche sa femme le long de la rivière et rencontre un quidam qui dit l'avoir vue. Le mari : « Si vous l'avez vue, elle ne doit pas être bien loin ! » — L'autre de répondre : « D'autant que le courant n'est pas très fort ».

3. Un garçonnet rencontre un ami de la famille. L'ami lui dit : « Tu es beau comme ta maman et intelligent comme ton papa ». Le garçonnet rentre à la maison et raconte ce qu'on lui a dit : « Il m'a dit : tu es bête comme ta mère et laid comme ton père ».

* Le philosophe Henri BERGSON, dans son livre *Le rire* (1899), avait cherché à définir les procédés du comique et y voyait essentiellement le remplacement du mouvement vital par un mécanisme. S. FREUD, dans *Le mot d'esprit et ses rapports avec l'inconscient* (1905) a aussi étudié les procédés du rire dans les histoires à allusion érotico-sexuelle.

4. Des prospecteurs d'uranium commencent des recherches en Corse et promènent sur le terrain leurs compteurs Geiger. Deux paysans corses les regardent. Un prospecteur s'approche et leur demande : « Savez-vous s'il y a de la radio-activité par ici ? ». Les paysans se regardent sidérés, et l'un d'eux répond : « La radio on sait qu'il y en a, mais l'activité !... ».

5. Un touriste à Londres rencontre un garçon dans le brouillard : « Dis, petit, voit-on souvent le soleil par ici ? ». — Le garçon : « Je ne sais pas, Monsieur, je n'ai que treize ans ».

6. Deux garçons bavardent. L'un : « On fait sa prière, chez toi, avant le repas ? ». — L'autre : « Oh non ! Maman fait de la bonne cuisine ».

7. Le mari reçoit dans ses bras sa femme évanouie. Il appelle la bonne et lui dit : « Apportez-moi du cognac ». — La bonne : « Et pour Madame ? ».

8. En Angleterre, un client du restaurant appelle le garçon et lui dit d'un ton furieux en montrant son assiette : « Que fait cette mouche dans mon potage ? ». — Le garçon regarde flegmatiquement et dit : « Apparemment elle nage, Sir ».

9. Des hommes jouent au bridge dans un café. Le garçon arrive pour servir et demande : « Pour qui la bière ? ». — Un joueur : « Pour le mort ».

10. Une femme reproche à son mari son indifférence. « Autrefois, lui dit-elle, tu me prenais les mains ». — Le mari : « Parce qu'autrefois tu jouais du piano ».

11. Le professeur a donné en composition en classe une rédaction sur le sujet suivant : « Que feriez-vous si vous étiez riche ? ». A la sortie un élève remet copie blanche. Le professeur : « Pourquoi cette copie blanche ? ». — L'élève : « C'est ce que je ferais, Monsieur ».

12. Le gardien du zoo pleure sur l'éléphant mort. Le directeur : « Consolez-vous, on vous le remplacera ». — Le gardien : « On voit bien que c'est pas vous qui devez l'enterrer ».

Corrigé page 50.

EXERCICE 6

UNE ANALYSE COMPONENTIELLE

Cet exercice est individuel. En T.P. de groupe, les stagiaires le feront individuellement dans un premier temps et se grouperont ensuite par équipes de 3 (et par affinités) pour confronter leurs résultats et discuter sur les applications de la méthode.

. . . .

Informations. L'analyse componentielle est utilisée pour clarifier un mot obscur dont la compréhension est essentielle. Par définition même ce mot-clé a un champ sémantique flou (et à préciser) et on ne dispose que du contexte et des assertions multiples dans lesquelles il figure.

C'est un peu comme la devinette verbale : « Ça peut être beau, ça peut être faux, ça se remarque chez toutes les personnes, c'est impalpable, c'est important, c'est sans couleur, c'est présent dans certains cas, c'est absent ou lointain dans d'autres cas tout en étant là, ce n'est pas un miroir mais quelque chose s'y reflète, etc... etc... qu'est-ce que c'est ? ».

Ce jeu transformé en méthode donne ceci (d'après Jean Dubois et ses collaborateurs in *Dictionnaire de linguistique,* Larousse, 1973) :

Qu'est-ce que signifie le mot *jwok* pour les Annaks du Soudan ? Les énoncés retenus qui définissent ce mot sont :

1. *Celui qui a fait le monde est jwok.*
2. *Il faut apaiser les ju piny* (pluriel de *jwok*) *par des offrandes et des sacrifices.*
3. *Les sanctuaires familiaux sont jwok.*
4. *Ce bosquet est jwok.*
5. *Le sorcier est jwok.*
6. *Les Blancs sont jwok.*
7. *Les radios, les voitures, les avions, l'électricité sont jwok.*
8. *Tout ce qui est bizarre est jwok.*
9. *Le malade a été pris par le jwok.*
10. *Que faire ? Tout dépend du jwok.*

Au lieu de répondre à la question : *Que signifie jwok ?* en bafouillant quelque chose de vague et d'intuitivement synthétique comme « manamanitou du genre sacré-divin plutôt maléfique mais aussi peut-être dans certains cas bénéfique », nous allons dresser systématiquement un tableau, assertion par assertion, des éléments de sens dont la composition (d'où le nom de « méthode componentielle ») servira à délimiter le champ sémantique mystérieux.

De l'assertion 1, nous tirons les traits sémantiques suivants :

— pouvoir extraordinaire *(faire le monde),*
— unicité (*celui* au singulier),
— personnalité quasi humaine *(celui),*
— objet de crainte religieuse *(évocation du Dieu Créateur),*
— objet de vénération et respect *(pour sa toute-puissance).*

De l'assertion 2, nous tirons les traits sémantiques suivants :

— pluralité (les *ju piny*),
— objet de crainte religieuse *(il faut apaiser),*
— objet d'un rituel religieux *(par des offrandes et sacrifices),*
— possibilité d'être maléfiques (*il faut les apaiser*),
— personnalité non humaine (êtres surnaturels).

De l'assertion 3, nous tirons les traits sémantiques suivants :

— pluralité (pluriel des *sanctuaires familiaux*),
— associés à certains objets du monde *(ici les sanctuaires),*
— transformant d'une certaine manière ces objets (ils deviennent *jwok*),
— objet de vénération et respect *(les sanctuaires familiaux),*
— personnalité non humaine *(les sanctuaires).*

Vous remarquerez que nous ne sortons pas de chaque assertion en y cherchant les traits sémantiques, et que certains de ces traits se renforcent, d'autres restant en suspens. Vous concevez qu'un tableau-diagramme puisse être dressé, qui aurait cette forme :

Traits sémantiques	Assertions			
	1	2	3	...
Pouvoir extraordinaire	×			
Unicité	×			
Pluralité		×	×	
Personnalité quasi-humaine	×			
Personnalité non-humaine		×	×	
Objet de crainte religieuse	×	×		
Objet de vénération et respect	×		×	
Objet d'un rituel religieux		×		
Possibilité d'être maléfique		×		
Associé à certains objets du monde			×	
Transformant d'une certaine manière ces objets			×	

.. ..

PREMIERE PARTIE DE VOTRE TRAVAIL :

A) Continuez et terminez ce tableau avec les 7 autres assertions en procédant de la même manière.

B) Définissez le *jwok* après l'analyse componentielle.

C) Quelles sont les difficultés que vous avez rencontrées ?

D) Quel est l'intérêt de cette méthode et dans quels cas serait-elle à recommander ?

Corrigé page 52.

DEUXIEME PARTIE.

Le genre d'exercice dont nous donnons maintenant un exemple (et qui est une application de l'analyse componentielle) peut être renouvelé presque à l'infini et devenir un travail d'équipe (même en vue d'un Doctorat) de longue haleine. En effet, il peut prendre pour thème la clarification de notions-clés de certaines philosophies (exemple : la notion d'IDEE chez DESCARTES et chez LOCKE, la notion d'ORDRE chez MALEBRANCHE, l'ALIENATION chez MARX, la VOLONTE DE PUISSANCE chez NIETZSCHE et chez ADLER, le MOI selon FREUD, etc... etc...) ; il peut prendre pour thème des sentiments-tels-qu'ils-sont-conçus-par-un-auteur (exemple : l'AMOUR dans les romans de MAURIAC, la PITIE selon SCHOPENHAUER, etc...), ou encore les situations typiques dans telle œuvre romanesque ou théâtrale.

Plus modestement, nous allons nous occuper d'une notion en rapport direct avec notre séminaire, celle de CONNOTATION. Nous allons chercher ce qu'elle signifie dans un article précis qui se veut historique et synthétique, l'article de Jean MOLINO paru in Revue *Linguistique*, P.U.F., 1971, volume 7, fascicule 1, pp. 5-30.

.. ..

Votre travail consiste à appliquer à la liste des 15 propositions tirées de cet article et comportant le mot CONNOTATION, la méthode d'analyse componentielle,... et à tirer du diagramme final la ou les définitions les plus précises possibles de ce mot *.

LISTE DES ENONCES CONSTITUANT LE CORPUS DE L'ANALYSE

1. Lorsque je dis « le cheval est blanc », « blanc » connote « le cheval », c'est-à-dire qu'il évoque le sujet auquel il se rapporte, et de manière indissociable puisqu'on ne peut pas employer l'adjectif « blanc » tout seul dans une phrase.

2. La connotation d'un mot est l'ensemble de ce que l'on sait de la réalité désignée.
Lorsqu'elle est objective, la connotation est la compréhension d'un esprit qui saurait toute la vérité sur un objet ; on dit que la connotation est subjective lorsqu'elle est la totalité des qualités qu'une personne donnée, à un moment donné, peut considérer comme contenues dans la signification de ce nom.

3. La connotation n'a pas de rapport direct avec la signification et renvoie à une classe de situations et d'usages sociaux, dans lesquels l'emploi de tel mot aurait une connotation particulière, c'est-à-dire apparaîtrait comme relevant d'un autre registre de la langue. Ainsi, outre sa signification, le mot « chiader » a une signification confuse qui signale l'emploi du jargon étudiant.

4. Nous avons un premier système de signes, comportant un plan de l'expression et un plan du contenu, et qui correspond à la langue : c'est le plan de la dénotation. Il y a un second système de signes dont le premier tout entier constitue le plan de l'expression : ce second système est la connotation. Ce second système parasite et travestit le réel. Ainsi quand *Paris-Match* naguère publiait une photographie où un soldat noir salue le drapeau français, le premier système explicite est « un soldat noir salue le drapeau français » mais ce système signifie secondairement que « la France est un grand Empire ». C'est sa connotation.

5. Le terme de connotation est synonyme de compréhension du concept **. La compréhension étant l'ensemble des caractères essentiels du concept est donc mesurée par le nombre de propositions possibles dont le concept est le sujet ; la compréhension du concept « homme » sera mesurée par l'ensemble des propositions construites selon le modèle « l'homme est mortel », « l'homme est doté de raison », etc...

6. La connotation est la frange subjective de la dénotation qui, elle, est l'ensemble des propriétés essentielles de l'objet telles que l'enquête scientifique ou l'accord des esprits peut les définir.

7. « Cheval » ou « chien » sont riches d'un sens différent dans deux civilisations et deux langues distinctes, mais ces différences appartiennent toutes au signifié du mot et, dans cette mesure, n'impliquent aucune connotation. En revanche si, dans un groupe social ou dans des circonstances données, l'emploi du terme « chien » est interdit (cas d'un tabou linguistique dans un tel exemple), alors ce tabou appartiendrait au domaine des connotations.

---

* Attention à ne pas être submergé par de multiples syntagmes hétérogènes provenant du découpage *linguistique* de la phrase au lieu de tirer les traits *sémantiques* du concept à analyser. Les éléments de sens à formuler sont pratiquement au nombre de 2 ou 3 par énoncés et se regroupent par traits similaires communs à plusieurs énoncés.

** Rappelons que « concept » signifie ici le mot comme renvoyant à une réalité extérieure (celle qui est nommée par le mot). « Concept concret », en 15, a le même sens.

8. Les grossièretés dont HERBERT parsemait ses articles du « Père Duchêne » n'avaient pas comme seule signification ce qu'elles disaient explicitement. Le fait même de les prononcer était le signe d'une autre fonction, d'une fonction seconde, le signe d'une situation révolutionnaire. C'est là la connotation ; les « foutre » et les « bougre » connotaient la « révolutionnarité ».

9. De toute façon, seules des enquêtes de type psychologique pourraient permettre de dégager les connotations, qui sont les « associations personnelles » diverses évoquées par un terme. La signification connotative d'un mot, pour un parleur, consiste théoriquement en l'ensemble des réponses associatives par lesquelles il connote l'impression sémantique que ce mot déclenche en lui.

10. L'emploi du mot « papa » connote le langage enfantin. Ceci nous oblige à distinguer le code de la communauté linguistique, code dans lequel s'intègre le mot, code ou langue dont ce mot fait partie lexicalement,... et l'induction qu'un auditeur peut en tirer concernant l'appartenance du locuteur à la catégorie (intention, état d'esprit, situation...) des enfants.

11. On pourrait définir la dénotation comme ce qui, dans la valeur d'un terme, est commun à tous ceux qui parlent cette langue, et qui coïncide avec ce qu'indique un bon dictionnaire. Les connotations, où le pluriel s'oppose au singulier de « dénotation », seraient alors tout ce que ce terme peut évoquer, suggérer, exciter, impliquer de façon nette ou vague, chez chacun des usagers individuellement.

12. De même qu'une perspective psychologique a tendu à opposer le sens cognitif ou intellectuel d'un mot à son sens affectif, de même une perspective de critique sociologique des idéologies distingue le sens neutre ou objectif — la dénotation —, et la valeur politique et sociale du signe — sa connotation.

13. La connotation est l'ensemble des jugements de valeur affectifs que chaque individu superpose à la signification commune des mots : ainsi « Boire » provoquera chez l'un des attitudes de répulsion associées aux images de l'ivrognerie, alors que chez tel autre le même mot évoquera les affres de l'être-égaré-dans-le-désert.

14. Lorsqu'un leader de la petite bourgeoisie parle, il ne suffit pas de s'attacher au contenu de ce qu'il dit expressément, au signifié que ses mots dénotent. Il faut dégager la connotation qui est la signification seconde, ce qui traduit en figures de rhétorique les principes simples qui gouvernent la conduite des petits bourgeois, leurs mythes.

15. Les concepts concrets sont ou bien *absolus*, quand la chose présentée l'est à la manière d'une substance, ce qui veut dire « comme des substantifs » (par exemple « l'homme », « l'arbre »), ou bien *connotatifs* quand la chose présentée l'est d'une manière particulière, sous un de ses modes d'existence (par exemple « aveugle » ou « sec »).

. . . .

Corrigé page 52.

EXERCICE 7

ANALYSES DU RECIT D'UN REVE

Exercice individuel. En sessions et T.P. cet exercice sera fait par petits groupes de 5 réunis par affinités et en auto-organisation. Après environ 1 h 30 de travail : réunion en grand groupe, lecture des rapports de groupe par les rapporteurs des groupes de travail, débat libre. Les animateurs feront la synthèse au niveau des méthodes d'analyse *et de leur valeur comparée selon les genres de textes.*

. . . .

Lorsqu'il s'agit d'analyser le contenu d'un récit imaginaire (légende, conte, fable, poème métaphorique, récit-histoire produite à partir des images d'un test projectif, rêve, etc...), il devient évident que le sens littéral ne suffit pas à épuiser les implications du texte et qu'une « lecture complète » ou une « compréhension complète » exige la perception d'un « autre sens », perception qui s'effectue, pour ainsi dire, sur un autre niveau ou sur un autre registre. Le texte dit quelque chose en disant autre chose.

L'analyse de contenu classique, qui, par définition, s'en tient au texte et à son contenu manifeste se trouve là sur une de ses limites et on peut à bon droit soutenir qu'elle doit laisser la place à un « art de l'interprétation » ou à des méthodes relevant de l'herméneutique (recherche du sens des énigmes et autres textes mystérieux polysémiques).

Nous vous proposons trois méthodes pour « lire » complètement le texte du rêve ci-dessous : a) la méthode psychanalytique classique, b) la méthode du modèle actantiel, c) la méthode de l'analyse thématique structurale.

. . . .

LE RECIT DU REVE

« Je rêve que je monte à bicyclette et que je me dirige vers un beau jardin à l'entrée duquel je m'aperçois que mon pneu avant se dégonfle. J'hésite à m'arrêter, mais un gardien qui se trouve là intervient et attire mon attention sur ma tenue. Je constate que je suis en chemise, presque nu. Je descends de bicyclette, je rebrousse chemin et je m'adresse à un garagiste auquel je demande de réparer mon pneu. »

1. *Informations sur le texte proposé.* Le récit du rêve ci-dessous est tiré de l'ouvrage *Psychopathologie de l'échec* (Ed. Payot, 1950), écrit par le célèbre docteur psychanalyste René LAFORGUE, et nous l'avons déjà utilisé dans le séminaire *Les complexes personnels* (Applications pratiques, page 43 et suivantes). Il a été raconté au médecin, au cours de la cure psychanalytique, par un malade, homme de 35 ans, dirigeant en second une affaire, marié, père d'un enfant.

2. *Informations sur les méthodes d'analyse que vous aurez à appliquer au texte de ce rêve :*

a) *La méthode d'interprétation psychanalytique.* C'est la plus connue. Elle cherche le « contenu latent » dissimulé *sous* le contenu manifeste et masqué par lui. Elle s'appuie d'une part sur une théorie du rêve (connaissance des « mécanismes du rêve » : dramatisation, condensation, symbolisation, déplacement, élaboration secondaire ; et certitude que le rêve exprime les pulsions inconscientes refoulées), d'autre part sur deux tables de clés. La première table des clés comporte les clés des symboles généraux (par exemple ici : « pneu gonflé » = verge en érection, « pneu dégonflé » = impuissance sexuelle par absence d'érection, « entrer dans le jardin » = effectuer un acte sexuel, « gardien interdisant l'entrée » = censure morale répressive des pulsions) ; l'autre table des clés est tirée des associations libres du rêveur, associations demandées par le psychanalyste sur chaque mot-image important du rêve. Voici les associations du rêveur, telles qu'elles ont été recueillies par R. LAFORGUE :

— jardin : *Cela me rappelle un parc public..., le parc public où j'ai fait une promenade hier et où j'ai vu une femme assise sur un banc. Lorsque j'ai vu cette jeune fille, j'ai voulu passer, puis je me suis demandé si je ne pourrais pas m'asseoir à ses côtés et engager la conversation. A ce moment-là, l'idée me vint que l'on pourrait nous voir et qu'il serait inconvenant de parler à une jeune fille gardant un enfant qui jouait tout près de là. Je faillis m'intéresser au jeu de l'enfant, mais craignant de paraître puéril, je continuai ma route en me promettant, une centaine de mètres plus loin, de revenir le lendemain et d'être plus entreprenant...*

— gardien : *Le gardien portait un uniforme et paraissait très vieux. Je crois qu'il portait une barbe mais je n'en suis pas sûr... Je pense maintenant au jardinier de la propriété où j'ai passé ma première enfance ; il portait une barbe. Il m'aimait peu et me défendait de toucher aux fleurs ou aux légumes. Il en voulait à mes parents qui, eux, m'avaient interdit de jouer avec ses deux petites filles, avec qui j'avais pourtant envie souvent de jouer. Un jour ma mère nous avait surpris en train de jouer avec des gâteaux de terre sur lesquels nous avions uriné. J'ai été fessé par mon père qui, terriblement incompréhensif, trouva notre jeu très inconvenant... Mon père aussi, dans le temps, portait la barbe. C'était un homme autoritaire, se mettant facilement en colère parce qu'il n'avait aucune autorité véritable. Ma mère, elle, était calme et sévère... Je me souviens d'une domestique avec laquelle on m'envoyait souvent me promener. Elle avait un amoureux, employé d'octroi, je crois, douanier ou agent de police... En tout cas, il portait un uniforme...*

— tenue : *La tenue inconvenante du rêve ? Cela me fait penser à des choses très désagréables... J'ai longtemps uriné au lit dans mon enfance. Mes parents essayaient de me guérir en me faisant honte : on sortait les draps à la fenêtre de ma chambre pour montrer à tous ce que je venais de faire. On en parlait devant mes oncles, mes tantes et les autres enfants lorsque, par hasard, il y en avait : « Vous ne jouerez pas avec Paul, il a fait pipi au lit ».*

Voilà un refrain que j'ai encore dans les oreilles. Et cela me paraissait tellement injuste... D'ailleurs, encore aujourd'hui, lorsque j'entre dans un salon, j'ai toujours le sentiment que ma mise n'est pas en ordre. J'en suis arrivé à m'habiller avec une grande méticulosité, mais cela ne sert à rien pour me tranquilliser. Une crainte insurmontable me prend aussi lorsqu'on me demande de parler en public ou lorsque je suis obligé d'uriner dans une vespasienne...

— garagiste : *Dans mon rêve, il était en blouse blanche, comme les pharmaciens et les médecins à l'hôpital... la blouse blanche me fait penser à ma femme, elle en porte une pour faire le ménage. Cette blouse lui va bien et me donne des idées... Je lui ai demandé de la mettre pour m'exciter. Les rares érections qui m'ont permis l'acte sexuel ont été obtenues de la sorte. Malheureusement, cela ne réussit pas toujours...*

b) *La méthode du modèle actanciel.* Le but de la méthode est de décrire la structure narrative en élucidant les rapports entre les « actants » qui sont les êtres ou les choses qui ont une fonction dans le récit. Il faut donc déterminer les actants et les qualifier, et définir leurs rapports dynamiques pour « décrire le micro-univers à l'intérieur duquel ils existent et agissent » (A.J. Greimas, *Sémantique structurale,* op. cit., p. 173).

L'actant est repérable par le sens de la phrase, non par la syntaxe. Autrement dit, le sujet de l'action est sujet actif, même si la phrase est grammaticalement au passif. La structure fonctionnelle des rapports entre actants qualifiés (dotés d'attributs) est *le modèle actanciel* (mot de Tesnière, retrouvé par Propp, développé par Greimas et d'autres).

Les genres d'actants sont d'une part le *Sujet* (le héros de l'action, celui qui est l'acteur principal dans la séquence considérée) et l'*Objet* (la valeur qu'il vise, le but de son action),... d'autre part le *Destinateur* (la situation-cause du drame ou celui à cause de qui la situation s'est créée, le responsable) et le *Destinataire* (celui qui bénéficie de l'action, celui à qui elle s'adresse ou pour qui elle a lieu),... enfin les *Adjuvants* (qui apportent de l'aide en agissant dans le sens du désir ou de la communication) et les *Opposants* (qui créent des obstacles, infligent des frustrations, contrecarrent le désir ou la communication), « participants circonstanciels » jugés bénéfiques ou maléfiques par rapport au désir du Sujet. Les qualifications des Actants sont expressives des motivations qui les animent, des espoirs, des craintes, des peurs, des forces, etc... et de leurs modalités diverses (« investissement thématique »).

Pratiquement vous diviserez la pièce (au sens de pièce de théâtre) que représente le rêve, en 3 scènes, ce qui fait, du rêve, une sorte de tragi-comédie en réduction où l'on peut compter 3 séquences différentes : 1) du début à « j'hésite à m'arrêter », 2) de « mais un gardien » à « presque nu », 3) de « je descends » à la fin.

Chacune de ces scènes a des actants (êtres ou objets) qui ont des rôles. Définissez les uns par rapport aux autres. Faites le schéma par scène. Etudiez les transformations diverses d'une scène à l'autre, et formalisez ces transformations.

c) *La méthode d'analyse thématique structurale.* Libérez-vous, pour utiliser cette troisième méthode, de vos références psychanalytiques et du modèle actanciel. Pratiquement, procédez de la manière suivante :

1° Recherchez *le leitmotiv du rêve,* son thème central, la formule qui pourrait le résumer et en être le titre significatif.

2° Décomposez le récit en micro-situations successives, ceci en suivant le texte dans son déroulement, et nommez (catégorisez) le thème situationnel que représente, dramatise ou concrétise la micro-situation considérée.

3° Analysez et définissez les relations *psychologiques* de ces situations entre elles. Ici quelques éclaircissements s'imposent : les relations sont, dans le récit, explicitement ou de façon supposée, des relations grammaticales : conjonctions de subordination, compléments circonstanciels, etc... ; certaines relations sont d'autre part d'ordre logique : cause-effet, implication, exclusion, etc... Les relations que *vous* devez chercher sont *psychologiques*, c'est-à-dire doivent correspondre à des rapports de sentiments, de motivation, d'opposition, d'obstacle-frustration-réaction, d'association conditionnelle, etc... Le critère de leur clarification n'est pas de savoir s'ils existent ou non dans la syntaxe de la langue utilisée ou dans la logique, mais s'ils sont psychologiquement valables. Leur concordance avec des relations grammaticales ou logiques peut se produire, mais elle ne sera pas systématique, et en tout cas, pas systématiquement recherchée.

4° Dessinez la structure ainsi définie par les thèmes et leurs relations.

Pour faciliter votre travail, voici un exemple d'application de la méthode à un autre rêve (cauchemar répétitif d'une femme de 40 ans célibataire) :

Le rêve : « *Je me vois marchant sur un chemin de terre entre des étendues brûlées. Je vois des troncs calcinés et à perte de vue dans toutes les directions, il n'y a aucune végétation, aucun être vivant, rien,... sinon assez loin une maison blanche sur l'étendue noire. Je voudrais y aller mais le chemin où je suis est plein d'une boue visqueuse où mes pieds s'enfoncent. J'essaie d'avancer, je peine, je souffre, je vais tomber... et je me réveille en proie à une angoisse affreuse* ».

1° *Leitmotiv :* « Engluée dans le présent », ou bien « la maison inaccessible ».

2° *Micro-situations successives :* 1) je suis seule, sans aide et sans recours ; 2) dans un espace actuellement vide ; 3) tout a été détruit antérieurement ; 4) il y a un but que je vise ; 5) ce but est hors d'atteinte ; 6) je m'épuise en efforts impuissants pour aller vers lui ; 7) je suis engluée dans le présent ; 8) (réveil) : j'éprouve une angoisse.

Thèmes situationnels : 1) Solitude sans recours, 2) vide environnant, 3) destruction antérieure de l'environnement, 4) le but est vu, 5) inaccessibilité du but perçu, 6) efforts impuissants vers le but, 7) désespoir : l'état présent est indépassable, 8) angoisse réactionnelle.

3° *Relations psychologiques entre les thèmes ; structure du contenu du rêve :*

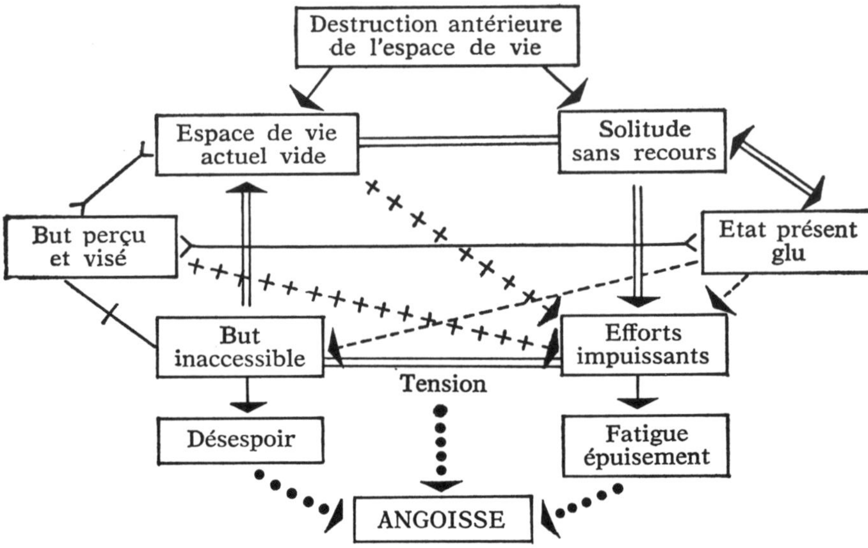

Relations : ——› conséquence ; ═══ implication réciproque ;
›——‹ exclusion réciproque ; ——+—— dissociation-distance ;
═══› aggravation ; ‹═══› aggravation réciproque ;
- - - › induction ; + + + + + +› motivation ; • • • • •› expression.

. . . .

VOTRE TRAVAIL consiste :

— à analyser le contenu du rêve successivement par les trois méthodes ;

— à répondre aux questions suivantes :

1. Méritent-elles au même titre le nom *d'analyse de contenu ?*

2. A quel genre de textes pensez-vous que chacune de ces méthodes d'analyse soit plus adaptée que les deux autres ?

Corrigé page 54.

CORRIGÉS DES EXERCICES

CORRIGE DE L'EXERCICE 1.

N.B. — Voici quelques précisions sur les phrases citées : 1) UNAMUNO, *L'agonie du christianisme ;* 2) MORAVIA, *Le mépris,* chap. 1 ; 3) HUXLEY, *Le meilleur des mondes,* chap. 10 ; 4) NIETZSCHE, *Humain, trop humain,* Aphorisme 483 ; 5) JASPERS, *Philosophie,* tome 2, p. 69 ; 6) MANN, *L'artiste et la Société ;* 7) ANOUILH, *Le rendez-vous de Senlis,* Acte 1 ; 8) SALAZAR, *Principes d'action,* 4e partie, chap. 1 ; 9) CAMUS, *Le mythe de Sisyphe,* p. 87 ; 10) BAZIN, *Vipère au poing,* chap. 7.

Voici maintenant les éléments de dépouillement du test :

Réponses à coter + 2 : 1 C et 1 E, 2 B et 2 C, 3 D et 3 F, 4 A et 4 F, 5 B et 5 C, 6 D et 6 E, 7 A et 7 F, 8 B et 8 D, 9 A et 9 E, 10 C et 10 F. Chacune de ces réponses vaut 2 points.

Réponses à coter zéro : 1 D, 2 A, 3 B, 4 C et 4 D, 5 E, 6 A et 6 F, 7 B et 7 D, 8 C, 9 D, 10 E.

Réponses à coter — 1 (pénalisation) : 1 A, 2 E et 2 F, 3 E, 4 B, 5 A, 6 C, 7 C, 8 E et 8 F, 9 B et 9 F, 10 B et 10 D.

Réponses à coter — 2 (pénalisation plus lourde) : 1 B et 1 F, 2 D, 3 A et 3 C, 4 E, 5 D et 5 F, 6 B, 7 E, 8 A, 9 C, 10 A.

Pour connaître *votre* score, totalisez les + 2 et retranchez la somme des totaux des — 1 et des — 2 de ce premier total. Le maximum est de 40 points. La moyenne se situe entre 16 et 26.

Réponses aux questions :

QUESTION 1. — Le travail intellectuel s'exerce d'abord sur la phrase de référence pour en trouver le sens. Pour cela, l'intelligence dispose du sens des mots, de leur contexte et de la structure formelle de la phrase. Mais la « lecture » simple ne suffit pas. Il faut *abstraire l'idée.* C'est là l'essentiel. Cette opération est une suite d'essais et de vérifications par retour au texte même. Puis en faisant les mêmes opérations sur chacune des 6 phrases, on *compare* les idées abstraites (celle du texte et celle de la réponse) pour *décider* leur similitude ou leur incompatibilité. Donc *abstraire* 7 fois,... *comparer* au moins 6 fois, au plus 36 fois,... et *décider* ou choisir en fonction des consignes et des résultats précédents. Ceci par *item.*

QUESTION 2. — Connaissance parfaite de la langue, de sa grammaire et de son vocabulaire, aisance dans le domaine du langage, liberté de l'attention, absence de « complexe » inhibiteur.

QUESTION 3. — 2 phrases sur 6 sont des formulations autres de l'idée même contenue dans le texte de référence. Les autres ont des sens plus ou moins loin de ce sens de base et même parfois sont contraires. Le nombre des formulations inadéquates est de 4 mais le nombre des déviations typiques est variable (de 1 à 2 phrases par type de mauvaise réponse). Les formules cotées — 2 (pénalisation) sont des vérités banales mais hors de propos et même parfois de sens inverse par rapport au texte de référence. Les formules cotées — 1 sont du genre « pas loin mais à côté ». Les formules cotées zéro sont des phrases banalisant l'idée et omettant un élément de sens.

QUESTION 4. — Pour répondre au test comme aux questions, il faut faire une analyse de contenu. On s'aperçoit de l'importance de la connaissance de la langue, de la capacité d'abstraire, du rôle des synonymes et des « équivalences » sémantiques. On découvre beaucoup de problèmes typiques que les méthodes d'analyse de contenu devront résoudre.

CORRIGE DE L'EXERCICE 2.

PREMIÈRE PARTIE. Inventaire des sens et classement par catégories :

1. *Recherche d'un climat ou d'une ambiance privilégiés-épanouissants à l'abri de la foule et de la ville* (soleil, mer, montagne, fraîcheur ou chaleur selon les personnes, Nature ou Maison, solitude ou groupe d'amis, promenade à pied, silence, rêverie, île grecque, pas de foule, pas de pollution, pas de touristes, pas de groupes organisés, etc...). Quantité d'unités : 35. Symboles-résumés : *se retirer-se mettre à l'abri.*

2. *Changement des habitudes de vie - fuite de l'existence ordinaire* (sont de cette catégorie toutes les unités de sens désignant l'évasion, le changement, l'aventure, l'anti-quotidien, le dépaysement, etc...). Quantité d'unités de cette catégorie : 23. Symboles résumant cette orientation : *le Voyage - le Départ - la Route.*

3. *Recherche d'un maximum de plaisirs sensibles-sensoriels* (voir, manger, dormir, se baigner, profiter de..., amour, plaisirs de riches, luxe, grande vie, absence de soucis pécuniaires, ne pas se priver...). Quantité d'unités : 23. Symboles-résumés : *les sensations-jouissances.*

4. *Absence de toute contrainte et liberté individuelle* (sont de cette catégorie toutes les unités de sens désignant l'absence d'horaire, l'absence de règles, d'obligations sociales, la détente, la joie, les activités choisies par rapport au seul plaisir individuel, le camping sauvage, etc...). Quantité d'unités : 22. Symboles résumant cette orientation : *la libération - le déchaînement.*

5. *Recherche d'une culture personnelle enrichissante* (culture sans déplacement, travail assimilé à loisir, aspect culturel des voyages, contacts, lectures, enrichissement culturel, etc...). Quantités d'unités : 10. Symbole-résumé : *cultiver son jardin.*

Nombre de réponses se distribuant en 2 catégories ou plus : 40 sur 51.

Catégories le plus souvent associés : 2 et 4, puis 1 et 4.

Nombre de réponses à une seule orientation : 11 (rép. 11, 12, 17, 27, 32, 34, 35, 42, 43, 46, 50).

Réponse à la question annexe : un très petit sous-groupe envisage les vacances sous l'aspect « culture personnelle ». Pour la grande majorité de ces jeunes, les vacances sont essentiellement une fuite, ce qui prouve le poids-pour-eux de ce qu'ils fuient : obligations-règles-travail intellectuel. L'image des vacances idéales implique une revendication d'indépendance et un besoin de renouveler les horizons.

DEUXIÈME PARTIE. 1° On peut regrouper les 5 catégories en 3 : Evasion des habitudes et des contraintes sociales (cat. 2 et 4), Recherche de l'agréable personnel maximum (cat. 1 et 3), Recherche culture personnelle enrichissante (cat. 5).

2° On peut inversement découper les catégories pour en obtenir 10 : changement avec voyage, changement sans voyage, évitement des contraintes sociales, évitement des contraintes morales, recherche d'un environnement naturel agréable à grands espaces, recherche d'un lieu protégé clos, recherche de plaisirs physiques et sensoriels simples, recherche de plaisirs sophistiqués et de luxe, recherche d'une culture intellectuelle, recherche d'une culture sportive.

TROISIÈME PARTIE. Les problèmes concernent particulièrement : 1) le découpage des unités, 2) la détermination du sens permettant le classement, 3) l'existence de mots ou groupes de mots pouvant se ranger dans plus d'une catégorie, 4) la définition et la nomination des catégories, 5) l'évaluation du niveau de généralité des catégories, 6) l'égalité du niveau de généralité des catégories, 7) le choix du nombre optimum de catégories.

DEUXIÈME PARTIE. Classement par catégories :

L'auteur de l'article cité regroupe ces expressions en 18 catégories : processus affectant la tête, agir sous l'effet d'une force brutale, ne plus pouvoir se diriger, être à côté du lieu où l'on devrait se trouver, avoir quelque chose en moins, mécanique qui ne fonctionne plus bien, production excessive non-contrôlée, absence de protection suffisante, mécanique qui s'emballe, perdre sa forme habituelle, perdre son énergie, bredouillement-gâtisme, perdre son équilibre, perte ou permutation d'identité, agir comme sous l'influence d'un petit animal, extravagance, impénétrabilité-hermétisme, folie-niaiserie. Il regroupe ces 18 catégories en 3 ensembles entre lesquels se disposent des catégories de transition. Ces ensembles dominants seraient : troubles de l'identité, aspects « productifs » de la folie, aspects déficitaires.

Pour citer ici plusieurs résultats concordants trouvés par des groupes en sessions, 6 catégories sont discernées, qui sont :

A) *avoir perdu quelque chose d'important ou d'essentiel au niveau cérébral :* énoncés 1, 9, 11, 19, 29, 43, 46, 53, 61.
Nous appellerons cette catégorie DEFICIT ET APPAUVRISSEMENT.

B) *avoir perdu les repères normaux :* énoncés 2, 3, 4, 6, 8, 13, 21, 26, 27, 38, 39, 59.
Nous dirons DESORIENTATION ou DEVIATION.

C) *perte de soi et de sa forme globale normale :* énoncés 5, 30, 32 41, 45, 48, 49, 54, 55, 57, 60, 62.
Nous dirons ALTERATION DE L'IDENTITE.

D) *ne plus « fonctionner » :* énoncés 7, 31, 33, 40, 50, 56, 63.
Nous dirons NON-FONCTIONNEMENT.

E) *avoir quelque chose en trop au niveau cérébral :* énoncés 10, 17, 22, 25, 28, 34, 35, 37, 44, 47, 51, 52.
Nous appellerons cette catégorie : ASPECT PRODUCTIF IRREGULIER.

F) *être sous l'influence d'un choc :* énoncés 12, 14, 15, 16, 18, 20, 23, 24, 36, 42, 58.
Nous dirons RESULTAT D'UN CHOC.

Certains énoncés présentent une appartenance indécise entre deux de ces catégories ; par exemple « piqué » est sans doute à la fois E et F ; « déphasé » peut être placé en B et en D ; ; « chaviré » ressortit à la fois à B et à F, etc... Mais ils sont peu nombreux.

Les rapports entre ces catégories ont le plus souvent été décrits ainsi : B, C et D forment un ensemble qui est orienté vers la « définition » de la folie (altération de l'identité,... « non-fonctionnement » par non-liberté de l'esprit ou non-disponibilité de la conscience,... désorientation ou égarement ou déviation par rapport aux repères communs ou aux normes sociales). A, E et F restent des catégories relativement indépendantes les unes des autres, mais se regrouperaient dans une super-catégorie « cause de cet état » : en effet le « déficit fonctionnel », la productivité anormale du type délire ou « visions », et les séquelles de « chocs », apparaissent comme formant une sorte de classification populaire des causes de « folie ».

.. ..

CORRIGE DE L'EXERCICE 3.

PREMIÈRE PARTIE.

Le résumé se trouve dans la 2e partie de l'exercice.

Difficultés rencontrées, telles qu'elles ressortent de ces exercices pratiques en session : 1) obscurité du texte ou de certains passages du texte. Obscurité de certaines allusions. Dans ce texte en particulier, l'allusion aux curés et aux prédicateurs ainsi que la conclusion laissée en suspens intentionnellement, constituent des foyers d'obscurité. 2) Orientation erronée de l'intelligence par des *a priori* ou par des opinions et attitudes subjectives. Ici le fait de savoir que le texte est de VOLTAIRE a induit en erreur car, dans ce passage, il défend le luxe des bourgeois. 3) Difficulté de définir les idées-clés et leur agencement structural. 4) Difficulté de condenser aussi fortement. On se réfugie facilement dans la copie de phrases jugées importantes.

Liste des transformations erronées (établie par J. BOUILLUT, *article cité*) : 1) Mutilation de l'énoncé, soit par omission pure et simple, soit par oubli d'un mot, ce qui change le sens du reste ; 2) condensation abusive qui change le sens ; 3) additions incorrectes, soit par répétition inutile ou redondance, nuisible au résumé, soit par interprétation personnelle surajoutée et déformante ; 4) substitution par énoncé de remplacement que l'on croit « équivalent » à celui du texte et qui ne l'est pas ; 5) modification de l'ordre des éléments qui change le sens ou qui ajoute des relations telles que relation de cause à effet, d'antériorité-succession, de restriction, etc... ; 6) transformations complexes combinant une ou plusieurs des précédentes erreurs.

Ajoutons (ce que J. BOUILLUT n'ose pas dire) : contresens sur des mots ou des énoncés,... non-sens de la reformulation,... recherche d'effets de style absolument inutiles dans le résumé,... erreurs en chaîne à partir d'un premier faux-sens ou contre-sens,... restructuration erronée et abusive du sens,... introduction d'évaluations personnelles de l'auteur du résumé à l'égard des idées de l'auteur du texte.

DEUXIÈME PARTIE.

Résumé en 30 mots : les paysans sont à plaindre mais ils sont les premiers bénéficiaires de l'accroissement de la consommation qu'on appelle le luxe. Qu'ils acceptent ce développement, source de leur enrichissement.

Résumé en 15 mots : le luxe, accroissement de la consommation urbaine profite aux paysans et leur promet un enrichissement.

Titres possibles de cet extrait : La prospérité des paysans est liée au développement de la consommation... *ou* Les vraies conditions de la fin des malheurs paysans... *ou encore* Contre les faux apôtres qui dénoncent le luxe.

TROISIÈME PARTIE.

1. *Variantes d'une méthode logique-intellectuelle-personnelle.*

1.1. Propositions de J. MOREAU, *op. cit. :* Travailler la compréhension paragraphe par paragraphe (découpage logique du texte). A) Repérage des « mots forts » qui sont les mots porteurs des noyaux du sens ; B) Repérage des liens logiques, exprimés par « en effet », « néanmoins », « cependant », « mais », etc... ; C) Dégagement de l'idée centrale et des idées connexes ; D) Dégagement du type de « mouvement » du texte (succession de faits, argumentation, démonstration, ondes concentriques, contraste, etc...).

Application au texte de référence.

Paragraphe 1 (jusqu'à « pourquoi cela ? ») : mots forts : *Analyse de contenu traditionnelle, quantitative, dénombrement, préjugé behavioriste, ce que signifie le texte, on ne sait pas, analyse structurale, dénombre exceptionnellement.* Liens logiques : *au contraire.* Idée centrale : *différence d'attitude à l'égard du dénombrement et de la quantification.* Type de mouvement du texte : opposition de deux méthodes, l'une appelée « analyse de contenu traditionnelle », l'autre « analyse structurale ».

Paragraphe 2 (jusqu'à « nombre ») : mots forts : *tirer certaines inférences, inintelligible, dénombrement, impossible, significatif, totalité structurée, place, nombre.* Liens logiques : *Mais, mais, car.* Idée centrale : *Inutilité de la quantification.* Type de mouvement du texte : *concession puis restrictions successives et explication* (de l'inutilité de la quantification) ; opposition *place/nombre* (des éléments significatifs).

Paragraphe 3 (jusqu'à « du film ») : Mots forts : *double opposition, fréquents-exceptionnels, inférence, dénombrement, sens, confrontation, rapports structuraux, unique, ensemble, signification.* Liens logiques : *supposons que, par ailleurs il est évident que, mais.* Idée centrale : *la signification naît de la confrontation et de l'opposition des données, donc d'un rapport structural.* Type de mouvement : *illustration, démonstration sur un cas typique.*

Paragraphe 4 (dernier) : Mots forts : *Signification, opposition rare/fréquent, identifier, rare ou absent, analyse structurale, analyse de contenu traditionnelle.* Liens logiques : *passage au principe général.* Idée centrale : *valeur de l'analyse structurale pour ce qui est la saisie du sens.* Type de mouvement : *conclusion-verdict.*

Résumé : « Il y a une différence radicale d'attitude à l'égard de la quantification entre l'A.C. traditionnelle et l'A. structurale en ce qui concerne la découverte du sens. Le calcul de fréquence, opération fondamentale pour l'A.C. traditionnelle, n'atteint pas le sens qui est affaire de position des mots et d'opposition-confrontation des occurences, donc d'un rapport structural. L'analyse structurale est seule capable d'opérer des inférences valables ».

1.2. Méthode de Roger PREVOST (in Revue *Management,* mai 1971) : A) Se méfier des distorsions (qui s'ajoutent) de la lecture et de la reformulation ; B) Faire l'effort de retrouver la « démarche » de l'auteur en fonction de ses objectifs avoués ou inavoués ; C) Etablir la grille structurée des mots-clés du texte ; D) Rédiger à partir de cette grille sans chercher d'effets littéraires, et en fonction des consignes de longueur de résumé.

Application au texte de référence. — Démarche de l'auteur : *Critique d'une méthode, démonstration de la valeur d'une autre à partir d'un exemple.* Grille structurée des mots-clés :

Analyse de contenu traditionnelle	Analyse structurale de contenu
— Quantification - Dénombrement.	— Dénombre exceptionnellement.
— Préjugé behavioriste.	— S'intéresse d'abord au sens.
— Capable de certaines inférences.	— Le texte est une totalité.
— Le contenu est dans les mots.	— Le contenu est dans les rapports entre les mots.
— L'exceptionnel-rare est non significatif.	— L'exceptionnel-rare est significatif par rapport au fréquent. Le problème est d'identifier l'item rare ou absent.
— La fréquence est représentative de la signifiance.	— Le sens est dans l'opposition ou confrontation des données, des faits, des concepts.

Résumé. L'analyse structurale s'oppose à l'analyse de contenu traditionnelle. (Suit la reformulation de la grille des mots-clés, de manière plus ou moins développée.)

2. *Variantes d'une technique de résumé susceptible d'être automatisée.*

2.1. Variante par calcul de fréquence et associations sémantiques : A) réécriture du texte en style télégraphique avec amputation de toute redondance, comparaison, illustration, etc... et élimination synonymies ou polysémies par utilisation de conventions spéciales ; B) dénombrement des concepts-clés ; C) dénombrement des associations syntagmatiques à distance courte avec les mots-clés, et dénombrement de ces associations positives et négatives ; D) rédaction du résumé en langage naturel ou en langage documentaire (codé).

Application au texte de référence : A) Réécriture du texte (voir ci-dessous)

B) Dénombrement des mots-clés :

— *item* (mot, fait, élément, acte) 12
— *quantification* (dénombrement, calcul de fréquence, plus nombreux que, plus souvent que, etc.) 10
— *sens* (signification, significatif, important pour le sens, résultat d'une inférence, dire de..., inintelligible, sans signification 8
— *texte* (contexte, ensemble structuré, réalité structurée, rapports structuraux, ensemble, film) 7
— *fréquent / rare* (exceptionnel) 4
— *opposition* (confrontation) 3
— *behaviorisme* (behavioriste, observation sans référence au sens) 2
— *analyse de contenu traditionnelle* 2
— *analyse structurale* 2

C) Recherche et dénombrement des associations aux mots-clés de fréquence importante :

— *item :* dénombrement, plus souvent, inintelligible, problème d'identifier ; *opposé à* texte.
— *quantification :* analyse de contenu traditionnelle, behaviorisme, préjugé, certitude sans compréhension, certaines inférences, difficile-impossible si attention au sens, ne révèle pas l'important, sans prise sur les oppositions significatives. *Opposé* à perception des rapports.
— *sens :* texte, important, valable, perceptible sans dénombrement, prise en considération des rapports structuraux entre items, ou entre un item et l'ensemble, révélé par opposition entre des valeurs. *Opposé* à non-sens de l'item isolé pour le dénombrement.
— *texte :* signifie, dit quelque chose de quelque chose, totalité structurée, place des items, opposition-confrontation des items, base de l'inférence des significations, analyse structurale. *Opposé* à item.

D) Rédaction du résumé (en langage naturel) :

La quantification (dénombrement des items, calcul de fréquence) en analyse de contenu apporte des certitudes sans compréhension, parce qu'elle ne fait pas attention au sens et reste sans prise sur les rapports entre les mots, rapports d'où jaillissent les significations. A l'intérêt exclusif pour les items, il faut substituer l'intérêt pour le texte comme ensemble structuré donnant sens à ses éléments. L'analyse structurale atteint le sens.

2.2. Technique utilisée dans la Documentation, proposée par de nombreux auteurs ; nous nous référons ici à Maurice Coyaud et Nelly Siot-Decauville (*L'analyse automatique des documents,* op. cit.) : A) Réécrire le texte en style télégraphique, en supprimant les redondances, les comparaisons, etc... et en abrégeant tout ce qui peut être abrégé sans ambiguïté ; B) Eviter les synonymes et les polysémies, se référer si nécessaire à des conventions sur ce point ; C) Réécrire les phrases de façon à n'utiliser qu'une syntaxe claire évitant les effets de sens et sans changer les significations, cette syntaxe est elle-même réduite à des relations-clés ; D) Rédaction du texte en utilisant des symboles pour ces règles syntaxiques-clés.

Application au texte de référence :

A.C. tradition. Q * dénombrement items, express. attit. behavior. refus du sens ; A. structur. Q désintérêt dénombrement ; fréquence mot non-Q significance ; signifiance mot AO ** rapport contexte ; texte Q entité structurée où place importance supér. à nombre ; signifiance AO opposition fréquence/rareté ou valeur positiv./valeur négativ. ; inférences AO oppositions ; problème A. struct. Q identificat. item rare absent ; méthode contraire à A.C. tradition.

.. ..

CORRIGE DE L'EXERCICE 4.

Première partie : *catégories proposées :*

1. *Un honnête homme. Une douloureuse affaire.* Enoncés 1, 2, 5, 11, 13, 14, 17, 18, 23, 31, 48, 52, 87, 91, 92, 104, 105, 106, 107, 109, 110, 120, 139, 140, 141, 142, 143, 156, 157, 158, 159, 160, 161, 162, 163, 164, 165, 166, 167.

2. *Un triste personnage. Un état anormal.* Enoncés 3, 4, 6, 7, 9, 10, 12, 15, 16, 25, 26, 32, 33, 34, 41, 42, 43, 44, 45, 46 47, 53, 68, 69, 70, 71, 72, 73, 95, 98, 99, 100, 101 102, 103.

3. *Une jeunesse heureuse. Une vie facile.* Enoncés 27, 28, 29, 30, 40, 49, 50, 108, 112, 113.

4. *Des moyens financiers insuffisants pour des buts pourtant modestes. Une vie difficile professionnellement et matériellement.* Enoncés 8, 19, 24, 38, 39, 51, 54, 57, 74, 75, 76, 77, 78, 79, 80, 81, 82, 83, 84, 85, 86, 88, 111, 116, 117, 118, 119, 121, 122, 145, 146, 147.

5. *Un homme qui a mérité le respect. Un verdict sévère.* Enoncés 37, 55, 56, 89, 90, 93, 94, 96, 171, 172.

6. *Une solidarité professorale scandaleuse. Un verdict trop clément.* Enoncés 35, 36, 58, 97, 114, 115, 168, 169, 170, 173, 174.

7. *Il n y a pas là-dedans de politique ni de religion.* Enoncés 20, 62, 63, 64, 65, 66, 67, 133, 134, 135, 136, 137, 138, 144.

8. *C'est une affaire politique.* Enoncés 21, 59, 60, 61, 123, 124, 125, 126, 127, 128, 129, 130, 131, 132, 149, 150, 151, 152, 153, 154, 155.

Ces 8 thèmes ou catégories se regroupent 2 par 2 : A) *Le personnage et son acte* (cat. 1 et 2), B) *Son existence* (cat. 3 et 4), C) *Le crime par rapport à son auteur* (cat. 5 et 6), D) *Rapport du crime avec la politique* (cat. 7 et 8). Deux « images » antithétiques divisent chacune de ces 4 catégories et nous pouvons dire qu'il y a deux grandes thèses : celle qui rassemble en gros les catégories 1, 4, 5, 8 (maximum de favorabilité de la présentation de l'accusé), et celle qui rassemble en gros les catégories 2, 3, 6, 7 (maximum d'antipathie pour le criminel).

Deuxième partie.

Dans les journaux H, L, PR et I, à des intensités diverses, l'accusé est présenté comme un honnête travailleur, de condition modeste, surmené par un travail mal payé, de convictions politiques de gauche, victime d'une agression de la part de

* Par convention Q signifiera la relation syntaxique « est qualifié par » ou « a pour attribut », ou « est »...

** Par convention AO signifiera la relation syntaxique « est produit par », « est causé par », « vient de »...

jeunes corrompus d'opinion politique de droite, et ayant cédé à une inévitable exaspération.

Dans les journaux A, F, M et PL, à des intensités diverses, l'accusé est présenté comme un anormal et l'affaire comme sans rapport avec la politique. Il est insinué que c'est un scandale qu'un homme comme lui soit payé par la République pour éduquer les enfants.

Le journal FS accentue le côté spectaculaire et sensationnel du fait divers et les notations psychologiques insolites.

Le journal M a fait grand tapage, avec 2 845 centimètres carrés (plus d'un quart de mètre carré) dont 27 % en première page et 14 % de photos. Dans la région Midi, la conjonction des deux autres journaux (dépassant largement M en nombre de lecteurs) qui soutiennent l'opinion inverse, bat le tapage de M par un plus bruyant encore, avec 1 869 + 1 321 = 3 190 centimètres carrés dont 53,5 % en première page et 36 % de photos. Derrière, dans l'ordre de l'importance donnée à l'affaire, arrivent les journaux : *L'Aurore, France-Soir, Libération, Le Parisien Libéré, L'Humanité, Le Figaro.* Il faudra pondérer cette première liste en tenant compte du nombre d'articles et du pourcentage en page 1 du journal.

TROISIÈME PARTIE.

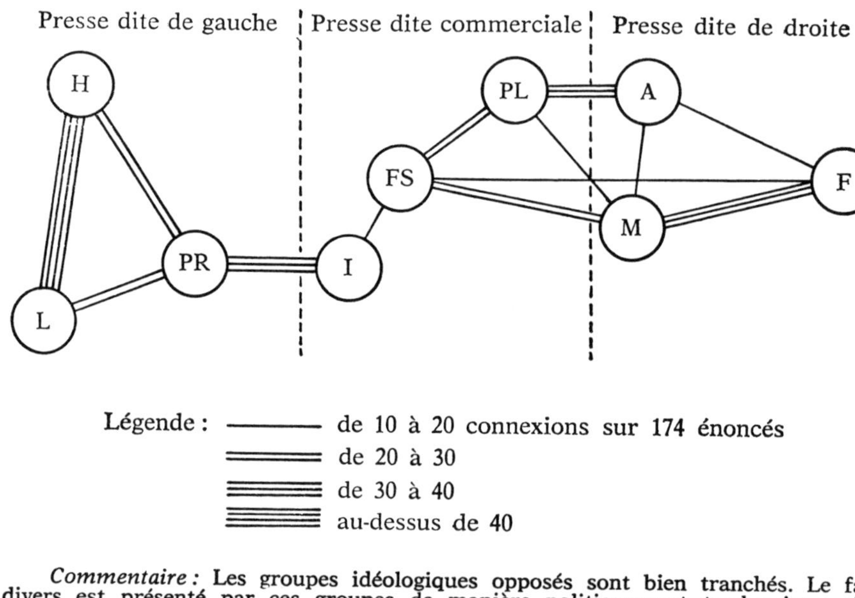

Commentaire : Les groupes idéologiques opposés sont bien tranchés. Le fait divers est présenté par ces groupes de manière politiquement tendancieuse. La presse commerciale d'apparence « indépendante » est en fait rattachée aux journaux politiques ; ceci est typique de *L'Indépendant*, fortement lié au *Provençal* lequel est lié à *L'Humanité* et à *Libération*,... du *Parisien Libéré*, fortement allié à *L'Aurore*,... du *Midi-Libre* allié au *Figaro*. On note aussi deux tendances peu connectées à « droite » *(Aurore* et *Figaro).*

.. ..

CORRIGE DE L'EXERCICE 5.

1. *Schéma commun.* On remarque qu'il y a toujours 3 séquences articulées : 1) une séquence de position du décor, des personnages et de la situation suffisamment esquissée ; 2) une séquence interrogative qui a une fonction d'enclenchement ; 3) une séquence finale qui produit l'effet comique. Cet effet vient toujours d'une surprise et ce phénomène est dû à un changement brusque et inattendu qui transforme la signification préparée par les séquences 1 et 2. Nous appellerons ce phénomène une *disjonction.* La disjonction ne se fait pas de la même façon dans les 12 histoires, et l'analyse formelle révèle ici 5 procédés.

2. *Procédés différentiels de la disjonction comique :*

Histoire 1. On note un double sens du mot-clé : *vingt ans* (*âge* dans la séquence 2, *durée de condamnation pénale* révélé par la séquence 3). Le son « vintan » a entraîné 2 signifiés différents et c'est le décalage brusque par passage de l'un à l'autre qui produit l'effet comique, les partenaires étant alors sur des voies parallèles où ils parlent de choses différentes sans le savoir. La disjonction est donc *sémantique.*

V. MORIN nomme ce procédé *disjonction sémantique* avec *articulation régressive* (on dirait mieux *parallèle*) par *homonymie de signifiant* (et *dualité des signifiés*).

Utilisent ce procédé les histoires 4 et 9.

Histoire 2. La disjonction n'est pas sémantique ici comme précédemment mais référentielle : en effet la séquence comique transforme la situation (le référent) telle qu'elle était supposée comprise dans la séquence 1. Cette transformation vient de ce que la réponse finale, tout en étant très logique en soi, provoque une aggravation de la situation préliminaire dans le même sens. La réponse du quidam ici révèle qu'il avait « vu la femme » (comme il l'avait dit) mais aussi « son corps dans la rivière » (ce qu'il n'avait pas dit et qui se révèle rétroactivement comme la possibilité la plus grave alors qu'il continue pour sa part à suivre logiquement son idée). V. MORIN nomme ce procédé de *disjonction référentielle* avec *articulation bloquée par polysémie* (ou changement de sens) *antonymique* (par argument à la fois logique et contradictoire).

Utilisent ce procédé les histoires 5 et 11.

Histoire 3. La disjonction redevient ici sémantique mais le procédé est différent de la première. La situation est la même et la formule finale comique prétend être synonyme de la formule d'enclenchement. Mais la « traduction » provoque une surprise car elle est une inversion inattendue des signes. Le renversement symétrique tout en étant mathématiquement irréprochable est sémantiquement disjonctif. Du même genre serait l'histoire suivante : A la mer je penserai à toi. — Je préférerais qu'avec moi tu penses à la mer.

Cette histoire est la seule de son groupe. V. MORIN nomme le procédé : *disjonction sémantique avec articulation bloquée par inversion des signes.*

Histoire 6. La disjonction redevient référentielle puisque c'est la situation de référence qui est transformée. La disjonction vient de ce que la motivation sous-entendue dans la séquence 1 (ici *la religion*) est brusquement remplacée par une autre plus prosaïque (ici la prévision d'empoisonnement ou la résignation à ce qu'on va manger, ce qui change la signification de la prière collective avant le repas). Les arguments ne sont pas contradictoires mais simplement différents. Le procédé peut jouer sur les causes, les buts, les lieux, les conséquences, etc...).

V. MORIN nomme ce procédé *disjonction référentielle avec articulation régressive* (décalée-parallèle) *par polysémie* (changement de sens) *simple.* Est de ce type l'histoire 12.

Histoire 7. La disjonction reste au niveau de la situation globale (référent) mais la modalité d'articulation change. Les deux premières séquences laissent attendre une action résolutive précise en rapport avec le décor et les fonctions des personnages. Or, celle dont on attend cette action (ici *la bonne*) n'est pas conforme à la fonction attendue, et remplace le conformisme par le cynisme qui dédramatise la situation, supprime l'urgence et comporte une réponse agressive aussi inattendue que souriante.

Nous avons là un des procédés de l'humour qui va jusqu'à l'humour noir ou à l'humour féroce sous couvert de naïveté. Dans la réponse finale, le personnage cynique nie les sentiments du personnage en détresse tout en le provoquant. V. MORIN appelle ce procédé *disjonction référentielle avec articulation progressive* (rebondissement) par *polysémie antonymique* (changement de sens et d'orientation des conduites).

Sont de ce type les histoires 8 et 10.

.. ..

CORRIGE DE L'EXERCICE 6.

N.B. — *Dans la devinette du début de l'exercice, la réponse est « le regard »*

PREMIÈRE PARTIE : A) Diagramme proposé (comparez avec d'autres car d'autres sont possibles). A droite, le total par trait sémantique.

Traits sémantiques	Assertions										N
	1	2	3	4	5	6	7	8	9	10	
Pouvoir extraordinaire	×				×	×	×			×	5
Matérialisé en certains êtres du monde		×	×	×	×	×	×		×		7
Objet de crainte religieuse et de peur	×	×			×		×	×	×		6
Objet de vénération-respect	×		×	×		×	×			×	6
Processus qui transforme la normalité			×					×	×		3
Peut être maléfique		×					×		×		3
Inhabituel-incompréhensible							×	×			2
Possibilité d'être partout								×			1
Détient la seule causalité dans le monde										×	1
Objet d'un rituel		×									1
Personnalité quasi-humaine	×				×	×					3
Personnalité non-humaine		×	×				×	×	×		5

B) Le *jwok* peut être ainsi défini (mettre d'abord bout à bout les traits sémantiques, puis les regrouper par synthèse partielle de catégories et résumer) : pouvoir surnaturel pouvant se matérialiser en certains êtres (objets ou individus) du monde, processus potentiellement omniprésent et maléfique, objet d'une crainte religieuse et de vénération-respect.

C) Risque d'interprétation subjective ; difficulté à entendre le contexte dans le « climat » culturel auquel il se réfère ; difficulté de formulation des traits sémantiques ; difficulté de regrouper ces traits pour éviter leur multiplicité excessive.

D) Intérêt dans l'étude de mots-clés dans une culture étrangère (intérêt anthropologique et sociologique), dans l'étude de notions-clés d'une « vision du monde », poétique ou philosophique, dans l'étude linguistique proprement dite pour clarifier les champs sémantiques surtout en vue de la traduction en langue étrangère.

DEUXIÈME PARTIE. Voici un des tableaux possibles (cf. page 53).

On remarque : 1) que la synthèse est impossible, 2) que les traits sémantiques se regroupent en 4 sous-ensembles correspondant aux énoncés : 1-2-5-15, 6-9-11-13, 3-7-10, 4-8-12-14.

Quatre conceptions apparaissent donc nettement :

1re conception (dite logico-linguistique) * : *la connotation est l'ensemble de ce que l'on peut dire en vérité de la réalité désignée par un mot, soit parce que ce que l'on en dit est perçu effectivement dans le concret, soit parce que ce que l'on en dit est un savoir.* Il vaudrait mieux dire « compréhension ».

* Soutenue historiquement par la Scolatisque, par la grammaire de Port-Royal, par Jacques MARITAIN, etc.

Traits sémantiques	Enoncés														
	1	2	3	4	5	6	7	8	9	10	11	12	13	14	15
Caractère perçu effectivement du réel	×														×
Qualifie l'être désigné	×				×										
Totalité du savoir possible associé à l'objet ou l'être désigné		×			×										
Totalité du savoir réel associé à l'objet ou l'être désigné		×			×										×
Renvoi à genre de circonstances ou de situation sociale particulière			×				×								
Caractéristique d'un sous-groupe particulier au sein du groupe social			×				×			×					
Manière de parler (argot, jargon, enfants, etc.)			×							×					
Associations subjectives personnelles						×			×		×				
Contraire de savoir objectif possible ou réel							×								
Contraire à valeur sociale commune, porte valeur affective personnelle											×		×		
Impressions intimes déclenchées									×		×				
Attitudes et réactions individuelles nettes ou vagues											×		×		
Contraire à contenu explicite intellectuel du langage proprement dit				×								×		×	
Second contenu caché et parasite utilisant le premier contenu pour dire implicitement autre chose				×				×						×	
Transmet une idéologie ou un mythe				×										×	
Différent du code de la langue commune et de ses signifiés							×			×					
Evoque l'appartenance du locuteur à une catégorie sociale										×					
Evoque une situation socio-historique ou des intérêts socio-historiques de classe								×						×	
Jamais neutre politiquement, évoque valeurs politiques et sociales												×			

2e conception (dite psychologique) * : *la connotation est l'ensemble des impressions réactions, jugements affectifs, attitudes, etc... associés subjectivement par un individu singulier au sens intellectuel d'un mot.* Il vaudrait mieux dire « *association d'impressions personnelles* ».

3e conception (dite situationnelle-linguistique) ** : *la connotation est le sens particulier dans lequel un sous-groupe en situation ou dans certaines circonstances emploie le mot. De ce fait l'emploi de ce mot (ou les tabous concernant son emploi) signale l'appartenance du locuteur à ce sous-groupe et à sa manière de parler.* Il vaudrait mieux dire « signification sub-culturelle et situationnelle ».

4e conception (dite socio-politique) *** : *la connotation est un second sens caché utilisant le sens intellectuel premier pour faire passer une idéologie, des intérêts historiques de classe, des valeurs politiques de groupe et les mythes du groupe auquel appartient le locuteur.* Il vaudrait mieux dire « valeurs socio-politiques de référence ».

Dans les 4 cas cependant, la *connotation* ajoute une seconde dimension à la signification abstraite ou conceptuelle des mots.

.. ..

CORRIGE DE L'EXERCICE 7.

a) *Résultat de l'interprétation psychanalytique :* Interprétation et diagnostic par le Dr R. Laforgue lui-même : « Vous souffrez d'impuissance sexuelle : votre « pneu avant » se dégonfle au moment d'entrer dans « le jardin de Vénus ». Le gardien symbolise votre surmoi rigide, héritier des interdits parentaux et de la loi de votre enfance vous interdisant de toucher aux fruits défendus. Votre surmoi frappe de culpabilité les impulsions normales. Votre sexe — et avec lui toute activité sexuelle — est devenu honteux. De là des sentiments d'angoisse, d'infériorité et d'échec. Votre sexualité abandonne donc les voies normales et vous avez une tendance homosexuelle latente (le garagiste est un homme). C'est seulement lorsque votre femme est revêtue de la blouse blanche virile et rassurante que vous pouvez avoir un semblant d'activité sexuelle » *(op. cit.)*.

b) *Résultats de la méthode d'analyse actancielle.*

Scène I. — Sujet : le héros ; objet : la satisfaction du héros ; destinateur : le héros ; destinataire : le jardin ; adjuvant : le vélo à pneu avant gonflé ; mais l'adjuvant se révèle opposant : transformation du pneu qui, se dégonflant, entrave l'action.

Armé d'un moyen efficace d'atteindre la réalisation de son désir, notre héros reçoit une déception car son moyen se transforme en instrument de sa déception. Le héros est décontenancé.

Scène II. — Sujet : le gardien ; objet : la tenue du héros ; destinateur : le jardin interdit ; destinataire : le héros ; adjuvant : la conscience du héros ; opposant : aucun.

Le rôle principal change et est pris par un autrui gardien du conformisme, ennemi du désir du héros. L'ancien héros perd donc l'initiative de l'action ; il est attaqué et devient l'objet d'une culpabilisation morale concernant un objet nouveau et social : sa tenue. Le héros ne fait aucune opposition, il rencontre même un complice de son accusateur, en l'occurence sa propre conscience. Il est convaincu, et il abandonne.

Défaite du héros par un nouvel opposant qui a attaqué sur un point social (la tenue), s'assurant ainsi la victoire.

Scène III. — Sujet : le héros ; objet : renouvellement de son moyen de réalisation du désir ; destinateur : le héros ; destinataire : la satisfaction du héros ; adjuvant : le garagiste ; opposant : aucun.

Transformation une nouvelle fois de la situation : le héros reprend l'initiative et l'espoir. La défaite subie à la scène II est oubliée, il découvre un adjuvant compétent sur qui il compte pour réaliser son désir premier. Réarmement du héros.

---

* Soutenue par la psycho-linguistique, par A. Martinet, par Osgood, etc.
** Soutenue par les situationnistes, par Bloomfield, par Hjelmslev, etc.
*** Soutenue par la critique socio-linguistique et particulièrement par R. Barthes dans ses œuvres sur les mythes.

Le choc le plus important est à la scène II où la *déception* du héros *se transforme en défaite* parce qu'il a perdu l'initiative. Or, le changement qui est à la source de cette défaite est non seulement un changement de sujet, mais aussi un changement d'objet. Ce nouvel objet dont le surgissement a provoqué l'abandon est *la tenue*, et la propre conscience du héros a découragé alors toute velléité d'opposition (de maintien du désir). A la reprise (scène III), il a retrouvé l'initiative, mais c'est pour recommencer la scène I en vue de la satisfaction et non pour résoudre la situation 2.

L'analyse actancielle révèle *l'oubli de la scène II* dans une séquence logique (pour le héros) scène I - scène III, en vue de transformer sa déception en succès. Il ne veut pas lutter sur le terrain précis où se produit réellement sa défaite : problème de la tenue et dissociation de son Moi en un Moi qui désire et un contre-Moi qui a honte.

Le sens du rêve serait donc : le malade s'entête à réussir techniquement les actions désirées alors que la vraie source de sa défaite est d'un autre ordre : elle concerne la conscience de sa tenue vestimentaire, la honte de n'être pas conforme, et la peur du jugement d'autrui. Le héros ne voit pas ce rapport, et son rêve exprime manifestement cette structure de son univers vécu actuel.

C) *Résultats de la méthode thématique structurale :*

1° *Leitmotiv.* « Des échecs non acceptés ».

2° *Micro-situations successives et thèmes :* 1) du début à « jardin » : désir et recherche de satisfaction ; 2) de « à l'entrée » jusqu'à « dégonfle » : obstacle technique entraînant prématurément l'arrêt de la recherche ; 3) « j'hésite à m'arrêter » : première intention de ne pas se décourager ; 4) « mais un gardien » jusqu'à « tenue » : surgissement d'un second obstacle, possédant un ascendant suffisant pour faire honte à propos de la tenue vestimentaire ; 5) de « je constate »... jusqu'à « presque nu » : honte de soi après constat ; 6) de « je descends » jusqu'à « chemin » : abandon de l'action commencée ; 7) de « je m'adresse » à la fin : besoin d'aide, recherche d'une personne compétente, avec intention de reprendre l'action et de réussir (persistance de la motivation première).

3° *Schéma des rapports psychologiques entre ces thèmes :*

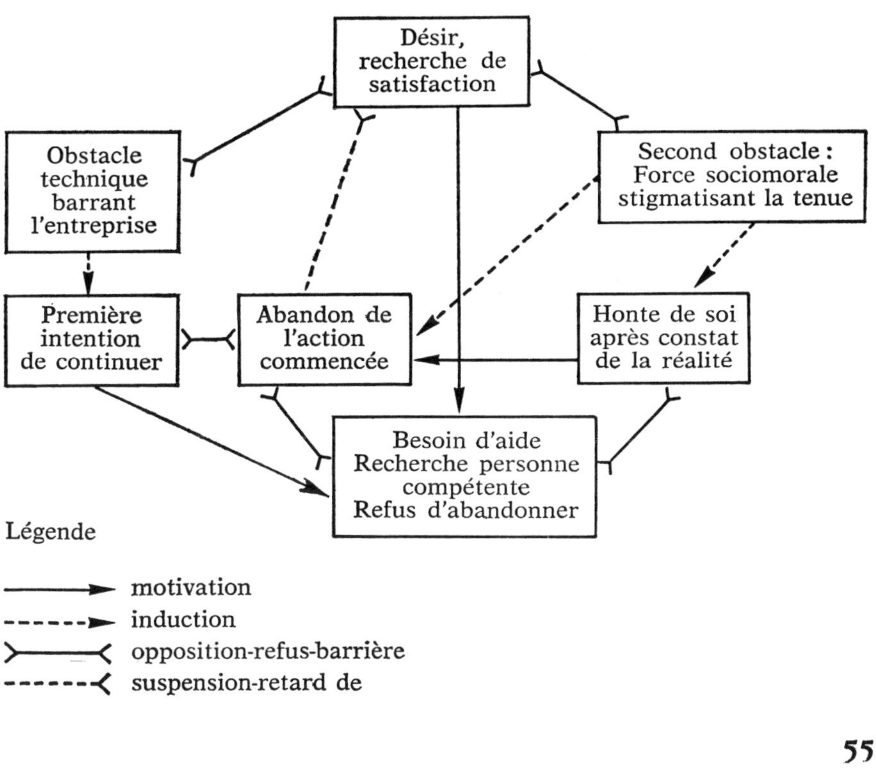

4° *Formulation de la « lecture » sur un second registre :* le rêveur est un homme en réaction contre deux sortes d'obstacles, les uns indépendants de sa volonté, les autres venant de la honte de sa conduite (et de sa tenue lorsqu'elle est non-conforme). Son premier mouvement a été d'abandonner mais il s'accroche à l'espoir d' « en sortir » grâce à l'aide d'une personne compétente.

N.B. — Chose étrange, l'analyse de contenu des « associations libres » qui ont servi au psychanalyste pour établir son interprétation, apporte d'une part des vérifications de la structure thématique en *répétant pratiquement cette structure* (comme des variantes du même scénario), et d'autre part des précisions très intéressantes sur les fantasmes actuels paralysants. Voici ce qu'elles apportent :

— *Associations sur « jardin »* : Désir de nouer conversation avec une femme dans un square, surgissement de l'idée que ce ne serait pas convenable et souci de l'opinion qu'on aurait alors de lui, abandon de l'intention, promesse intérieure de recommencer le lendemain pour réussir.

— *Associations sur « gardien »* : 1) Souvenir ancien du désir de toucher aux fleurs et de jouer avec les filles du jardinier, intervention du gardien qui interdit. 2) Plaisir d'uriner sur des mottes de terre pour les pétrir, intervention du père qui punit sévèrement l'enfant. 3) Plaisir des promenades au parc avec la nurse, intervention d'un « fiancé » en uniforme de gardien qui accapare la nurse.

— *Associations sur « tenue »* : Souvenir ancien d'énurésie persistante, besoin d'uriner, intervention des parents en lui faisant honte devant l'auditoire des oncles, tantes et cousins, et en public en étendant les draps aux fenêtres. Intervention des parents pour interdire les jeux par punition pour la même faute. *Angoisse actuelle devant tout auditoire et même lorsqu'il lui faut uriner dans une vespasienne.* Rituel conjuratoire de cette angoisse par souci méticuleux de la *tenue*. Mais la peur du jugement et la honte du pénis-qui-fait-pipi sont les plus forts.

— *Associations sur garagiste* (1re association : blouse blanche). Désir sexuel envers l'épouse, rencontre la peur de l'échec. Cette peur est partiellement levée si l'épouse met, pour les relations sexuelles et sur la demande de son mari, une blouse blanche « qui lui va bien ».

Ainsi la tenue de sa femme — comme sa propre tenue dans les activités sociales — parvient à calmer l'angoisse *.

La juxtaposition de certaines séquences parallèles entre le rêve et ses variantes associées fait surgir deux aspects importants du cas, du fait même de leur conjonction dans le tableau final : 1) développement d'une réaction conjuratoire de l'angoisse : le souci obsédant de la tenue ; 2) fantasme né de la confusion entre désir de satisfaction, désir sexuel et besoin d'uriner.

Réponse aux questions annexes (d'après des rapports de travaux de groupe) :

Question 1. — Plutôt non : la première méthode projette sur le contenu une grille extérieure et mérite le nom d'*interprétation* ** ; les deux suivantes n'exploitent que le contenu du récit. La seconde est un genre d'analyse formelle en termes de situations théâtrales ; la troisième, tout en étant formelle aussi, n'est pas formelle de la même façon et semble plus sémantique-thématique.

Question 2. — La méthode 1 est herméneutique, elle sera valable pour les textes symboliques et ésotériques. La méthode 2 s'appliquera mieux aux récits typiquement culturels, du genre contes et mythes,... La méthode 3 aux productions imaginaires projectives individuelles.

---

* A ce propos, il est étonnant que le médecin psychanalyste ne se soit pas *aussi* reconnu dans « le garagiste en blouse blanche », refuge du malade ayant besoin d'aide.
** Le « saut » interprétatif se situe dans la « déduction » de l'homosexualité. Tout au long (surmoi, pulsion, etc.), on voit la traduction en fonction d'un code a priori (la théorie métapsychologique freudienne).

SUGGESTION D'UN PROGRAMME DE SESSION SUR " L'ANALYSE DE CONTENU "

Session de sensibilisation de 3 jours avec 20 à 25 participants et 2 animateurs

1re JOURNEE :

9 h - 9 h 30 :	Présentation des participants, des animateurs et des méthodes qui seront pratiquées (méthodes dites de découverte). Présentation du projet de programme.
9 h 30 - 11 h :	Exposé d'ouverture par un animateur : *Historique et définition de l'analyse de contenu* (Introduction de ce fascicule + Exposé 1, chap. 2, 3 et 4).
11 h - 12 h 30 :	Débat libre. Centration finale (à solliciter) sur les problèmes de biais (cf. Exposé 2, chap. 1).
14 h 30 - 16 h :	T.P. par petits groupes. Exercice n° 2 du présent fascicule ou exercice n° 2 du fascicule *Psychologie de la vie conjugale* (analyse de contenu d'une série d'articles sur l'image du mari pour les épouses).
16 h - 16 h 30 :	Pause.
16 h 30 - 17 h :	Exposé : *Méthodologie générale* (Exposé 2, chap. 2, 3).

17 h - 18 h	:	Réunion de 3 ou 4 groupes formés par affinités en vue d'évaluer la journée, la participation et les aménagements du programme du lendemain. N.B. — *Le guide d'évaluation, pour les réunions de ce genre, se trouve en annexe du fascicule :* Les méthodes actives dans la pédagogie des adultes.

2e JOURNEE :

9 h - 9 h 30	:	Lecture par les rapporteurs, des rapports d'évaluation de la veille. Décision en commun pour satisfaire les attentes dans le cadre de l'objet de la session. Suite éventuelle :
9 h 30 - 10 h	:	Exposé : *Les techniques de la documentation et l'analyse de contenu* (Exposé 3, chap. 1).
10 h - 11 h	:	T.P. par équipes de 2 : exercice 3, deuxième partie. Prévoir distribution du corrigé à 11 heures.
11 h - 11 h 30	:	Débat libre. Synthèse par le second animateur des idées émises, pendant le débat, *sur la méthode.*
11 h 30 - 12 h 30	:	Exposé par cet autre animateur : *L'analyse de contenu des réponses à des questions ouvertes* (Exposé 3, chap. 2) suivi d'un débat en grand groupe. Synthèse du débat par le premier animateur.
14 h - 16 h 30	:	T.P. par petits groupes de 5 en auto-organisation sur une analyse de presse. Exercice 4 ou similaire, avec documents pour tout le monde.
16 h 30 - 17 h 30	:	Compte rendu des travaux de groupe. Débat libre sur la méthode.
17 h 30 - 18 h	:	Exposé de synthèse *Les analyses de presse et les analyses de discours* (Exposé 3, chap. 3 + Exposé 4, chap. 4).
18 h	:	Remise de questionnaires individuels d'évaluation de la journée (le modèle de ce genre de questionnaires se trouve en annexe du fascicule : *La conduite des réunions*). N.B. — *Ces questionnaires (anonymes, rappelons-le, et comportant à la fois questions fermées et questions ouvertes) pourraient être dépouillés en commun au tableau, au cours de la veillée (s'il s'agit d'un séminaire résidentiel), ce qui constituera un bon exercice.*

3e JOURNEE :

9 h - 10 h 30 :	Séance-starter : *Analyse du matériel non-verbal.* Prévoir plusieurs affiches. Annoncer clairement la procédure du travail par **échanges-débat** sur le thème de l'exposé. Procéder par mixage entre l'exposé de certains principes méthodologiques et la découverte-discussion avec le grand groupe. Une telle séance doit solliciter la spontanéité et la créativité des stagiaires.
10 h 30 - 12 h :	T.P. par petits groupes de 5 réunis par tirage au sort (si l'ambiance est bonne, sinon par affinités) en auto-organisation ; exercice 6 en entier.
12 h - 12 h 30 :	Comptes rendus des rapporteurs et débat.
14 h 30 - 15 h 30 :	Exposé : *Les analyses sémantiques* (Exposé 5, chap. 1, 2, 3).
15 h 30 - 16 h :	Débat libre sur le sujet de l'exposé.
16 h - 16 h 30 :	Pause.
16 h 30 - 17 h 30 :	Réunion par petits groupes *de mêmes intérêts professionnels* sur le thème : *en quoi la connaissance des méthodes d'analyse de contenu vous paraît-elle intéressante dans votre champ professionnel : leurs applications, leur valeur comparée.*
17 h 30 - 18 h :	Exposé de clôture par les rapporteurs de ces groupes qui auront ainsi fait le bilan et présenteront des projets de *follow-up.*
18 h :	Remise des questionnaires d'évaluation *globale* de la session.
	N.B. — *Le résultat du dépouillement de ces questionnaires sera inséré à la fin du compte rendu de la session, à envoyer à chaque stagiaire.*

PLAN D'UNE AUTO-FORMATION ACCÉLÉRÉE

Le thème de ce séminaire est en relation avec Psychologie de la publicité et de la propagande *si vous êtes orienté (e) vers le journalisme, ou avec* Le questionnaire dans l'enquête psychosociale *si vous êtes orienté (e) vers les enquêtes d'opinions, de motivations, d'attitudes.*

Dans un premier temps, il faut travailler à votre autoformation avec le présent ouvrage et selon le plan proposé, en liaison avec les fascicules cités. Un tel travail vous demandera de 1 à 2 mois selon le temps quotidien dont vous disposez (de 2 à 4 heures).

Il est recommandé de laisser passer deux mois et de tout reprendre alors, sans vous référer à vos résultats antérieurs. C'est au cours de cette reprise que vous pourrez lire ou étudier certains ouvrages de la bibliographie. Vous pourrez ensuite, à l'aide d'ouvrages plus savants, vous spécialiser dans telle ou telle des méthodes décrites ici.

1 Lisez l'exposé 1, chapitre 1

2 Faites l'exercice 1.

Vous pouvez, si vous avez le temps, multiplier ce premier assouplissement en étudiant plusieurs tests *d'intelligence verbale*, et en répondant à leur propos, aux mêmes questions que celles qui suivent cet exercice 1.

3 Lisez l'exposé 1 en entier (en reprenant du début), puis l'exposé 2, chapitres 1 et 2

4 Faites l'exercice 2.

Pour varier, vous pouvez aussi prendre des listes alphabétiques de titres de livres et les classer par rubriques. N'oubliez pas de faire chaque fois l'exercice qui consiste, après un premier classement rationnel, à vérifier si vos rubriques (ou catégories) sont du même niveau de généralité, puis à faire le classement avec 2 ou 3 fois moins de catégories (regroupement) et 2 ou 3 fois plus de catégories (subdivision des rubriques). Vous pouvez aussi recueillir des réponses à des questions ouvertes et catégorier les réponses (ceci en liaison avec le fascicule *Le questionnaire dans l'enquête psychosociale*).

5 Lisez les chapitres 3 et 4 de l'exposé 2.

6 Faites l'exercice 3, puis lisez les chapitres 1 et 2 de l'exposé 3.

Vous devez rechercher, après connaissance de cette partie, toutes les occasions de résumer, et d'apprendre à manier facilement les diverses manières de résumer. En effet, la rédaction de fiches de lecture de tous les ouvrages et articles de votre spécialité, la condensation de comptes rendus de séances de travail, la prise de notes lors de conférences où vous êtes auditeur et auditrice, sont autant d'occasions d'entraînement.

7 Faites l'exercice 4.

8 Lisez l'exposé 3, chapitres 3 et 4.

Vous êtes, en ce point, suffisamment armé pour rechercher toutes occasions d'analyse de presse — comparée ou non — à propos d'événements historiques ou politiques. Vous devez aussi chercher à analyser les affiches, les films publicitaires, etc... (ceci en liaison avec la connaissance du fascicule *Psychologie de la publicité et de la propagande*).

9 Faites l'exercice 5 et lisez l'exposé 4 en entier.

10 Faites l'exercice 6 et lisez l'exposé 5, chapitres 1, 2 et 3.

11 Faites l'exercice 7.

Recherchez des légendes, des contes, des mythes,... puis des productions individuelles à des images de tests projectifs pour leur appliquer les méthodes apprises.

12 Lisez l'exposé 5, chapitre 4.

Utiliser tout son cerveau. De nouvelles voies pour accroître son potentiel de réussite (4e édition 1991).

GÉRARD CHANDEZON ET JOËL SALOU

L'insécurité. Comprendre les risques de la vie quotidienne et y faire face (1re édition 1985).

JACQUES CHAUMIER

Travail et méthodes du/de la documentaliste (3e édition 1988).

JEAN-DOMINIQUE CHIFFRE ET JACQUES TEBOUL

La motivation et ses nouveaux outils. Des clés pour dynamiser une équipe (2e édition 1990).

JACQUES CLARET

Organiser la pensée. Une formation méthodique au travail intellectuel (3e édition 1989).

MARIE-JOSÉE COUCHAERE

Eduquer la mémoire (3e édition 1989).

PHILIPPE CRUELLAS ET RAPHAËL BENAYOUN

Le temps : mode d'emploi. Reconquérir son temps... et sa vie (3e édition 1990).

GERARD DEVAUX

Se préparer à l'oral des examens et des concours (1re édition 1989).

V. ERNOULT, J.-P. GRUÈRE, F. PEZEU

Optimiser les ressources humaines dans l'entreprise. Formation à la méthode du bilan comportemental (2e édition 1988).

MICHEL FUSTIER

Pratique de la créativité (5e édition 1988).
Pratique de la dialectique (2e édition 1986).
La résolution de problèmes, méthodologie de l'action (4e édition 1989).

PATRICK GILBERT

Gérer le changement dans l'entreprise. Comment conduire des projets novateurs et développer les ressources humaines (1re édition 1988).

PATRICK GILBERT ET CHRISTIAN CHARDON

Analyser l'écriture. Une démarche et un outil nouveaux en graphologie (2e édition 1989).

PATRICK GILBERT ET CLAUDE PIGANIOL-JACQUET

Informatiser la gestion. Application aux ressources humaines (1re édition 1991).

LAURENT GODBOUT

S'entraîner à raisonner juste. Pour mieux se comprendre et mieux s'entendre (1re édition 1989).

HUBERT JAOUI

La créativité, mode d'emploi (1re édition 1990).

ALAIN JOLIBERT ET MAUD TIXIER

La négociation commerciale. Etudes de cas. Préparation et stratégie (1re édition 1988).

PHILIPPE KAEPPELIN

L'écoute. Mieux écouter pour mieux communiquer (3e édition 1991).

JEAN-FRANÇOIS LABOREY

L'entretien annuel d'appréciation et de carrière (1re édition 1991).

ROGER LAUNAY

La négociation (3e édition 1990).

JEAN-PAUL LAVERGNE

La décision, psychologie et méthodologie (1re édition 1983).

PIERRE LEBEL

Améliorer la qualité de vie au travail par la participation (1re édition 1990).
Métrologie, mesure et maîtrise des communications (1re édition 1980).
Pratique du droit social. A l'usage des cadres et de la maîtrise dans les entreprises (1re édition 1986).

CLAUDE LE BŒUF ET ALEX MUCCHIELLI

Le projet d'entreprise. Comment le préparer, le réaliser et motiver votre personnel (2e édition 1991).

EDOUARD LIMBOS

L'animation des groupes de culture et de loisirs (4e édition 1988).
Les barrages personnels dans les rapports humains. Comment les comprendre et les surmonter (2e édition 1988).
La formation des animateurs de groupes de jeunes (3e édition 1989).
Le management des changements sociaux dans l'entreprise (1re édition 1991).
La participation. Conseils et méthodes pour développer la qualité et l'animation de la « vie associative » (1re édition 1986).
Les « problèmes humains » dans les groupes (2e édition 1984).

YVES-FRÉDÉRIC LIVIAN

Gérer le pouvoir dans les entreprises et les organisations. L'analyse des comportements « politiques » (1re édition 1987).

ALEX MUCCHIELLI

Les mentalités. Compréhension et analyse (1re édition 1984).
Rôles et communications dans les organisations (3e édition 1991).

DANIEL PEMARTIN

Réussir le changement. Mutations des entreprises et problèmes humains (1re édition 1987).

PHILIPPE PIGALLET

L'art de lire. Principes et méthodes (2e édition 1989).

CHRISTIE RAVENNE

Gérer les tournants de carrière (1re édition 1988).
Les nouvelles missions du management. Adaptation et flexibilité (1re édition 1988).
Rechercher et innover en groupe. Méthodes à l'usage des groupes d'amélioration de la qualité (2e édition 1991).

CHANTAL SELVA

La Programmation Neuro-Linguistique appliquée à la négociation (1re édition 1991).

CHANTAL SELVA ET GUY MISSOUM

Savoir définir et gérer ses objectifs. Une stratégie de la réussite (1re édition 1991).

LOUIS TIMBAL-DUCLAUX

La communication écrite, scientifique et technique. Qualité et lisibilité (1re édition 1991).
L'expression écrite. Ecrire pour communiquer (5e édition 1991).

ARLETTE YATCHINOVSKY ET PIERRE MICHARD

Le bilan personnel et professionnel. Instrument de management. (1re édition 1991).

HORS COLLECTION

L'HOMME ET SES POTENTIALITÉS.

ÉTUDES EN HOMMAGE À ROGER MUCCHIELLI.

Textes réunis par Arlette Mucchielli et Alexandre Vexliard, Paris, 1984.

TABLE DES MATIÈRES

INTRODUCTION

DORWIN P. CARTWRIGHT a souligné à juste titre que parmi les qualités que doit posséder un bon psychologue social, il faut mettre en première ligne celles qui le rendent capable d'analyser convenablement un « matériel verbal ». Une importante partie de la recherche socio-psychologique consiste en effet à classer, ordonner, quantifier et interpréter les réponses verbales et autres manifestations symboliques des individus et des groupes.

Et pas seulement le psychologue social, ajouterons-nous, car étudier un dossier, dépouiller un journal, un article, un rapport ou un compte rendu, rédiger une fiche documentaire, résumer un texte, une conversation ou une conférence, analyser une interview enregistrée, mesurer une différence ou un changement entre deux contenus, chercher la valeur évocatrice d'une image ou d'une publicité, catégorier les réponses à une question, coder les productions d'un sujet à un test projectif ou ses comportements en situation expérimentale, créer la situation expérimentale résumant un ensemble de situations concrètes analogiques, construire un simulateur en vue d'un apprentissage ou d'une sélection,... et tant d'autres activités habituelles concernant tant de professionnels différents... tout cela exige une habilité dans l'analyse de contenu, une connaissance et une pratique des méthodes. Se fier à son intuition et à sa perspicacité, c'est bien. Mais si l'on cherche l'objectivité,... s'il faut convaincre autrui que nos résultats ne sont pas des vues de l'esprit ou des interprétations subjectives,... si l'on veut démontrer au lieu d'affirmer,... alors il est nécessaire de s'entraîner à la discipline plus rigoureuse de l'analyse de contenu, ou au moins d'être au courant des possibilités qu'elle offre.

Premier Exposé

DEFINITION ET DELIMITATION DE L'ANALYSE DE CONTENU

A vrai dire, chacun de nous est très souvent en situation d' « analyse de contenu » dans la vie courante : lorsqu'on nous demande : « Vous avez lu ce livre, qu'elle est l'idée de l'auteur ? », ou : « Vous avez vu ce film, de quoi s'agit-il ? » ou encore : « Pouvez-vous me dire en gros les opinions soutenues par telle personne à telle occasion où vous étiez présent et où je n'étais pas ? »... chacune de ces questions exige de nous une « analyse de contenu ».

Si l'on est porté si fréquemment à « faire de l'analyse de contenu » comme Monsieur Jourdain « faisait de la prose », sans le savoir et sans se soucier des méthodes, par la seule application de son intellect, c'est que cette activité est *naturelle.*

Non seulement, en effet, chacun de nous effectue une analyse de contenu dès qu'il perçoit ou applique son attention à quelque information, mais encore tout être vivant ne peut survivre que par une incessante analyse de contenu effectuée sur son environnement écologique.

1 *Le codage-décodage de l'information.*

La relation vivante avec le monde environnant est à la fois une quête permanente des significations, une sélection et une interprétation des données.

L'analyse de l'information est l'opération vitale et cruciale sans laquelle il n'y a pas d'utilisation possible de l'information, c'est-à-dire pas d'information du tout.

■ PROSPECTION ET ANALYSE DU MILIEU CHEZ LES ANIMAUX

Décrivant l'activité du mollusque marin *Buccinum undatum*, Tinbergen (*Etude de l'instinct*, Payot 1953), observe que ce petit mollusque prélève des échantillons du milieu ambiant en pointant son siphon et en aspirant un mince filet d'eau. Ce filet d'eau est dirigé sur des cellules spécialisées (dites chémoréceptrices) « *qui dissèquent son environnement chimique* ». Le tentacule exploratoire de l'amibe ou de l'escargot, le radar de la chauve-souris ou du dauphin, l'antenne,... l'olfaction, le toucher, l'ouïe, l'œil des animaux plus complexes... tous les organes des sens sont des *analyseurs externes* dont la fonction biologique est l'analyse des informations provenant de l'environnement écologique *.

Les informations ainsi recueillies deviennent des signes ou signaux grâce à un *codage-décodage* qui semble faire partie de l'activité prospective analysante. Dès la perception, les organes sensoriels classent les informations par genres et catégories, *discriminent* selon une grille de catégories, au point que les organes en question peuvent être conçus comme des *analyseurs-codeurs ;* et c'est le résultat de cette opération vitale qui décide de la réaction ou du comportement.

Autrement dit, la quête de l'information au niveau biologique est intrinsèquement associée à des mécanismes de *traitement de l'information*. Le tout-premier « traitement » est un *codage*, qui consiste à reconnaître, dans telle donnée informationnelle particulière, la catégorie dont elle fait partie. La « table des catégories » existe *a priori*, et, grâce au codage, la perception directe du genre est perception du sens. Le rat qui doit passer sur une des deux lattes offertes à lui pour atteindre sa nourriture, essaye par sa patte exploratrice laquelle des deux « tient » et laquelle s'enfoncera sous son poids, entraînant sa chute ;... ce qu'il perçoit dans cette situation est codé selon la catégorie « sécurité-insécurité du passage ». Une *propriété formelle* ** est perçue au niveau même de la réception de l'information. « Sans doute » écrit Merleau-Ponty (in *La structure du comportement*, PUF, 1949) « les récepteurs sont-ils aptes — eux-mêmes ou leur projection centrale — à enregistrer les *propriétés de forme* des stimuli, qui beaucoup plus que le lieu ou la nature de l'excitant, décideraient de la réaction ».

Cette catégorisation ou codage est opérée, chez l'animal, par une grille de catégories qui n'est autre que la grille de ses *besoins*, et le clavier correspondant de ses types de comportements réactionnels. Cette grille peut être modifiée par l'apprentissage et le conditionnement, mais elle existe de toutes façons ; « un système de codage » écrit Jérôme S. Bruner ***, « peut être défini comme un jeu de catégories, reliées et connectées de manière contingente ; c'est la manière individuelle de collecter l'information sur l'univers ».

L'abstraction **** serait donc dès les débuts à la base de l'activité adaptative de l'animal et de ses réactions, elles aussi incorporées,

* On sait depuis Pavlov qu'à ces analyseurs externes s'ajoutent des analyseurs internes détectant la composition chimique ou les changements osmotiques du milieu intérieur.

** C'est-à-dire non pas une simple sensation mais l'appartenance de cette donnée sensible à une catégorie générale, ce qui lui confère un sens. Dans un autre séminaire de cette Collection (« *Les réactions de défense dans les relations interpersonnelles* »), est décrite une attitude prospective défensive constante chez l'animal et chez l'Homme, analysant d'abord selon la catégorie *connu-inconnu* toute approche d'un autre être dans l'espace personnel.

*** In *Contemporary Approaches to Cognition*, Harvard University Presse, 1964, p. 46-47.

**** « Abstraction » est pris ici au sens de « activité d'abstraire », c'est-à-dire de saisir le genre ou la catégorie caractérisant un ensemble de données concrètes. Remarquons que le seul fait de *nommer* (par un mot ayant valeur de concept) un objet quelconque particulier, est déjà le résultat d'une activité d'abstraction.

organisées, automatiques et catégoriales. L'organisation de tout comportement animal, humain, ou artificiel, dépend de la catégorisation des perceptions.

Grey WALTER (in *Le cerveau vivant*, Delachaux et Niestlé, 1954, p. 138) écrit à propos de ses animaux-robots : « Les multiples circuits d'apprentissage extraient réellement d'une sélection d'événements, les traits qui leur sont communs. En fait ils reconnaissent un genre ou une configuration *(pattern)* ».

■ L'INTELLIGENCE COMME ANALYSE ET CLASSIFICATION DES CONTENUS

Tout au long de l'évolution des espèces animales, ce qui s'accroît c'est la capacité de discernement des propriétés formelles des situations dans lesquelles les vivants doivent survivre. La grille de catégories augmente en nombre et en finesse au fur et à mesure que se complexifie le système nerveux.

• *L'activité intellectuelle.*

Recensant les activités intellectuelles, Pierre OLERON (*op. cit.*, pp. 37-74) en distingue trois : 1) abstraction, 2) induction, 3) classement.

De *l'abstraction*, l'auteur dit qu'elle est « dissociation active de certains caractères ou aspects de l'objet ou de la classe d'objets, en vue de considérer ce caractère ou cet aspect *isolément* ». Il éprouve bien des difficultés ensuite pour exposer les rapports entre abstraire et généraliser, car abstraire n'est pas seulement dissocier et analyser, c'est isoler un *caractère général*, un aspect commun à une classe d'objets ou la forme commune à une classe de situations. *Abstraire* a pour finalité et pour sens l'*induction ; induire*, c'est passer de données particulières et concrètes à une idée générale qui les représente toutes. *Abstraire* et *induire* sont en présupposition réciproque.

Le classement, dit P. OLERON, implique « la perception des ressemblances et différences » ; c'est à elles que le sujet réagit quand il classe (*op. cit.*, p. 59). S'appuyant sur les opérations élémentaires de discernement des ressemblances et différences, l'auteur conclut que cela se fait « par habitude ». Etrange conclusion, tirée seulement des épreuves simples de classements d'objets géométriques et de couleurs chez les enfants, soumis de plus à une consigne précise.

Car si l'on observe l'activité de classement d'objets plus complexes (le classement d'énoncés verbaux, par exemple), on s'aperçoit qu'elle implique non pas l'habitude mais *le jugement comparatif*, et avant même ce jugement, la *compréhension* des énoncés à classer, c'est-à-dire (outre la connaissance de la langue utilisée) l'abstraction du sens et l'induction des catégories classificatoires.

• *L'opération intellectuelle de classement.* Pour PIAGET (*Psychologie de l'intelligence*, 1967), l'opération de « groupement » (dont le classement n'est qu'un cas particulier) est *typique de l'intelligence.*

> « *Voyons l'ensemble des problèmes concrets que se pose sans cesse l'esprit en mouvement : qu'est-ce ?... Est-ce plus ou moins ?... Où ?... Quand ?... Pour quelle cause ?... Dans quel but ?... Combien ?...*

etc... Nous constatons que chacune de ces questions est nécessairement fonction d'un groupement *préalable. Or, ces groupements ne naissent pas à propos de la question... Dès l'enfance nous classons, comparons, ordonnons, expliquons, évaluons, comptons, etc... et c'est relativement à ces systèmes d'ensembles que les problèmes se posent dans l'exacte mesure où des faits nouveaux surgissent qui ne sont pas encore classés et sériés. »*

Et PIAGET énumère méthodiquement les sept opérations de complexité croissante, que comporte l'activité intellectuelle fondamentale de classement :

1. *La réunion des éléments en classes et en classes de classes, ceci par repérage des identités - similitudes - analogies perceptibles. Exemple : la classification des animaux.*
2. *La sériation qualitative qui catégorise les différences et établit le continuum des différences. Exemple : la série croissante-décroissante.*
3. *La substitution, qui, à partir d'un point de vue extérieur contingent, réunit diverses classes en une classe composée. Exemple : situation des ensembles à un instant donné.*
4. *La traduction des opérations précédentes en termes de relations. Exemple : établir une relation d'équivalence, ou une relation de symétrie.*
5. *Répartir les données selon deux suites à la fois. Exemple : faire un tableau à double entrée.*
6. *Trouver les rapports entre les données sériées selon deux sortes de relations à la fois. Exemple : établir une correspondance bi-univoque qualitative.*
7. *Regrouper les données en faisant correspondre un terme à plusieurs. Exemple : présenter une classification en forme d'« arbre ».*

On voit que chaque type de « groupement » constitue un crescendo d'activité intellectuelle où se retrouvent la *catégorisation* (des éléments puis de leurs relations) et la *conceptualisation* (dénomination de classes puis formalisation abstraite des relations).

● *Les tests d'intelligence mettent à l'épreuve l'activité d'analyse de contenu.*

Prenons pour exemple deux épreuves du test de WECHSLER *, celle des similitudes et celle d'arrangement d'images, épreuves dont l'auteur dit (*op. cit.*, p. 105) qu'« ils ont une grande corrélation entre eux et se révèlent parmi les meilleurs de toute la batterie ».

1. L'ÉPREUVE DES SIMILITUDES. « *Qu'y a-t-il de commun entre une mouche et un arbre ?* »... « Moins de 20 % de la population adulte répond correctement à cette question »... Quand on sélectionne des mots aussi familiers, dit WECHSLER, le test des similitudes est presque libéré des facteurs linguistiques ».

   La consigne de l'épreuve demande de répondre à 12 questions de ce genre, de difficulté croissante : *Orange-Banane, Manteau-*

* Le test de WECHSLER-BELLEVUE (qui existe pour enfants et pour adultes) mesure l'intelligence générale et la détérioration mentale. Il comporte 12 épreuves : information générale, compréhension générale, mémoire, similitudes, raisonnement, arithmétique, classement d'images, complément d'images, cubes de Kohs, assemblage d'objets, code, vocabulaire.

Robe, Chien-Lion, Voiture-Bicyclette, Journal-Radio, Air-Eau, Œil-Oreille, Œuf-Graine, Bois-Alcool, Poème-Statue, Louange-Punition, Mouche-Arbre.

2. L'ÉPREUVE D'ARRANGEMENT D'IMAGES consiste à mettre en ordre des images données séparément, de façon à faire apparaître leur succession. De cette épreuve, l'auteur dit : « Malgré ses limitations, elle est le type d'épreuve qui mesure effectivement l'aptitude d'un sujet à comprendre et à saisir une situation dans son ensemble. Il faut que le sujet comprenne le tout et saisisse *l'idée* de l'histoire avant de se mettre à la tâche » (*op. cit.*, p. 109).

L'une et l'autre de ces deux épreuves exigent l'opération naturelle de l'intelligence : *l'abstraction ;* la première pour trouver et nommer la catégorie (ou classe) qui embrasse les deux termes à la fois *,... la seconde pour trouver « le sens », c'est-à-dire l'idée de l'ensemble et le principe organisateur de la succession **. Nous avons vu par ailleurs (exercice pratique n° 1) l'opération intellectuelle d'abstraction et de classement (par jugement d'équivalence) dans une épreuve de recherche du sens d'énoncés verbaux. Là le *concept* n'est plus le symbole d'une classe ou la dénomination d'une catégorie ; sous le nom plus général d' « idée du texte », il en est la signification, et on voit clairement à l'œuvre l'activité de la pensée, capable de saisir l'identité ou la permanence du *sens* sous des formes d'expression matériellement ou linguistiquement très diverses ***.

2 Historique et perspectives.

S'il est vrai, comme je pense l'avoir montré, que l'analyse de contenu est (dans la centration sur ses propres besoins) l'activité première du vivant prospectant son environnement, puis l'activité naturelle de l'intelligence (dans sa décentration potentielle vers la compréhension des données du monde),... on doit en conclure que l'analyse de contenu des informations a existé bien avant que la réflexion scientifique ne s'occupe de formaliser ses méthodes.

Il est certain qu'avec le langage, produit de l'activité de conceptualisation de l'intelligence humaine et des exigences de la vie sociale

* *Fruit, Vêtement, Animal, Moyens de transport, Moyens d'information, Eléments naturels, Organes sensoriels, Germes, Combustibles, Œuvres d'art, Sanctions, Etres vivants.*

** On voit que ces épreuves simples n'utilisent que les opérations intellectuelles 1 et 2 de PIAGET. A noter en outre que ces deux épreuves de WECHSLER font partie de celles qui deviennent de plus en plus difficiles à réussir avec l'âge.

*** Comme le fait remarquer A.J. GREIMAS (*op. cit.* p. 114-115), si l'on n'admet pas la possibilité des synonymes (identité ou équivalence du sens de deux énoncés), l'analyse de contenu n'est plus possible. Affirmation méritoire quand on sait que beaucoup de linguistes nient cette vérité de bon sens.

fondée sur « les échanges réglés » (selon la belle formule de LEVI-STRAUSS), l'analyse de contenu a trouvé l'objet privilégié de son appli cation. Les questions « *qu'est-ce qu'il a voulu dire exactement ?* », ou « *qu'est-ce que ce message signifie exactement ?* » (non pas par rapport à moi, destinataire ou récepteur, mais par rapport à l'émetteur et à son système de codage,... non pas selon mon interprétation personnelle subjective mais par rapport aux catégories immanentes à ce message-objet), se sont posées inexorablement dès qu'il a fallu *traduire* (et l'activité de traduction a commencé dès les premiers échanges entre ethnies ne parlant pas la même langue *, dès le besoin d'interpréter les « messages des Dieux » (signes, symboles et énigmes) **.

On sait que *l'exégèse* a été, de ce point de vue, la première analyse de contenu, mine de contestations si l'on pense à tous les débats et à tous les schismes qui se sont joués sur la « lecture » de la Bible, par exemple. Soit dit au passage, *l'exégèse* avait son corps de règles et de méthodes, constituant *l'herméneutique* (interprétation des textes mystérieux et polysémiques).

Les premiers *Logiciens,* dont l'objet a été le discours *(logos)* avant d'être les règles du raisonnement juste *(logique),* se sont approchés des problèmes de l'analyse formelle du langage.

ARISTOTE est à citer ici. L'œuvre intitulée *Organon* (réflexion sur la connaissance et les moyens humains de la connaissance), qui date du IVe siècle avant J.-C., comporte un chapitre *Peri Herméneias* (De l'interprétation) qui traite de la *signification.* La démarche d'ARISTOTE est claire : pour savoir si ce que dit quelqu'un est vrai ou faux (par référence à la logique et au réel), il faut commencer par savoir ce qu'il dit. On s'intéressera donc d'abord à ses déclarations ; la « proposition déclarative » devient l'unité de l'analyse du sens ***, c'est-à-dire la phrase ou « énoncé complexe » ; car, dit ARISTOTE l'élément simple (*phasis,* mot ou groupe de mots du discours parlé ou écrit par quelqu'un) n'a de sens que par rapport au discours *(logos),* ceci supposant toujours que le parleur « dit quelque chose de quelque chose » (qu'il ne parle pas pour ne rien dire).

● *Les deux orientations principales de l'analyse de contenu* se dessinent dès les débuts du langage écrit : *d'une part l'herméneutique, d'autre part la logique.*

1. Sur la ligne de l'herméneutique se rangeront toutes les interprétations des textes énigmatiques ; les exégètes des textes sacrés de toutes les religions se succèderont, et cette voie débouche sur la psychologie avec la psychanalyse. Son postulat c'est qu'un sens caché existe à l'abri du texte officiel qu'il faut *décrypter* avec un code spécial ou clé des symboles. Un être mystérieux et tout-puissant, qui ne cherche pas à se dévoiler, *dit quelque chose en disant autre chose ;* pour les religieux et les prophètes, cet être c'est Dieu ; pour FREUD, c'est l'inconscient ****.

---

* Cet argument imparable est opposé par G. MOUNIN (*op. cit.*) aux linguistes qui soutiennent que la traduction est impossible. « La traduction, dit-il, a existé bien avant la linguistique ».

** Ce qui fait que les sorciers et grands prêtres ont été les ancêtres de nos analystes.

*** *Organon,* II, parag. 6, alinéas 17 à 25.

**** Ajoutons, pour sourire narquoisement, que pour les psychanalystes, le texte de FREUD et la « lecture de Freud » deviennent sources d'exégèses divergentes, de conflits d'écoles et de schismes.

2. La ligne de la logique se divisera par la suite en plusieurs directions, parmi lesquelles : la logique (recherche des caractéristiques du discours rationnel et cohérent, des règles du raisonnement,... science normative),... l'esthétique (recherche des caractéristiques de l'œuvre d'art, des canons de la Beauté, science normative au début, et qui engendrera par la suite la critique esthétique),... l'épistémologie (recherche des caractéristiques des divers modes de la connaissance humaine, étude des méthodes de toutes les sciences, et des opérations de la Raison en exercice),... la linguistique (étude des langues comme systèmes de sons, de sens et de règles).

L'analyse de contenu apparaît parmi les dernières nées de cette orientation générale, en un point où la psychologie appliquée, en quête de documents significatifs de la personnalité, rencontra la linguistique *. Son postulat fut, dès les débuts, que l'analyse logico-sémantique d'une production verbale personnalisée doit être révélatrice des opinions, attitudes et préoccupations *de son auteur.* Elle s'inscrivait donc, au départ, dans le cadre *d'une logique de la communication interhumaine.*

■ LES PIONNIERS

● C'est un psychologue expérimentaliste, Benjamin BOURDON, professeur à l'Université de Rennes, qui, en 1888, travaillant sur *l'expression des émotions et des tendances dans le langage* **, fit une sorte de première synthèse méthodologique entre la critique littéraire (issue de l'esthétique par la voie de la critique esthétique), la linguistique (étude de la langue), et la psychologie (étude de la personnalité).

Pour bien démarquer la nouvelle science (la psychologie) de la philosophie et de la religion (souci des premiers psychologues), il propose de faire une analyse de contenu sur la Bible. Pour cela il choisit un passage représentatif *(l'Exode)* et en « prépare le texte » (le reproduit en style télégraphique en ne conservant que « les mots pleins essentiels »), fait un calcul de fréquence de ces mots par « thèmes » puis par « classes de thèmes ». On voit donc nettement surgir une méthode d'analyse de contenu qui se voulait objective et quantitative.

● En 1908, le Pr THOMAS, de Chicago, met en chantier l'œuvre qui représente la première grande entreprise systématique d'analyse de contenu, œuvre qui paraîtra en 1918, sous le titre *The Polish Peasant in Europe and America* (le paysan polonais).

Dans le but d'étudier concrètement les problèmes d'acculturation des immigrants polonais pour y remédier ***, THOMAS s'associa avec l'anthropologue polonais ZNANIECKI, et réunit une vaste collection de documents (lettres personnelles, articles de journaux, comptes rendus de réunions des associations, interviews, rapport des Services Sociaux sur des cas, récits autobiographiques d'immigrants polonais, etc...)

* Le terme de psycholinguistique ne fut forgé qu'en 1954, par OSGOOD et SEBEOK.
** Un ouvrage de lui, portant ce titre, parut aux éditions Alcan, de Paris, en 1892.
*** On remarquera l'avènement des recherches sur le terrain et de ce qui s'appellera plus tard, avec Kurt LEWIN, la recherche-action (*Action Research*), orientation nettement différente de celle des premiers sociologues préoccupés de théorie (Auguste COMTE, Emile DURKHEIM, Lucien LEVY-BRUHL).

qu'il eut souci d'analyser pour en tirer les attitudes et les valeurs de sa population d'étude.

La « méthode » est ici encore l'intuition et l'intelligence des chercheurs. Ils cherchèrent, à travers une lecture systématique, les thèmes qui revenaient, les attitudes les plus constantes, les avatars les plus chroniques... *

● Aux alentours de 1915, Harold LASWELL, aux U.S.A., cherche expressément une méthode susceptible de remplacer l'intuition individuelle dans le domaine de l'analyse des communications, dont le nombre augmentait avec les moyens de diffusion de masse.

A cette époque *les analyses de presse* exigeaient aussi une méthodologie (l'école des journalistes fut un des promoteurs de l'analyse de contenu). Sur le modèle du sondage d'opinion, dont l'idée était déjà lancée, on voulait pouvoir mesurer et quantifier en analyse de contenu aussi bien qu'en sondage d'opinion.

H. LASWELL étudia entre autres les thèmes de propagande au cours de la première guerre mondiale, étude qui fut publiée en 1927 sous le titre *Propaganda Techniques in the World-War* **. Nous verrons ci-dessous sa méthode.

C'est un élève de LASSWELL, Schreyler FORSTER qui, avant l'entrée des U.S.A. dans la deuxième guerre mondiale, permit, par l'application de la méthode d'analyse de contenu, de démasquer la présence d'agents hitlériens dans la grande presse américaine.

A titre illustratif, la catégorisation des énoncés et leur calcul de fréquence comparée donna, pour le journal *Galilean*, le tableau suivant (A = nombre de fois où le thème est en accord avec les thèmes des discours des chefs nazis ; B = nombre de désaccords) :

Thèmes ***	A	B
— Les Etats-Unis sont intérieurement corrompus ..	279	26
— Le Président des Etats-Unis est un coquin	70	0
— La politique étrangère des Etats-Unis est moralement injustifiable	39	0
— L'Allemagne hitlérienne est juste et vertueuse ..	12	2
— La politique étrangère du Japon **** est moralement juste	15	5
— Les Etats-Unis sont faibles	317	5
— La Grande-Bretagne est faible	113	3
— L'Allemagne hitlérienne est puissante	19	2
— Le Japon **** est puissant	79	2
— Les Alliés occidentaux sont désunis	29	0

* C'est peut-être cette absence de méthode rigoureuse qui les fit tomber sur quatre aspirations dont la valeur *universelle* (et non pas typique de l'immigrant polonais) est aujourd'hui reconnue : désir d'expériences nouvelles, besoin de reconnaissance par autrui, d'affirmation de soi, de sécurité. Ils constatèrent aussi le phénomène le plus grave de la transplantation (en général) : perte de la capacité d'organiser sa vie en vue de la réalisation de buts personnels.

** Cf. aussi les résultats modernes de la même étude ci-dessous p. 82, les procédés de l'information tendancieuse.

*** On remarquera que ces mêmes thèmes (où les références à l'Allemagne et au Japon sont à remplacer du fait de l'actualité) se développent aujourd'hui dans une certaine presse.

**** Allié de l'Allemagne hitlérienne, à l'époque (1941).

■ LA DEUXIEME GENERATION

Les sciences connexes se développent rapidement. Depuis 1944, on est dans ce qu'on appelle « la première génération des ordinateurs » *, qui permet le perfectionnement immédiat de la première machine à évaluer les réponses à un questionnaire fermé, inventé par PRESSEY dès 1925 et source historique des futures machines à enseigner **.

● *Une nouvelle pression s'exerce sur les recherches en méthodologie d'analyse de contenu : d'une part les progrès de la documentation, d'autre part les progrès de la linguistique appliquée.*

1. Quoique le mot *Documentation* n'apparaisse que vers 1930 dans son sens d' « exploitation méthodique de l'information », et que « l'explosion documentaire » ne se soit imposée que vers 1960, les problèmes de l'inventaire, du signalement et de la condensation des documents en vue de leur stockage et de leur utilisation, avaient commencé à se poser dès la fin du XIXe siècle. L'Américain Melvil DEWEY avait créé en 1876, sous la pression de l'accroissement des bibliothèques, le fameux système de classement par « matières » après indexation réglée, qui est encore en usage aujourd'hui, puis la fameuse Classification Décimale Universelle (1891).

Les Belges Paul OTLET et Henri LAFONTAINE avaient fondé en 1892 le premier *Office international de Bibliographie*, qui deviendra en 1931 l'*Institut international de Documentation.*

La première promotion de « documentalistes » sort en 1946, de l'enseignement organisé par l'Union Française des Organismes de Documentation, relayée en 1950 par l'actuel Institut National des Techniques de Documentation, rattaché dès ses origines au C.N.A.M. (Conservatoire National des Arts et Métiers) de Paris.

L'analyse des documents scientifiques (première conférence internationale sur ce sujet en 1949 sous le patronage de l'U.N.E.S.C.O.) pose clairement deux questions : Comment étudier et traiter les modes de collecte, d'indexation, de catalogage, de mise en fiche (en cartes ou en ordinateurs) *** et d'accessibilité-diffusion des informations (ce qui relève *des techniques documentaires*) ?... Comment mettre au point *des méthodes de traitement de l'information* (ce qui comprend nécessairement l'examen des moyens d'analyser le contenu d'une information) ?

On peut dire qu'en 1945 les psychosociologues trouvent dans les progrès des techniques documentaires une aide et une stimulation considérable dans leurs propres recherches d'analyse méthodique des documents humains.

2. *La psycholinguistique* (toujours pas encore nommée) a fait, de son côté, des progrès remarquables. BUSEMAN, en 1925, étudie « le

* En 1820, C.H. BABBAGE avait inventé la première machine à calculer comportant mémoire et programme. En 1944, ECKERT et MAUCHLY créent le premier « cerveau électronique ». La « seconde générations d'ordinateurs » (où les transistors remplacent les tubes) apparaîtra en 1960. La « troisième génération » (à circuits intégrés) naîtra en 1965. Nous en étions à la quatrième génération dès 1972 ; nous en sommes à la cinquième génération en 1979.

** Cf. fasc. *Les méthodes actives dans la pédagogie des adultes.*

*** Les cartes perforées apparaissent en 1951. Les Américains J.W. PERRY et A. KENT ouvrent la première voie d'utilisation des ordinateurs en documentation en 1955.

langage des enfants instables » et par des méthodes purement linguistiques essaie de préciser les troubles de la personnalité de l'émetteur : par exemple, il constate que le nombre de constructions actives (tous les verbes sauf les auxiliaires) divisé par le nombre de constructions qualitatives (adjectifs, attributs ou assimilés, et adverbes) donne un « quotient d'action » d'autant plus élevé que le locuteur est plus émotionnellement instable. En 1932, EISENSON, se fondant sur la définition « *le langage est un comportement* » essaie de discerner les « profils linguistiques » de trois maladies mentales typiques (manie, schizophrénie, mélancolie), étude reprise d'ailleurs en 1938 par NEWMAN et MATHER. Après les « analyses de vocabulaires » de JOHNSON (1944), *l'analyse thématique du discours des malades mentaux* est proposé par WHITE en 1949 puis par le psychiatre et anthropologue italien ARIETI en 1955. En 1965, LAFFAL *, proposera dans le même but la création d'un lexique spécial (in *Pathological and normal language* N.Y. Atherton Press) :

> C'est un thésaurus d'environ 5 000 mots classés sous 114 entrées lexicales permettant l'analyse des associations sémantiques et contextuelles en discours parlé ou écrit. Cette méthode *fournit donc les catégories* et, par rapport à un mot-clé, on peut tabuler tous les mots s'y associant par le sens.

Après cette perspective sur les développements des techniques documentaires et de la psycholinguistique **, revenons à l'analyse de contenu en psychosociologie.

● *L'analyse de contenu des communications.* En 1948, les américains B. BERELSON et Paul F. LAZARSFELD publient à Chicago et New York *The Analysis of Communication Content* (Analyse de contenu des communications), et la définissent comme « *une technique de recherche qui a pour but la description objective, systématique et quantitative du contenu manifeste des communications* ».

En 1955, se tient à Allerton House, dans l'Illinois (U.S.A.), le premier symposium sur l'analyse de contenu. Il en sortira en 1959 l'ouvrage collectif *Trends in Content Analysis* *** (Tendances en Analyse de contenu), reflet surtout des débats entre les disciplines d'origine des orateurs (entre linguistes, psychologues, et sociologues, en particulier). A la seconde réunion, à Annenberg School, à Philadelphie (U.S.A.) en 1967 (d'où sortira en 1969 le livre collectif *The Analysis of Communication Content* de G. GERDNER, D.R. HOLSTI, K. KRIPPENDORF, W.J. PAISLEY et P.J. STONE, paru aux éditions Wiley, U.S.A.), le conflit fut relancé par l'entrée en lice des ordinateurs.

> Quatre grands problèmes dominèrent ces deux congrès de spécialistes où pratiquement chacun apportait sa méthode :
>
> 1) Le problème de l'objet même de l'analyse de contenu (doit-on s'en tenir à la lettre du texte ou « lire entre les lignes » ? quelles sont les limites et les normes de l'inférence ?) ;

* LAFFAL interviendra plusieurs fois au 2e Congrès sur l'Analyse de contenu à Annenberg School en 1967. Notons aussi que les problèmes de *Dictionnaire sémantique* sont traités de leur côté par les documentalistes. Le premier thésaurus (cf. ci-dessous p. 36) créé en 1852 par l'anglais P.M. ROGET sert de modèle aux nombreux thésaurus documentaires à partir de 1960.

** Aujourd'hui l'analyse du langage par rapport aux états psychologiques utilise la phonométrie et la spectrographie acoustique grâce aux nouveaux moyens d'enregistrement et de projection que donnent les audio-spectrographes.

*** Publié par Illinois Press sous la direction de Ithiel de SOLA POOL.

2) Le problème de la mesure (faut-il quantifier à tout prix ou laisser une part à l'analyse qualitative ?) ;

3) Le problème de la définition des catégories (doivent-elles être standardisées à l'aide des ordinateurs, ou doivent-elles être chaque fois *ad hoc* ?) ;

4) Le rôle des ordinateurs (l'ordinateur peut-il s'occuper des significations ?).

■ PERSPECTIVES

Du fait que quantité de domaines des Sciences Humaines sont concernées par l'analyse de contenu, les chercheurs proviennent d'horizons très divers, avec des formations et des objectifs pas forcément homogènes. Si l'on considère que toutes les communications de la vie sociale (orales, écrites, par images, par signes de toute nature) et que tous les moyens de communication, des plus individuels (comme la lettre personnelle ou le paralangage, les contrats, et les interactions conjugales) aux plus massifs (comme la publicité, le cinéma, les journaux, la radio, les programmes de télévision), en passant par les entretiens, les discussions de groupe, les tests psychologiques, les questionnaires et leurs réponses, et toute la littérature écrite ou enregistrée, tous les livres, tous les documents de toutes les cultures, etc..., sont à analyser,... le champ est certainement trop vaste pour que l'on songe à se plaindre (sauf du point de vue pédagogique qui est le mien) de la multiplicité des recherches.

Cependant certains domaines qui progressent vite, deviennent pilotes ou modèles : c'est ainsi que les banques de données et la traduction automatique, qui toutes deux utilisent les ordinateurs, font connaître aujourd'hui à la méthodologie de l'analyse de contenu une formidable accélération.

• *La traduction automatique.* En 1944, A.D. BOOTH entreprit de construire la première machine à traduire. Il ne s'agissait de rien moins que de confier à la machine la traduction d'un texte. Les linguistes étaient au premier chef intéressés, et les progrès de la linguistique, joints au progrès des ordinateurs, autorisent de plus en plus ces espoirs. En 1973, il y avait 150 programmes connus en cours de construction, selon la Revue américaine *Computers and the Humanities* (fondée en 1966 à l'Université de New York). La revue française *Traduction automatique* fut fondée antérieurement, en 1959, par l'Association de Linguistique appliquée et de traduction automatique (cette revue est éditée aux Ed. Mouton).

En 1961 se tint le premier Congrès international (*Actes* publiés aux P.U.F. en France en 1964).

Il est certain que les discussions byzantines des psychosociologues sur le signifié et le signifiant vont être dépassées par les constructeurs de programmes de traduction automatique qui sont bien conscients des deux questions-clés de l'analyse de contenu (car ce sont les leurs)... et bien décidés à y répondre :

1. Que veut dire l'auteur de tel texte ? Quelle signification a son discours ?

2. En quoi ce sens diffère-t-il de celui de tel autre texte ?

• *Les banques de données.* Nous sommes dans « le règne de l'information ». La « circulation de l'information » a remplacé dans la hiérarchie des soucis des responsables celui de « la circulation de l'énergie ». La puissance et l'influence vont aujourd'hui à celui qui, détenteur du plus grand nombre d'informations, peut décider ou créer avec le moins de risques.

Les *banques de données,* dont on parle de plus en plus, seront les organismes capables de fournir à un « client » la totalité des informations, spécialisées ou non, dont il a besoin pour agir efficacement tout de suite.

> *« Donnez-nous 30 secondes » dit la publicité d'une de ces banques, « et nous vous fournissons toutes les informations mondiales sur le sujet qui vous intéresse. »*
>
> Voici un économiste qui désire connaître tout ce qui a été publié en Suisse entre 1965 et 1973 en fait de statistiques de la production et des exportations de réveils électriques. Il pose la question à la banque de données, et la personne qui l'écoute et qui a bien fait préciser la question, pose à son tour à l'ordinateur la question suivante * : REVEIL 1 (SYN) AVEC (ELECTRI OU ELEKTRI) ET STATISTI ET SCHWEIZ (SYN) ET DATE IN 1965-1973. Le client aura en 30 secondes la liste des références bibliographiques. Chacun de ces textes lui sera fourni (ou seulement les graphiques et tableaux) en réponse à d'autres demandes.

Cet exemple suffit à montrer les conditions de fonctionnement d'une banque de données. Il faut collecter l'information, puis par des méthodes d'analyse de contenu, l'inventorier, la traduire, la classer, la mettre en stock et prévoir son exploitation.

Actuellement en France, le projet ENEIDE (Ensemble Normalisé pour les Entreprises Industrielles et les Décisions de l'Etat) est le plus avancé. Il doit rassembler les informations normalisées et tenues à jour concernant la production, le commerce extérieur, les marchés publics, l'emploi, les données financières, la recherche et la législation. Ce projet a été connecté depuis 1973 avec un réseau plus large de banques de données (VIIe Plan). Les responsables des plus hauts échelons doivent pouvoir conduire leur affaire avec, devant les yeux, un tableau de bord porteur de tous les cadrans utiles en état de bon fonctionnement.

Tout est fondé d'une part sur la recherche de l'information à sa source et sur l'analyse du contenu. Sous l'énorme pression des programmes en construction, la méthodologie de l'analyse de contenu (avec des retombées dans tous ses domaines) ne peut pas ne pas se développer, se préciser et s'affiner.

---

* La question posée à l'ordinateur est codee : (REVEIL) avec marque de valeur 1 (pour éviter que la machine n'aille pas dans la direction de (réveiller), (réveillon)), etc. + SYN pour que toutes les traductions (SYNONYMES) soient explorées. (AVEC) exige que ce qui suit soit inclus dans la phrase. ELECTRI ou ELEKTRI pour que les mots anglais, français, allemands y figurent sans préciser les désinences, de même pour STATISTI ; SCHWEIZ (SYN) pour que tous les documents comportant les synonymes (SYN) « helvétique », « helvetisch », « suisse », etc (synonymes figurant quelles que soient la place et les désinences du mot). (DATE IN) donne les limites de dates.

3 *Définition de l'analyse de contenu.*

Analyser le contenu (d'un document ou d'une communication), c'est, par des méthodes sûres dont nous aurons à faire l'inventaire, rechercher les informations qui s'y trouvent, dégager le sens ou les sens de ce qui y est présenté, formuler et classer tout ce que « contient » ce document ou cette communication.

Tout document, parlé, écrit, ou sensoriel, *contient* potentiellement une quantité d'informations sur la personne qui en est l'auteur, sur le groupe auquel elle appartient, sur les faits et événements qui y sont relatés, sur les effets recherchés par la présentation de l'information, sur le monde ou sur le secteur du réel dont il est question.

Or la lecture, l'audition, disons d'une manière générale la perception de ces informations sont filtrées, amputées, déformées par toute une série de sélections et d'interprétations provenant des centres d'intérêts, des préjugés, des « a priori » idéologiques, des motivations, des passions, de la mauvaise foi, etc... et par les faiblesses ou les éclipses de la perception, de l'attention, de la connaissance de la langue et du code utilisés, ou de l'acuité intellectuelle elle-même.

Chacun de nous se souvient des sentiments variés (allant de la consternation dépressive à la fureur vengeresse) que l'on éprouve lorsqu'on apprend, par exemple, comment les autres ont transformé nos paroles, rapporté nos propos ou interprété nos écrits.

■ L'ANALYSE DE CONTENU SE VEUT UNE METHODE CAPABLE D'EFFECTUER L'EXPLOITATION TOTALE ET OBJECTIVE DES DONNEES INFORMATIONNELLES

Elle a eu dès ses origines pour souci premier d'éviter le recours à l'intuition, aux « impressions personnelles », et d'éliminer la subjectivité de l'opérateur. C'est peut-être par rapport aux risques de subjectivité, de filtrage et d'interprétations personnelles que les premiers théoriciens ont exigé que l'analyse de contenu soit :

— *objective*, c'est-à-dire considérant les données informationnelles comme des objets susceptibles d'être étudiés scientifiquement, décrits, analysés, « autopsiés », décomposés ou découpés de toutes les manières utiles ;

— *exhaustive*, c'est-à-dire n'oubliant rien de son objet après l'avoir défini ;

— *méthodique*, c'est-à-dire soumise à des règles strictes, que l'on peut apprendre et transmettre * ;

— *quantitative*, c'est-à-dire aboutissant à des calculs et à des mesures, à des évaluations aussi précises que possible.

* Dans les premières définitions (Berelson) les adjectifs *exhaustive* et *méthodique* sont rassemblés sous l'attribut de *systématique*.

Répondant à un de ses collègues, Anatole RAPAPORT disait lors du Symposium de 1967 :

> « *Le Dr HAYE disait hier que l'analyse de contenu est la partie essentielle d'une bonne conversation. Je l'accorde du point de vue de l'art. En effet, le bon partenaire d'une conversation comprend ce que vous dites et aussi ce que vous ne dites pas. Il peut même tirer au clair le sens de ce que vous dites et vous le faire comprendre à vous-même. Le bon partenaire de conversation applique un art...*
>
> « *Mais l'analyse de contenu est aussi une science. Cette science est renforcée, par exemple, par un ordinateur. De même qu'à travers un microscope vous voyez ce que vos yeux ne voient pas directement, de même l'analyse scientifique attire votre attention sur certaines propriétés du texte qui ne sont pas discernables autrement... L'art n'aboutit qu'à des conjectures. Les conclusions d'une analyse de contenu ne sont pas affaire d'art parce qu'il y a des procédures définies pour décider si une conclusion est justifiée ou non, et avec quelle probabilité* *. »

■ LES VARIÉTÉS DE MATÉRIEL

Jean MAISONNEUVE et J. MARGOT-DUCLOS *(art. cit.)* différencient deux domaines de l'analyse de contenu :

1) le matériel donné a priori... 2) le matériel spécialement créé par la recherche. Il me semble qu'il y en a trois, car le premier domaine se laisse subdiviser en : « donné » (ou reçu) et « rassemblé en vue d'un objectif ».

● *Le matériel donné a priori* comprend tout matériel de communication que l'on reçoit comme objet d'étude. La recherche, dans un but d'analyse sans que soient précisés d'autres buts plus précis, prend pour objet un ensemble de communications ou d'informations existant en dehors de l'opérateur.

Le but général *d'analyse* est indispensable pour qu'il s'agisse d'analyse de contenu, mais le chercheur n'a aucune idée de ce qu'il va découvrir en effectuant l'analyse.

Les consignes que l'on reçoit (ou que l'on se donne) sont très générales, du genre :

— je dois résumer l'essentiel de cet article ou de ce livre,
— je dois découvrir et formuler ce que signifie ce rapport,
— je dois analyser tous les effets de sens de cette affiche,
— je dois inventorier les informations contenues dans tel texte et les classer.

Dans les cas de ce genre, le produit sera un *compte rendu d'analyse.* Celle-ci sera d'autant plus valable et probante qu'elle aura été objective,

* Ainsi par exemple l'énorme travail d'analyse de presse de Francine AMAURY, P.U.F. 1972, intitulé *Histoire du plus grand quotidien de la IIIe République* (1345 pages) ne comporte aucun chapitre de méthodologie. Un paragraphe de la préface du tome I précisait que « le dépouillement de cette masse de documents inédits suppose l'élaboration de méthodes d'investigation, d'interprétation, de reconstitution ». On n'en voit aucune trace. L'auteur travaille (remarquablement) de façon « pifométrique ».

exhaustive, méthodique, et si possible quantifiée. La référence à l'objet, ajouterons-nous, doit être précise de façon à ce qu'il n'y ait aucune ambiguïté sur la source.

• *Le matériel rassemblé à des fins d'analyse ayant des objectifs formulés* est un autre type de matériel de l'analyse de contenu. Il s'agit *de questions à poser à un ensemble de données informationnelles.*

Ici les « questions à poser » sont représentées par les buts précis de l'analyse, et il faut naturellement que ces buts soient accessibles par l'analyse de contenu.

Les consignes que l'on reçoit (ou qu'on se donne) sont formulées et particularisées, du genre :

— je dois découvrir et définir de façon formelle les procédés de la propagande dans tel journal,

— je dois rechercher et hiérarchiser les thèmes caractéristiques des lettres laissées par les suicidés,

— je dois définir le sens que tel auteur donne à tel mot-clé de son répertoire, ou quelle représentation il se fait de telle catégorie de situations,

— je dois analyser comment les quotidiens de tel pays ont présenté tel événement, comment se répartissent les tendances et quelles sont leurs places respectives sur une échelle d'attitude « favorable-défavorable ».

Dans le premier domaine, le « contenu » était fourni (il a été choisi sur des critères qui sont hors de ceux de l'analyse et hors de l'analyse). Dans ce second, le « contenu » *se déduit* des objectifs que l'on s'est donnés ou qui ont été donnés ; l'opérateur doit activement réunir les documents pertinents. On dira qu'il a à constituer le « corpus » et cela se fera déjà selon certaines règles.

• *Le matériel créé par la recherche elle-même.* Telles sont les réponses aux questions « ouvertes » d'un questionnaire, les enregistrements d'interviews sur des thèmes ou dans des situations définies, les protocoles de tests, les résultats d'expériences, etc...

Dans ce cas l'opérateur a fait naître un certain matériel qui contient quelque chose, et ce sont ces contenus qu'il faudra analyser, formuler, quantifier.

Le mode de création de ce matériel est une variable importante en ceci que le matériel suscité se trouve, par les intentions de l'opérateur et par les conditions de son surgissement, déjà influencé ou orienté.A la limite, il peut arriver que les conditions de création du « matériel » de la recherche soient telles que ce matériel est sans signification.

Pour ne prendre qu'un exemple, on sait que les « questions directes » (au cours d'une enquête d'opinion ou d'un sondage) posées à des personnes sur les motivations de tel ou tel de leurs comportements, ne donnent que des réponses de « défense sociale » n'ayant *aucune* valeur pour la recherche de motivations *.

---

* Cf. sur ces points les fascicules *Le questionnaire dans l'enquête psychosociale* et *Les réactions de défense dans les relations interpersonnelles.*

LES VARIETES D'OBJECTIFS

Sur ce point le schéma de LASWELL, quoiqu'ancien, me paraît le meilleur cadre de classement des variétés d'objectifs, c'est-à-dire des diverses orientations possibles de l'analyse d'un matériel informationnel.

LASWELL est tout simplement parti d'une fiche définissant *la communication* * par 6 questions : 1) Qui parle ? - 2) Pour dire quoi ? - 3) A qui ? - 4) Comment ? - 5) Dans quel but ? - Avec quel résultat ?

- *La première question* (Qui parle ?) *nous renvoie à la personnalité de l'émetteur.* Se regroupent sous cette rubrique les analyses ayant pour objectif l'étude de la personnalité de l'auteur de la communication ou du texte, l'étude de ses caractéristiques psychologiques ou sociales, de son comportement verbal, de ses valeurs, de son cadre de référence, de son « univers sémantique », etc...

- *Pour dire quoi ? nous propose les caractéristiques du message,* ce que LASWELL appelle sa « teneur », sa valeur informationnelle, les mots, les idées, les arguments, les conclusions, les affirmations-négations, bref ce qu'on a l'habitude d'appeler littéralement le « contenu ».

- *A qui ? nous invite à l'étude du récepteur.* Qu'apprenons-nous sur les *lecteurs* du journal en analysant le contenu du journal, ou l'évolution de ses rubriques ? La clientèle, le public de ces informations, le ou les groupes auxquels elles sont destinées, apparaissent à travers les contenus soumis à l'analyse orientée dans ce sens. On y décèle leurs attentes, leurs valeurs, leurs mythes, et toutes les conditions psychologiques et sociales de leur réceptivité à de telles communications.

- *Comment ? nous dirige vers l'étude de la forme et du véhicule de la communication.* Le choix du support (l'image en couleurs par exemple) et du code, le mode de présentation, le style et les figures de style, la structure du « langage » adopté ou du récit dans son ensemble, la lisibilité du message, etc... vont devenir les objectifs de l'analyse.

- *Dans quel but ? nous oriente vers les objectifs, affichés ou cachés, de la communication* et vers l'analyse de ses visées au niveau du réel ou au niveau des personnes...

- *Avec quels résultats ? infléchit la recherche vers les effets,* qui ne sont pas forcément congruents avec les buts, vers les résultats *effectifs* de la communication (de l'information).

L'analyse de contenu peut prendre un ou plusieurs de ces objectifs, et même leur ensemble, si son but général l'exige ; mais on peut prévoir que les méthodes et techniques ne seront pas forcément les mêmes. On peut même dire que le « contenu » ne peut pas être perçu de la même façon lorsqu'on passe d'un objectif à un autre.

LE PROBLEME DES INFERENCES

J'ai noté ci-dessus le souci majeur, chez les théoriciens, d'éviter la subjectivité. Le même souci réapparaît lorsqu'il s'agit de définir « jusqu'où on peut aller » dans l'analyse. Il me paraît évident que la

* *Communication*, ici comme dans la plupart des cas en analyse de contenu, est pris dans le sens de *information en circulation entre émetteur et récepteur.* Il ne s'agit pas de la relation interhumaine elle-même (cf. fascicule *Communication et réseaux de communications*)

psychanalyse a servi de contre-modèle aux premiers méthodologistes, parce que hors des garde-fous du texte et du « contenu manifeste », la voie leur paraissait ouverte (et dangereuse) vers des suppositions gratuites ou seulement garanties par l'intuition, même géniale, de leur auteur.

• *Le contenu manifeste* est, dans les premières définitions, le seul contenu toléré. BERELSON, repris en cela par JANIS, par STONE et d'autres, a inclu dans sa définition l'expression « contenu manifeste ». Malgré des objectifs radicalement différents de ceux de BERELSON, A.J. GREIMAS réaffirme, vingt ans après, que seul le contenu manifeste doit être l'objet de l'analyse, qu'il appelle « description sémantique ».

Découper l'information en « unités informationnelles », classer ces unités en « thèmes » ou en « catégories » (caractérisées par un niveau de finesse ou de généralité défini par les objectifs), dénombrer, corréler, comparer ces catégories par toutes sortes de « traitements »,... voilà des opérations qui ne quittent pas le contenu, objet fini, considéré comme le *seul réel disponible.*

Le contenu, pour le praticien de l'analyse de contenu est comme le liquide à analyser pour le chimiste. Tout est là et il n'y a rien de « latent ». Les composants chimiques du liquide sont *dedans et présents* par définition. Il n'y a qu'à analyser ce dont on dispose, sans aller supposer des « dessous » cachés influents.

• ***La nécessité d'inférer au-delà du contenu manifeste*** s'imposa pourtant à beaucoup de théoriciens. *Inférer* (ou faire des inférences) c'est dépasser les données pour atteindre quelque chose *au-delà,* en rapport avec les données, c'est donc prendre les données pour un chemin vers autre chose qui n'est pas dans les données. Le « contenu manifeste » de BERELSON perd ainsi sa valeur d'absolu. Avec toutes les précautions oratoires indispensables, Klaus KRIPPENDORF, au Symposium de 1967, déclarait : « *l'analyse de contenu peut être définie comme l'utilisation de méthodes fiables, fidèles et valides, pour faire des inférences spécifiques à partir d'un texte* * *vers des états ou des propriétés autres, appartenant à ses sources* **, et il insinuait que sans ce droit d'inférer, on n' « analyse » pas vraiment (« vous n'avez qu'une technique de validation de la perception du contenu, pas une technique d'analyse »).

Et son insistance à affirmer que « *une large partie du comportement humain est symbolique* », que « *les configurations symboliques non seulement contrôlent et structurent le comportement individuel mais aussi ont une vie propre* » *** ou que « *le corps du message n'a jamais été en accord avec l'idéal d'une représentation objective* »,... entrebaille dangereusement la porte à l'herméneutique que l'on croyait avoir définitivement éliminée.

Si le contenu manifeste doit être une « voie de passage vers autre chose » (Alexander GEORGE), ou « une facilitation des inférences » (O.R. HOSTI), ou « un message sur des phénomènes inaccessibles à

---

* *Texte* est pris ici dans le sens de « contenu manifeste ».
** *Source* désigne tout système vers lequel on peut remonter à partir du texte.
*** L'auteur confond ici *symbolisme et signification.* La meilleure preuve qu'il peut y avoir « effet de sens » sans qu'il y ait « symbole » au sens strict, est que son discours personnel a un sens sans être pour autant symbolique.

l'observation » (K. KRIPPENDORF), il semble que l'on perde « le plan de l'observation », garant positiviste de l'objet scientifique.

Comprenez bien ce point. D'une certaine manière on peut soutenir que tout effort de connaissance ou de compréhension est une interprétation et donc (comme le dit Eliane AMADO LEVY-VALENSI dans *les voies et pièges de la psychanalyse*, pp. 31-32) « dans quelque mesure une herméneutique ». C'est exact par le fait même de l'interprétation. Mais justement l'analyse de contenu est un ensemble de méthodes *d'évitement de l'interprétation* au sens où ce mot implique l'intervention d'un système *a priori* de traduction, ou d'une table de décodage qui n'est pas tirée du contenu particulier étudié.

La traduction, le décryptage (décodage des messages « chiffrés »), le déchiffrage archéologique des signes, tout comme l'interprétation des oracles et l'herméneutique, ont ceci de commun qu'il y a passage d'un système de signes à un autre par le truchement d'une table de correspondances (ou d'un dictionnaire de la traduction) donnée *a priori*. L'analyse de contenu ne veut être ni une traduction ni une transposition, *mais une explicitation* *.

● *La conciliation* paraît difficile car, pour arme de combat, les tenants du contenu manifeste prennent les ordinateurs, et les tenants des inférences prennent les symboles, « omni-présents depuis toujours dans le monde humain ». Leur guerre intestine les distrait quelque temps de leur combat commun contre les linguistes.

En fait, je pense que s'ils conviennent de bien distinguer Analyse de contenu et Herméneutique, les adversaires pourraient facilement s'entendre. Ils sont d'accord déjà sur la nécessité de méthodes rigoureuses et de résultats vérifiables. Ils pourraient être d'accord aussi sur le fait que ce qu'ils cherchent doit nécessairement se trouver *dans* le contenu, celui-ci englobant une manifestation et une immanence, un observable et une structure plus ou moins voilée, un sens immédiat et un double sens.

Ceci est vrai pour la simple figure de style qu'est la *métaphore*, ou pour l'orientation tendancieuse d'un article,... *a fortiori* pour un conte populaire.

Il faut admettre que l'analyse de contenu peut s'effectuer à *différents niveaux*, ou, si l'on veut, peut atteindre différents plans, au moyen de techniques appropriées, si le contenu se prête à l'hypothèse de ces niveaux.

Autant il serait absurde de supposer que la liste des réponses d'un groupe à une question ouverte ou un bulletin d'information scientifique recèlent un autre sens, caché dans le sens manifeste,... autant un mythe ou un récit allégorique doivent être analysés jusqu'à parvenir aux significations implicites et à la signification ultime, véhiculée dans et par le contenu immédiatement perceptible.

Beaucoup plus grave est le débat avec les linguistes, qui, eux, feraient volontiers de l'analyse de contenu sans contenu du tout.

---

* David GEHAYS au contraire, pour justifier l'absorption de l'analyse de contenu par la linguistique, soutient que « l'analyse de contenu est toujours une traduction » (article cité, *les fondements linguistiques d'une théorie d'analyse de contenu*). Mais l'explicitation du sens dans le texte à traduire est une opération chronologiquement et méthodologiquement différente de la traduction proprement dite, laquelle utilise le code d'une autre langue existant en dehors du texte à traduire et de son sens particulier.

4 *Le signifiant et le signifié.*

« Une dernière catégorie de problèmes », écrivent P. Henry et S. Moscovici (in *Problèmes de l'analyse de contenu*, article cité p. 60), « découle du fait que les méthodes d'analyse de contenu se situent au carrefour de la linguistique et de la psychologie sociale. Ces deux disciplines se sont, en quelque sorte, tourné le dos... » L'analyse de contenu s'intéresse en effet au *langage* et à tout ce qui peut être une *communication*. Ce « domaine » est commun aux psychologues et aux linguistes. Mais le psychologue s'intéresse *à ce que pensent les individus, à ce qu'ils font, à ce qu'ils ressentent et à ce qu'ils expriment ;* pour lui, le langage est un comportement parmi d'autres comportements. Le linguiste ne s'intéresse pas aux individus, il s'intéresse *à la langue comme telle* (les sons et leurs différences, la syntaxe, la grammaire, les mots et le lexique, etc...).

Disons en gros que le psychologue s'intéresse *au sujet parlant*, et que le linguiste s'intéresse *à la langue utilisée.* Le psychologue se meut à l'aise dans les significations ; la linguistique ne dispose pas d'une théorie de la signification.

■ LA SIGNIFICATION DANS SES RAPPORTS AVEC LE SIGNIFIANT ET LE SIGNIFIÉ

Toutes les difficultés viennent (comme le dit très justement Jeanne Parain-Vial, *op. cit.*, pp. 149-150) de l'ambiguïté du mot *langage*, car il désigne à la fois le mode habituel de communication d'une personne à une autre (il y a le langage par parole, par signes, par images, le « langage des mains » ou des regards),... et la langue comme réalité existant en dehors des individus qui parlent, comme lexique, comme règles, comme syntaxe et comme ensemble de sons différenciés.

Prenons tel texte de discours sur lequel vous voudriez faire une analyse de contenu ; il est rédigé en langue française et nous supposerons : 1) que vous savez lire et que vous connaissez suffisamment la langue française ; 2) que vous connaissez le répertoire particulier de l'auteur et l'objet du discours. Ce qui vous intéresse en tant qu'analyste, c'est ce que ce texte signifie (en lui-même, par rapport à son auteur, par rapport à son public... etc... etc.) *. Nous conviendrons d'appeler cela *le signifié.*

Mais il est évident que ce signifié suppose, exige, *un véhicule* et, en l'occurence, les assemblages de signes que vous lisez avec vos yeux, ou les arrangements de sons que vous auriez entendus avec vos oreilles en écoutant l'orateur à la tribune ou sur l'écran de télévision. Ces phénomènes matériels sensibles constituent *le signifiant.* De même si vous avez sous les yeux un texte écrit dans une langue étrangère que vous ignorez et *a fortiori* avec un alphabet inconnu, vous êtes devant un signifiant à l'état pur.

---

* Cf. ci-dessus les 6 catégories d'objectifs possibles de l'analyse de contenu, p. 20.

Naturellement, il y a un rapport entre signifiant et signifié, puisque sans signifiant, vous manquez des conditions d'apparition du signifié, et puisque pour dire *quelque chose* (du signifié), vous utilisez les sons et les lettres écrites, qui constituent le signifiant. Sans signifiant, il n'y a plus moyen de s'exprimer, et donc il n'y a plus de signifié. Sans signifié, le signifiant est purement virtuel *. Le *signifiant n'a pas de sens par lui-même.* Il est instance de sens.

Quoique « signifiant et signifié soient dans une relation de présupposition réciproque » (A.J. GREIMAS, *op. cit.*, p. 10), *l'analyse des signifiants ne peut jamais atteindre le signifié.*

La preuve en est (s'il en fallait une) que DE SAUSSURE, l'éminent fondateur de la linguistique moderne (1915), distinguant *la langue* comme fait phonético-lexico-social, et *la parole* comme usage de la langue par quelqu'un pour dire quelque chose de personnel, excluait la parole du champ de la nouvelle science et donnait à la linguistique pour objet exclusif la *langue* en tant que système des signifiants.

Déduisons déjà de cette dichotomie historique, que *l'analyse de contenu s'intéresse justement (et exclusivement) au signifié, par définition même,* parce qu'elle s'intéresse au sens.

Selon A.J. GREIMAS, dont les arguments sont irréfutables, « quel que soit le statut du signifiant, les significations ne peuvent absolument pas être classées à partir des signifiants... la signification est indépendante de la nature du signifiant grâce auquel elle se manifeste » (*op. cit.*, p. 11). En conséquence, *l'analyse de contenu sera possible quel que soit le support-signifiant* (écriture, langage parlé, image, musique, media quelconque).

Ici nous rencontrons une objection moderne : « L'analyse de contenu, c'est l'analyse du contenant » (A. MOLES)... ou : « Le contenu est un leurre dont l'objectif est de fasciner, en l'anesthésiant, notre conscience, de façon à ce qu'agisse le vrai message qui est le médium lui-même » (McLUHAN) **.

Nous devons, pour répondre, dénoncer le contresens ou la mystification entretenus par ces auteurs. Tirant leur principal argument de l'analyse des affiches publicitaires, ces auteurs soutiennent que *la manière de présenter* quelque chose (un produit publicitaire, par exemple, sur une affiche en couleurs) a plus d'impact réel que *ce qui est présenté.* Ils appellent l'image en couleurs le « contenant » (ce qui fait penser à « signifiant »). Il leur est facile alors de montrer que « le contenant » (le symbolisme des images et des couleurs, la puissance évocatrice provenant du graphisme, etc...) « agit » sur le spectateur davantage que le texte avec son sens littéral.

La mystification vient de ce que l'on nous fait passer pour *signifiant* ce qui est déjà du *signifié,* car il y a tout simplement *deux* signifiés. Le véritable « signifiant » est le papier, les couleurs et leur

---

* Ainsi la syllabe PA, en français, est un signifiant différencié. En tant que telle elle va servir à un certain champ de signifiés possibles (pas, papa, palan, patin, apparent, disparu, appât, etc.) selon les lois de combinaisons linguistiques et phonétiques précises (paille, paysan, paix par exemple, utilisent un phonème différent).

** Mc LUHAN in *Pour comprendre les media,* Ed. Mame-Le Seuil, 1968, p. 34 *et passim* ; Abraham MOLES, préface à l'ouvrage de KEINTZ, *op. cit.* Cf. ci-dessous p. 64.

La définition du « message » par A. MOLES (in *Sociodynamique de la culture*, ed. Mouton, 1967, p. 109) est celle-ci : « Un groupe fini et ordonné d'éléments puisés dans un répertoire, constituant une séquence de signes assemblés selon certaines lois ». Elle « oublie », comme on le voit, de mentionner le sens, ce qui laisse le champ libre à la seule linguistique. Pour que cette définition soit celle d'un *message* (et non d'une phrase quelconque grammaticalement correcte), il faut ajouter au moins « ayant un destinateur, un destinataire, et un sens ».

contraste chromatique, les lettres et les syllabes de l'annonce, la langue utilisée par le publicitaire, etc... L'image avec son sens *est un signifié*, de même que le texte publicitaire. L'analyse de contenu aura dans ce cas deux objectifs (dont le second — la sémantique de l'image — sera un peu plus difficile à atteindre).

■ LES EFFORTS DES LINGUISTES MODERNES POUR « RECUPÉRER » LE SIGNIFIÉ

Pourquoi SAUSSURE, dans sa définition de la linguistique, a-t-il exclu l'intérêt pour le sens ? C'est parce que, pour lui : 1) le sens d'un texte est ambigu, sa découverte incertaine, son interprétation sujette à caution ; 2) le sens est particulier, et il ne peut y avoir de science du particulier ; 3) le sens est affaire de la psychologie « qui ne craint pas les extrapolations subjectives et arbitraires * alors que nous voulons construire une science fondée sur des données d'observation » ; 4) le sens est de l'ordre de l'imaginaire, la langue est à traiter comme un réel consistant, une chose **.

On connaît la comparaison célèbre avec le jeu d'échecs : « on n'a pas à chercher quel est le jeu de tels joueurs ni le déroulement de leur partie, mais à formuler " a priori " *les règles qui rendent possible toute partie, qu'elle ait lieu ou non* ». De ce fait, la linguistique saussurienne est absolument inutilisable pour l'analyse de contenu.

Les efforts se sont multipliés chez les linguistes modernes pour retrouver l'objet de l'analyse de contenu : le signifié.

• *La théorie du discours.* Faisant une synthèse originale de la grammaire générative de N. CHOMSKY (1965) qui réintroduit la créativité du sujet parlant ***, et de la linguistique transformationnelle,... PECHEUX (in *L'analyse automatique du discours, op. cit.*), désireux à son tour de rompre l'interdit saussurien, rappelle que l'on est en droit de considérer un contenu quelconque « *comme un système* ». Il est différent du système de la langue, puisque par définition, un tel ensemble est référé à un auteur ; mais ce nouveau système a aussi « son fonctionnement interne ». Ce fonctionnement interne, objet de l'analyse de contenu, serait alors l'affaire du linguiste, qui devra étudier toutes les « conditions d'apparition » du discours, et en particulier :

- — l'image que le locuteur A se fait de sa position socio-psychologique,
- — l'image de la position du destinataire B pour A, et de A pour B,
- — le point de vue de A sur la situation ou le problème (sur le référent, c'est-à-dire ce de quoi il parle, ce sur quoi il a une opinion),

L'analyste pourra aussi comparer le discours qu'il a pris pour objet d'étude, à d'autres discours.

---

* J. ROCHE, *op. cit.*, introd. pp. 11-12.
** On a rarement remarqué que cette orientation est un écho de la théorie d'E. DURKHEIM, qui affirmait « les faits sociaux sont des choses » (*Les règles de la méthode sociologique*, 1895).
*** CHOMSKY distingue en effet la « performance » du sujet (ce qui vient de lui dans son discours) et sa « compétence » (la langue qu'il parle et qui existe en dehors de lui).

• *L'analyse lexico-sémantique.* Abandonnant CHOMSKY et même HARRIS, d'autres linguistes, conscients de ce que la méthode précédente retrouve « la manière de manier individuellement la langue, mais pas *l'idéologie du locuteur* », s'imposent de chercher *à la fois la syntaxe* (forme) et la *sémantique* (sens). Déjà la « grammaire de cas » *, de Ch. J. FILLMORE, allait dans cette voie.

L'unité de base sera le texte, conçu comme « action », creuset dans lequel la langue prend un sens. Il faut décidément éviter la description formelle et *chercher la pensée.*

• *La sémantique* propose d'autre part des méthodes que l'analyse de contenu devra aujourd'hui intégrer. En effet, la *sémantique* (ou science du sens de la langue) s'est occupée, à ses débuts, d'établir la carte (pour ainsi dire) de chaque champ sémantique (de chaque mot doté d'un sens) et d'étudier les conditions de combinaison de ces champs élémentaires pour donner une phrase ayant un sens.

Avec J. GREIMAS (*op. cit.*, 1966), la sémantique structurale prend pour objet la description et l'exploration des « micro-univers sémantiques », c'est-à-dire précisément les représentations individuelles ou collectives du monde. Un livre, un poème, un conte ** laissent paraître après l'analyse sémantique structurale *la configuration de sens qui est à l'origine de la totalité du texte,* et qui préside à son déroulement.

5 *Les trois genres de l'analyse de contenu*

En linguistique traditionnelle, la condamnation de tout recours au sens (faite par SAUSSURE, mais confirmée par TROUBETZKOY, HJEMSLEV ou BLOOMFIELD) a pour but de donner plus de rigueur scientifique à la description des structures formelles des langues. Mais *la sémantique, ainsi exclue, est justement le pain quotidien de l'analyste de contenu,* à condition d'entendre « sémantique » non pas au sens de « étude du vocabulaire de la langue générale », mais au sens large de « recherche du sens » (ou des sens) d'un « texte ».

Cependant « la forme » intéresse aussi l'analyste de contenu parce qu'elle donne le style et des « effets de sens ». En définitive, nous en arrivons à 3 ensembles déterminés, correspondant à 3 groupes de méthodes.

• *Sur sa frontière avec la linguistique traditionnelle, le territoire des méthodes d'analyse de contenu comprend les méthodes logico-esthétiques,* nom sous lequel je grouperai les techniques recherchant la structure d'un texte dans ses rapports avec les *effets de sens,* et celles de la linguistique moderne dans ses « analyses de discours ».

* Il s'agit de s'intéresser au texte lui-même comme cas, comme complexe syntactico-sémantique particulier.

** La liaison est faite par A.J. GREIMAS avec les méthodes du sémanticien V. PROPP (*Morphologie des contes populaires russes*), de l'anthropologue Cl. LEVI-STRAUSS (*Anthropologie structurale, le cru et le cuit,* etc.) et de l'analyse littéraire (Tashin Yücel, *L'imaginaire de Bernanos,* repris in GREIMAS, *op. cit.*).

Ainsi l'analyse de discours pour en découvrir le style, le vocabulaire, les figures de rhétorique, les procédés habituels,... les inventaires de répertoires particuliers à telle personne ou à tels groupes,... l'analyse de structure d'un texte ou d'une série d'interactions,... l'analyse des « effets narratifs »,... la recherche des transformations de l'information dans le but de « faire du sensationnel », etc... relèvent des méthodes appelées ici *logico-esthétiques et formelles.*

• *De l'autre côté, sur sa frontière avec l'herméneutique, le territoire comprend les méthodes d'analyse purement sémantiques,* d'une part les méthodes psychologico-sémantiques, et d'autre part les méthodes de la sémantique structurale.

Ainsi la recherche des significations implicites et des connotations d'un mot ou d'une série de mots,... la recherche des thèmes d'un récit,... l'analyse sémantique,... la description-définition d'un « univers » particulier, individuel ou culturel d'après des textes,... l'analyse des rapports de sens entre les concepts-clés d'un ensemble donné,... l'analyse des récits symboliques ou mythiques, etc... relèvent des méthodes appelées ici *sémantiques et sémantiques-structurales.*

• *Au centre du territoire se trouve le groupe des méthodes logico-sémantiques.* Pourquoi logico-sémantiques ? Parce que, comme l'a fait judicieusement remarquer G. MOUNIN (*op. cit.*, p. 134), l'approche de l'analyste de contenu est celle d'un classificateur, et son classement est *le classement logique des contenu* après l'explicitation (lorsque c'est nécessaire) des valeurs sémantiques de ces contenus.

Ainsi le recensement et le classement des mots-clés d'un texte ou d'un livre (l'index),... le résumé ou condensation d'un article ou d'un ouvrage,... l'inventaire, la catégorisation et le classement des réponses à une question ouverte,... « l'analyse de tendance » d'un article de journal et la comparaison de tendances,... l'analyse d'une image, d'une affiche, d'un film, d'un matériel non-verbal,... l'analyse catégorielle d'un récit quelconque, etc... relèvent des méthodes appelées ici *logico-sémantiques.*

Le tableau (qui nous fournira le plan des exposés à venir) se présente donc ainsi :

Domaine de la linguistique	Champ des méthodes d'analyse de contenu			Herméneutique
	Méthodes logico-esthétiques et formelles	Méthodes logico-sémantiques	Méthodes sémantiques et sémantiques-structurales	

N.B. — *Les lignes ondulées représentent les limites floues (mais non indéterminées) entre les secteurs.*

Nous étudierons, dans l'exposé 3, l'ensemble central, celui des méthodes logico-sémantiques, puis les méthodes logico-esthétiques et formelles (exposé 4), et enfin les méthodes sémantiques et structurales (exposé 5).

Deuxième Exposé

METHODOLOGIE GENERALE DE L'ANALYSE DE CONTENU

Avant de présenter les trois grands ensembles de méthodes que nous venons de distinguer pour clarifier le champ de l'analyse de contenu, il me semble utile de passer en revue quelques problèmes généraux, communs à toutes les méthodes que nous aurons à détailler.

1 *Les précautions nécessaires pour éviter les biais.*

Comme nous l'avons vu, toute la méthodologie de l'analyse de contenu s'est construite contre les risques d'*interprétation subjective* des textes par les opérateurs. Ces risques subsistent toujours et chacun doit en être averti. La formation et la rigueur méthodologique dans la pratique sont les premiers garants de l'élimination — toujours relative — de ces risques.

■ L'INCOMPRÉHENSION DU SENS

L'analyse de contenu a affaire au sens. Le sens « objectif » des données analysées ne peut se référer qu'à l'auteur (du texte ou de l'image). Sans entrer pour l'instant dans les problèmes pratiques que cache cette évidence (est-ce ce que l'auteur, consciemment et intentionnellement, a voulu signifier ou est-ce ce qu'il exprime de sa personnalité

à son insu ou à l'insu de sa conscience claire ?), disons d'abord qu'il convient de *comprendre son langage*, puis de *comprendre ses idées.*

• *La compréhension du langage utilisé exige la parfaite connaissance de la langue.* Il va de soi qu'un opérateur ignorant telle et telle langue étrangère ne pourra comparer des articles de journaux écrits en ces langues à propos d'un même événement. Il va de soi aussi qu'un documentaliste ignorant le vocabulaire spécifique du domaine qui est celui de la revue, de l'article ou du livre à analyser, ne pourra rédiger le résumé ni même repérer les mots-clés de son texte.

Ce problème de *répertoire*, que nous avons déjà étudié dans un autre séminaire *, se pose en fait à chaque instant, même dans la langue naturelle parlée à la fois par l'auteur et par l'opérateur. Il faut savoir manier à la perfection la langue française si l'on travaille sur des textes français, être à l'aise dans tout son vocabulaire et connaître tous les effets de style. Pareillement pour toute autre langue si l'analyse porte sur des textes de cette langue. Nous aurons l'occasion de voir, à propos des problèmes du résumé ou de la traduction en langage documentaire, que l'opérateur doit aussi connaître la linguistique et la grammaire transformationnelle. Nous verrons aussi, à propos des méthodes sémantiques, que l'opérateur, pour faire l'analyse sémique, doit connaître les connotations de tous ordres évoquées par les mots de la langue qu'il pratique.

• *La compréhension des idées.* Intuitions, idées, opinions, attitudes,... de l'auteur d'un texte sont exprimées par lui à l'aide du langage et, quoi qu'en disent certains linguistes, il y a quantité de formules verbales pour exprimer le même contenu de sens. *Au-delà des mots*, mais en s'appuyant sur eux et sur la connaissance du langage, c'est bel et bien *l'idée* qu'il faut retrouver. Inversement, la différenciation des opinions, attitudes ou idées à partir des nuances du langage exige jugement et discernement.

> **L'argument selon lequel l'ordinateur peut effectuer l'analyse de contenu ne vaut rien contre l'affirmation que l'opérateur doit être intelligent,... d'une part parce que la programmation de l'ordinateur est prévue avec une minutie intelligente, d'autre part parce que l'ordinateur est incapable de repérer, entre plusieurs transformations également conformes aux modèles appris, laquelle a un sens et lesquelles n'en ont pas.**

Encore faut-il que l'intelligence ne soit pas au service d'une orientation affective ou idéologique qui biaise les résultats de son activité.

LES BIAIS AFFECTIFS ET IDÉOLOGIQUES

Dans beaucoup de circonstances pratiques, les critères objectifs de l'évaluation sont inexistants. La personnalité du « codeur » intervient alors immédiatement.

• *Influence du degré de sensibilité et d'émotivité des opérateurs.* Prenons par exemple une analyse de contenu consistant à relever, dans une série de documents à comparer, « *toutes les expressions et tous les termes propres à stimuler, chez le lecteur, une quelconque réaction*

* Cf. fascicule *Communication et réseaux de communications.*

affective ». Cette recherche est banale dans les analyses de presse où l'on a à classer les présentations en « pour » et en « contre », en « favorables » ou « défavorables », étant entendu que seront à ranger dans la catégorie « Pour » ou « Favorable » les termes tendant à provoquer l'admiration, la pitié, l'amour, l'amitié, le respect, l'approbation, l'évaluation morale positive, etc..., et dans la catégorie « Contre » ou « Défavorable » les termes inducteurs de mépris, indignation, colère, haine, raillerie, désapprobation, évaluation morale négative.

En faisant faire le dépouillement-codage d'un même échantillon du corpus par 3 codeurs *, on constate que :

— le codeur A trouve 0,76 % de mots répondant à la définition (disons de mots « affectifs »),

— le codeur B en trouve 2,32 %,

— le codeur C : 3,17 %.

Si l'on prend B comme « moyenne » (ce qui est absolument arbitraire), on constate que A est environ trois fois plus sévère-froid, et que C est une fois et demie plus sensible.

Or, à ce stade des opérations, s'effectue un classement fondamental sur lequel va jouer l'énorme machine des calculs ultérieurs ! Tous les calculs seront justes, mais la catégorisation initiale est biaisée.

> **Contre ce risque, il faudra prendre des précautions. On évitera d'abord de faire faire le travail par un codeur unique. On pourra multiplier les juges pour établir une liste obtenant leur accord préalable ; on pourra établir la moyenne entre plusieurs codeurs, ce qui donnera, pour chacun, un « coefficient de correction » de ses résultats. On pourra aussi prévoir une liste de toutes les expressions possibles avec leur « quotient de stimulation affective », établi statistiquement.**

• *Influence de l'idéologie du codeur, de sa théorie « a priori », et même de son hypothèse de travail.*

« Les résultats de l'analyse de contenu montrent plus souvent les patterns personnels de l'analyste que ceux de l'auteur », disait James Deese au Symposium de 1967 **.

Ici, comme toujours, l'idéologie intervient comme « système résistant à la dissonance cognitive », selon la découverte de Festinger ***, c'est-à-dire qu'elle agit, à l'insu de son porteur, comme filtre (sélection privilégiée des confirmations, non-perception des expériences contrariantes), comme miroir déformant (interprétation des informations dans le sens du renforcement de l'idéologie), et comme rationalisation des *a priori* irrationnels et des préférences partisanes.

Une théorie explicative *a priori* conduira inévitablement à rechercher dans certaines directions plutôt que dans d'autres, à manipuler les informations pour leur « faire signifier » ce qui était attendu.

Même l'hypothèse formulée (et elle est nécessaire au travail) intervient comme facteur d'interprétation des données et des résultats ****.

---

* Cité in Lapierre à propos de sa propre recherche (*op. cit.* p. 198).
** Cf. *The Analysis of Communication Content* (*op. cit.* ci-dessus p. 14), p. 40 de l'édition de 1969.
*** Cf. sur ce point fascicule *Opinions et changement d'opinion*, pp. 25 à 30.
**** Cf. fasc. *L'observation psychologique*, exposé 1.

Certes, il arrive très souvent que ses *a priori* idéologiques servent de *motivation* au chercheur dans sa tâche d'analyse de contenu. De ce point de vue, ils sont facteurs de persévérance et de minutie. Mais ils éclatent au moment des commentaires des résultats, commentaires où le ton partisan se donne libre cours en se sachant protégé (en se croyant justifié) par les conclusions « scientifiques ».

Une autre analyse de contenu, faite sur ces commentaires eux-mêmes, ferait apparaître les *a priori*, et permettrait d'évaluer les biais de l'ensemble de la recherche effectuée.

L'opérateur en analyse de contenu doit se garder de *vouloir prouver* ses hypothèses explicites ou implicites, et il doit savoir que, même armé d'une méthodologie impeccable, il est malgré lui orienté par ses tendances, actives même dans sa façon d' « interroger les textes ».

2 *Le problème du choix des unités.*

Si elle se veut autre chose qu'une « impression générale et personnelle du sens d'un texte », si elle veut « mesurer » quelque chose, l'analyse de contenu doit nécessairement découper le contenu en tranches pour ensuite effectuer toutes les opérations requises.

Le problème est de savoir quelle sera l'unité de découpage. Sera-ce le mot, le groupe de mots, la proposition, la phrase, le paragraphe, la page, l'article entier ? Sera-ce dans d'autres cas une unité de surface, le centimètre carré par exemple ? Sera-ce la minute d'émission ?

■ UNITÉ DE NUMÉRATION, UNITÉ D'ENREGISTREMENT ET UNITÉ DE CONTEXTE

On est en droit de ne pas distinguer, dans une première approche, entre ces trois genres d'unités, mais tout développement de l'analyse exige tôt ou tard qu'on les différencie et qu'on prenne des décisions sur chacune.

L'unité de numération est exigée par tout *traitement quantitatif* du matériel analysé. Il ne s'agit pas de se référer au sens, mais de préciser la façon dont on va compter. C'est surtout dans l'analyse *comparée* (soit de plusieurs articles ou de plusieurs discours,... soit de l'ampleur des thèmes,... soit des présentations de données informationnelles) que s'impose le choix d'une unité de mesure.

On choisira une unité permettant les quantifications prévues et convenant à tous les contenus à comparer (leur commun diviseur pour

ainsi dire). Si l'on a à comparer des articles parus sous forme de colonnes (de journal) d'égal format, on prendra la longueur en centimètres. Si l'on a à comparer des titres, on mesurera les surfaces totales en centimètres carrés. L'évaluation comparée de la durée des discours, de la longueur des émissions selon les thèmes ou les personnages, exigera une unité de temps.

Le mot peut servir d'unité de numération, mais dans ce cas le compte des mots intervient, comme indicatif d'une surface écrite ou d'un volume de parole.

● *Unité d'enregistrement et unité de contexte.* Le problème de l'unité d'enregistrement est des plus confus parce que se mêlent en permanence, dans les articles des spécialistes, deux problèmes :

1 - Quelle est l'unité de sens à coder ?

2 - Quelle est l'unité minimale de contexte qui permet le codage du contenu ?

En réponse à la première question, il est évident qu'il faut *coder les significations intéressantes, étant donné les buts de l'analyse.* Les significations sont exprimées soit par des mots-clés, soit par des groupes de mots, soit par des rapports subtils entre les mots.

En réponse à la seconde question, il est évident aussi qu'il faut *découper le texte à analyser en tranches ayant, en elles-mêmes, un sens global unitaire* permettant, grâce au contexte, de décider du codage des éléments de sens. On parlera alors d'énoncé, d'assertion, de proposition,... ou de phrase, de groupe de phrases, etc...

Il me semble qu'il faut parler d'abord de l'unité de signification. Il est facile de proclamer (ce que nul ne conteste) que l'*unité d'analyse coïncide avec l'unité de signification ;* la discussion commence justement sur la question de savoir quelle est la plus petite unité de signification. On a cherché * en vain à l'objectiver en la comparant à l'unité d'information (le bit **) ; on a cherché et on cherche encore, en vain, à l'objectiver en la définissant en termes lexicologiques ou linguistiques (lexèmes, monèmes, syntagmes).

Pour l'analyste de contenu, l'essentiel est le sens, non la forme. Son découpage sera en principe autre que celui de la linguistique classique.

Il est absolument inutile de se demander si c'est le mot, la proposition ou la phrase qui sont les unités de signification, car l'unité de sens doit être cherchée *dans le sens.*

> Voici une phrase (donnée par écrit en réponse à la question ouverte « Que retirez-vous de ce séminaire du point de vue professionnel ? ») : — *Outre une meilleure connaissance de collègues jusque-là inconnus ou méconnus, j'ai nettement amélioré ma capacité personnelle de communication, d'intervention en réunion, et de travail en groupe.*

---

* Cf. John COHEN et Tom WINSTON, art. cit.
** Le *bit* (abréviation de *Biunitary Digit*) est l'unité de mesure de l'information dans la théorie de l'information. On sait que, dans cette théorie, l'information est définie par rapport à l'incertitude qu'elle supprime. Plus la probabilité d'un mot, d'un énoncé, d'un événement augmente, plus l'information qu'ils apportent est faible. Par convention, la quantité d'information est de 1 bit lorsqu'elle permet de sortir d'une incertitude à 2 issues.

L'analyse de contenu, sans s'occuper du découpage syntaxique ou grammatical, doit percevoir 4 idées : 1) meilleure connaissance de collègues ; 2) progrès dans la capacité de communication en général ; 3) progrès dans la capacité d'intervention en réunion ; 4) progrès dans la capacité de travail en groupe.

Si le répondant avait dit : « *Grâce à une meilleure connaissance des collègues... j'ai amélioré ma capacité de communication* », l'analyse eût retenu 3 idées : 1) meilleure connaissance de collègues ; 2) progrès dans la capacité de communication ; 3) rapport de causalité entre connaissance d'autrui et capacité personnelle de communiquer.

Il est facile après coup aux linguistes de remarquer dans les formules de réponse les groupes de mots qui correspondent aux idées, mais l'attention au sens permet d'économiser beaucoup de problèmes linguistiquement insolubles *a priori.*

« *Il faut que le sens soit dès l'abord le critère de l'unité* », dit Roland BARTHES (art. cit. in Rev. *Communication,* pp. 6 à 8), « *c'est ce que veut dire un énoncé qui le constitue en unité fonctionnelle, et non la façon dont cela est dit... Les unités de contenu pourront certes coïncider avec les unités linguistiques, mais occasionnellement et non systématiquement.* »

1. Ces « unités fonctionnelles » ont une taille variable selon le niveau de l'analyse. En effet, comme l'ont souligné tous les auteurs (y compris des linguistes comme BENVENISTE), il y a plusieurs niveaux de sens dans un texte. Le sens d'un article entier est à un niveau différent du sens d'un groupe de mots significatifs dans une de ses phrases. Le texte complet est une construction à plusieurs étages. Il faut décider à quel niveau on fait l'analyse. C'est l'intelligence du texte qui, s'appuyant sur sa décomposition *logique* (comme sur une « table des matières détaillée ») fait apparaître les grandes divisions, elles-mêmes subdivisées de plus en plus étroitement. A la base, unité la plus simple, il y a l'énoncé *minimum* qui entre comme constituant de l'unité immédiatement supérieure, etc... tout comme *(mais c'est seulement ici une image)* les mots constituent des groupes de mots, ceux-ci des propositions, celles-ci des phrases, ces phrases des paragraphes, etc...

2. Dans chaque unité fonctionnelle au niveau choisi, l'opérateur cherchera « le noyau de sens ».

Ainsi pour ce qui est de l'analyse la plus minutieuse, celle qui correspondrait linguistiquement au mot-à-mot, l'opérateur ne devra pas être prisonnier du mot-à-mot ; il découpera *les plus petites unités de sens* qui peuvent être, dans une même suite textuelle, tantôt un mot, tantôt un groupe de mots, tantôt une phrase, tantôt un groupe de phrases, selon que c'est telle ou telle de ces unités linguistiques qui *contient l'élément de sens.*

L'élément de sens, même au niveau le plus élémentaire, forme un *tout,* un ensemble. Il comprend :

a) *une fonction cardinale* ou « noyau de sens » (selon l'expression de R. BARTHES) avec une ou plusieurs fonctions-supports, plus ou moins parasites qui sont des redondances, des effets de style ou des références à des informations pures (« informants » au sens de R. BARTHES),

b) *une fonction indicielle,* par laquelle l'élément de sens devient indicatif, plus ou moins allusivement, d'une attitude générale, d'une atmosphère, d'une idéologie.

Ces deux dimensions des éléments de sens exigent de l'analyste de contenu quatre opérations :

— le collationnement-pointage des noyaux de sens, qu'il faut différencier et reconnaître,

— le collationnement-pointage des indices,

— l'intégration des noyaux dans des catégories (unités logiques supérieures),

— l'intégration des indices dans d'autres catégories en vue de définir leur sens final, leur unité supérieure (qui sera aussi leur signification au niveau supérieur).

Ainsi à une analyse « horizontale » (les deux premières opérations ci-dessus) se superpose une analyse « verticale » dans la mesure où chaque niveau ne reçoit sa signification que du niveau supérieur, ce que A.J. Greimas formule ainsi : « Chaque niveau donne son isotopie * aux unités du niveau inférieur » *(op. cit.)*.

Trois conclusions s'imposent sur le problème du choix des unités : d'une part le choix de l'unité varie selon les buts que se propose l'analyste ; d'autre part, quoi que proclament les chercheurs dans leur méthodologie, l'unité de codage est une unité de signification, *noyau et indice*, dans le cadre d'une unité de contexte. Il est inutile de discuter pour savoir si l'on prend pour unité l'assertion, l'énoncé, la proposition, la phrase ou le mot, puisqu'il s'agit dans chaque cas particulier, de décider quel est le niveau de l'opération d'analyse et, dans ce niveau, quelles sont les plus petites unités de sens. Enfin le problème des unités débouche sur celui de l'intégration de ces unités dans des catégories ou des thèmes, dont elles attendent un nouveau sens et qui sont d'un niveau logique supérieur.

3 *Le problème des catégories.*

« Une analyse de contenu vaut ce que valent ses catégories » a dit Berelson. Une *catégorie* est une notion générale représentant un ensemble ou *une classe de signifiés*. Les unités de sens, déterminées au chapitre précédent, doivent être réparties en catégories, distribuées en genres, en thèmes, en « grandes orientations », etc...

Une catégorie est à un niveau de généralité variable : elle peut être à ras du signifié qu'elle nomme, et dans ce cas, elle a perdu sa valeur

* Isotopie : sens global unitaire.

de catégorie générale ; elle peut être, au contraire, tellement générale qu'elle n'a plus d'intérêt pour l'exploitation ultérieure du contenu.

L'opérateur doit décider du niveau de généralité de ses catégories, de façon à ce qu'elles soient « intéressantes » pour ses objectifs (BERELSON). Coder une unité d'enregistrement, c'est l'affecter à une catégorie. Donc *pas de codage sans catégories.*

■ LES DEUX SOURCES DE LA CATÉGORISATION

Il y a deux cas : ou bien les catégories sont déduites des hypothèses de travail, ou bien elles sont induites d'un contenu sur lequel on n'a pas fait d'hypothèses formulées.

• *Catégories et hypothèses de la recherche.* Dans le premier cas, la recherche est orientée par une ou plusieurs questions que s'est posées l'analyste.

> Exemple : est-il vrai que dans la présentation d'un même *fait divers,* les journaux dits d'opinion orientent *politiquement* le jugement de leurs lecteurs respectifs, dans le sens de l'idéologie politique du journal ?... A partir de cette question, se formule l'hypothèse (et, d'ailleurs aussi se déduit le *corpus* de l'analyse, le genre de textes à réunir). De l'hypothèse se déduisent les catégories de l'analyse qui seront « les types de présentation (orientée) des éléments d'un même fait divers, référés à leur source journalistique », d'où encore plusieurs catégories d'indices (favorable, défavorable, neutre) par élément du fait divers (personnages, actions, intentions, réactions de l'environnement, situations successives, etc...).

Un questionnaire n'est pas autre chose, dans sa partie utile, qu'une succession de catégories regroupant *a priori* les réponses. Si la question est « fermée », la catégorisation est toute faite. Si la question est « ouverte », elle est alors une catégorie très générale à l'intérieur de laquelle les réponses de nombreux répondants seront distribuées en catégories plus précises (moins générales, et représentatives des tendances dans le groupe interrogé).

• *Catégories induites du contenu.* L'hypothèse *a priori* est tellement générale qu'elle ne mérite pas le nom de « catégorie ». Exemple : « Il doit y avoir, dans les lettres laissées par les suicidés, des traits caractéristiques de leur état d'esprit ou de leur situation psychologique au moment de leur décision d'auto-destruction ».

Une telle hypothèse très générale (qui revient pratiquement à dire que les textes ont un sens, mais lequel ?) suffit à déterminer le corpus et les modalités de la recherche générale (exemple : réunir des lettres de ce genre, comparer à des lettres d'intention suicidaire non suivie d'effet), mais laisse à créer toutes les catégories d'analyse.

L'opérateur va alors dépouiller les unités de contexte et, à l'intérieur de ces unités, identifier les unités significatives.

De leur étude et de leur combinatoire surgiront les catégories permettant de coder, de classer et de compter ces unités significatives.

■ QUALITÉS EXIGÉES DES CATÉGORIES

Les catégories devront avoir les quatre qualités classiques :

— *exhaustives* (toutes les unités de sens sont distribuées dans les catégories. La liste de celles-ci épuise les caractéristiques de ces unités),

— *exclusives* (les catégories sont distinctes ; un même élément ne peut appartenir à 2 catégories à la fois *et sous le même rapport*),

— *objectives* (intelligibles à plusieurs codeurs),

— *pertinentes* (en rapport avec d'une part les objectifs de l'analyse, d'autre part le contenu à analyser).

Toute catégorie (construite par les opérateurs ou donnée *a priori*) doit être définie avec rigueur. Nous ajouterons donc :

— « *clairement définies* » à la liste classique des qualités opérationnelles des catégories *.

● *L'objectivité des catégories pose de nouveau le problème du risque d'interprétation.* Une technique américaine, celle du *Round Robin*, consiste à soumettre le même contenu à plusieurs juges-codeurs et à décider en fonction des résultats de leur discussion. Une autre technique, suggérée par les exigences de la programmation sur ordinateur en vue des regroupements catégoriels des unités de sens, consiste à se référer à un dictionnaire spécial, où les concepts sont hiérarchisés en fonction de leur sens. Un tel dictionnaire est un *thésaurus.*

■ LES THÉSAURUS **

Comprenons d'abord la différence entre un dictionnaire ordinaire et un thésaurus : le dictionnaire alphabétique traditionnel part des mots et, si de nombreux sens existent, il les regroupe sous le mot commun.

Ainsi ENVIE contiendra les acceptions suivantes :

- **jalousie à l'égard de quelqu'un, de ses possessions ou de ses attributs,**
- **désir vif d'avoir ou de faire quelque chose,**
- **besoin organique pressant,**
- **marque ou tache congénitale de la peau (synonyme de *naevus*),**
- **petite pellicule autour des ongles.**

Les difficultés des dictionnaires et lexiques ordinaires viennent : 1) de la présence de synonymes (d'où répétitions et renvois) ; 2) de la présence de polysémies (exemple le mot *envie* ci-dessus) ; 3) de l'absence habituelle de toute mention des relations sémantiques, hiérarchies de sens ou emboîtement de sens qui permettraient de voir les catégories de généralité croissante, sous lesquelles se rangent les mots.

Un thésaurus évite ces difficultés. Il opère ce nouveau mode de classification des sens, soit dans le domaine d'une langue commune (exemple le thésaurus de la langue française dont le tome 1 a été publié

---

* Cf. un exemple de définition de catégories ci-dessous, p. 69.

** Je garderai ce mot plutôt que sa traduction française *(trésor)* qui induit en erreur les non-initiés. Il fut créé par l'anglais P.M. ROGET en 1852 pour titre de son dictionnaire original basé sur le regroupement sémantique des concepts.

en 1972), soit dans un domaine de spécialité (exemple : le premier thésaurus spécialisé a été publié en 1960 aux U.S.A. par le Centre de documentation de l'Armée).

Dans un thésaurus :

1. Tous les synonymes sont regroupés autour d'un mot-base préférentiel,

2. Chaque sens d'une polysémie est renvoyé dans son champ sémantique d'appartenance,

3. Chaque mot-base mentionne le réseau des relations sémantiques.

Ces relations sémantiques sont :

— *soit des apparentements de sens* à partir du mot-base (ainsi interview journalistique, entretien exploratoire, entretien de diagnostic, interview de groupe, entretien d'évaluation, entretien d'aide... ont entre eux des liens sémantiques — à préciser — à partir de ENTRETIEN au sens de « relation inter-personnelle verbale ayant un but de connaissance ou d'échanges ») ;

— *soit une hiérarchie logico-sémantique* (on retrouve ici le principe de la classification décimale universelle) où chaque mot à sens bien défini, entre dans un concept plus large, puis ce concept dans un autre plus large encore, etc... par emboîtement de sens de plus en plus général. Ici s'impose, pour représenter ce réseau, l'image de *l'arbre,* où un concept très général (catégorie la plus générale) se scinde en branches aboutissant à des catégories moins générales, lesquelles se divisent en catégories plus étroites, etc... etc...

Comme on le voit, la méthode de catégorisation qu'offre un thésaurus a un emploi intéressant dans le problème de recherche de catégories ou de thèmes à partir des unités de sens à coder,... dans le problème similaire de classement des réponses à des questions ouvertes,... ou dans celui de recherche des sèmes. Malheureusement, les thésaurus de spécialité n'existent que dans certains champs scientifiques technologiques. Pour l'analyse de contenu psychologique, il n'en existe pas encore : le chercheur doit construire son thésaurus, adapté au contenu qu'il analyse... Nous en donnons un exemple page 49.

■ CATÉGORIES ET INDICATEURS

Les catégories étant fixées, il reste à préciser leurs indicateurs, c'est-à-dire ce à quoi on peut reconnaître objectivement la présence ou l'absence de la catégorie.

Une liste des indicateurs doit accompagner la claire définition de toute catégorie *. Ce sont ces indicateurs qui permettent le relevé et le codage des *indices* que portent les unités d'enregistrement.

Ainsi dans l'analyse de presse donnée en exercice n° 4, la recherche isola la grande catégorie « le personnage », puis des sous-catégories parmi lesquelles celle-ci « un être harassé ». Devaient

* Surtout si plusieurs opérateurs doivent se partager le dépouillement d'un même corpus.

donc du même coup se regrouper sous cette catégorie toutes les unités d'enregistrement mentionnant les indicateurs suivants : états de fatigue, formes de fatigue, causes de fatigue, multiplication des activités (provoquant fatigue ou surmenage), événements accablants, soucis, autres signes d'épuisement. Exemple : « Il prenait des stimulants pour se tenir éveillé »,... « Il était accablé de problèmes financiers ».

La catégorisation, dont nous venons de voir quelques-uns des problèmes les plus courants dans le domaine des méthodes logico-sémantiques, a des formes différentes dans les autres groupes de méthodes, comme nous le verrons. L'essentiel était ici de montrer l'importance de cette opération qui fonde la valeur des résultats ultérieurs, aussi bien quantitatifs que qualitatifs.

4 *Analyse quantitative et analyse qualitative.*

Souvent opposés, ces deux types de résultats, quoique pas toujours également possibles, ne s'excluent pas.

Ils supposent préalablement résolu le problème de la constitution du « corpus ».

■ LA CONSTITUTION DU « CORPUS »

On est tenté d'oublier de parler du « corpus », tant il va de soi que l'analyse de contenu est impossible en son absence. Le « corpus » est tout simplement *l'ensemble des données sur lequel va ou doit s'effectuer l'analyse de contenu.*

Dans beaucoup de cas, le *corpus* est constitué facilement : c'est par exemple la totalité des réponses obtenues à une question ouverte posée à un nombre défini de personnes ; dans le cas d'une analyse comparée des articles de journaux quotidiens à propos d'un événement déterminé, le *corpus* sera la totalité des articles (avec leurs titres, leur texte intégral, leur situation dans les pages du journal) parus dans ces journaux, au cours d'une période déterminée.

Il arrive que le corpus soit plus difficile à constituer : si l'on cherche à mesurer l'évolution des malades en psychothérapie, à partir des enregistrements des entretiens avec les psychothérapeutes de différentes « écoles »,... le corpus à rassembler est d'une ampleur décourageante.

Dans le cas d'un corpus trop abondant, on devra procéder à un *échantillonnage.*

La quantification et les calculs peuvent commencer donc avant le travail sur les résultats, puisque des problèmes d'*échantillonnage systématique* * se posent en cas de corpus trop abondant. Il faut alors, comme toujours, définir le champ d'étude et ses unités, assurer la représentativité de l'échantillon, calculer les erreurs probables.

* Cf. un exemple d'échantillonnage ci-dessous page 73, paragraphe sur « le matériel ».

L'ANALYSE QUANTITATIVE

Lorsque l'analyse de contenu commence, la quantification est à prévoir aussitôt, puisque l'on a assez rapidement à dénombrer, à évaluer, à mesurer.

Mais c'est surtout après les collationnements, pointages et codages, que la quantification intervient. Il faudra en effet *calculer les fréquences* des catégories, les hiérarchiser, calculer leurs corrélations, chiffrer les différences lorsqu'il s'agit d'analyse comparée ou d'analyse d'un changement, ceci en tenant compte de variables indépendantes comme les caractéristiques objectives par ailleurs connues, le temps, le nombre de personnes concernées, etc...

Nous avons déjà dit que tous ces calculs ont la valeur des unités et des catégories qui leur servent de base.

L'opérateur utilise parfois des conventions (comme dans la mesure de *l'intensité* d'une réaction ou d'une opinion), plus souvent des formules de corrélation (comme dans le cas du coefficient de « favorabilité » de JANIS-FADNER) *, ou le calcul de « normes » par rapport auxquelles se mesurent des écarts significatifs **.

Ainsi apparaissent des *covariations* qui suggèrent la possibilité d'une relation causale, des *contiguïtés* qui indiquent une interdépendance fonctionnelle, des *effets* qui dévoilent et mesurent l'orientation tendancieuse, invisible au premier abord.

« Lorsque le chercheur a bien conçu les variables qui se rapportent à son objectif, l'analyse quantitative de contenu sert à montrer la présence ou l'absence de ces variables dans le réel, à donner quelques indications sur la grandeur relative de ces variables et sur leurs rapports mutuels » (D.P. CARTWRIGHT, in FESTINGER et KATZ, *op. cit.*, p. 513).

Nous verrons, à propos des méthodes particulières, à quel point l'ordinateur intervient aujourd'hui dans l'analyse quantitative.

L'ANALYSE QUALITATIVE

L'art de l'opérateur se donne libre cours en l'absence de quantification. Cette absence est inévitable dans certaines analyses de forme ou de signification (aux frontières de part et d'autre du gros de l'analyse logico-sémantique) et doit être compensée par une autre rigueur que celle des calculs.

Mais l'analyse qualitative reprend aussi ses droits après la quantification, dans les commentaires et les généralisations. Le risque de subjectivité des hypothèses formulées alors, et qui sont d'une autre nature que les hypothèses de travail (ce sont en effet des hypothèses sur la réalité), est d'autant moins grand que les perspectives ouvertes prennent davantage appui sur les preuves méthodiques et les résultats quantitatifs.

EN CONCLUSION, nous insisterons sur l'indispensable formation des analystes de contenu. L'intelligence est requise, nous avons longuement vu pourquoi, mais elle ne constitue que la moitié de l'équipement mental nécessaire, même lorsqu'elle comporte (ce qui n'est pas automatiquement donné) la capacité *d'empathie* qui fait l'efficacité de l'intelligence dans le champ des sciences humaines. L'autre moitié de l'équipement de base comporte la maîtrise de la méthodologie générale et de l'appareil mathématique ou statistique commun aux sciences sociales..., et la pratique des méthodes spécialisées dont nous devons maintenant nous occuper.

---

* Cf. ci-dessous p. 62 à propos des analyses de presse.
** Cf. ci-dessous p. 69 à propos de l'analyse des rêves de Kafka.

Troisième Exposé

LES METHODES LOGICO-SEMANTIQUES ET LEURS APPLICATIONS

Cette catégorie centrale regroupe des méthodes qui peuvent être définies de 3 façons :

1. Elles ne concernent pas la recherche de la *structure formelle* d'un texte, son organisation logico-esthétique, comme par exemple le procédé de sa construction ou son style. Elles ne concernent pas non plus la recherche des sens implicites, des « seconds sens » du texte. Elles s'en tiennent au *contenu manifeste* directement et, pour ainsi dire, simplement ; elles ne considèrent que *le signifié immédiatement accessible.* C'est là une définition par leur objet.

2. Elles s'appliquent aux analyses de textes divers depuis *l'index* des divers concepts utilisés (leur énumération simple et leur dénombrement) et la classification des éléments d'information (regroupement par catégories),... jusqu'à la recherche des attitudes et des manières de présenter l'information, à l'analyse des « tendances », à la comparaison ou à l'évolution de ces tendances et attitudes. La rédaction d'une *fiche* ou d'un *résumé* dit analytique, les analyses de presse, les recherches de catégories ou de thèmes, d'opinions sur un événement, la catégorisation-classification des réponses à une question ouverte utiliseront ces méthodes. C'est là une définition par les applications les plus fréquentes.

3. Enfin ces méthodes ont ceci de commun qu'elles procèdent par inventaire, dénombrement, caractérisation-codification, recherche éventuelle des relations et corrélations, mais toujours et en même temps à partir de la *compréhension du sens* (sens des mots, sens des idées exprimées en mots), de la perception des *analogies de sens* (base de tous les regroupements et classements) et des *hiérarchies de sens* (valeurs différentes des mots ou des idées en une hiérarchie allant du plus particulier au plus général). C'est là la définition technique.

1 *Les techniques de la documentation appliquées à l'analyse de contenu.*

Nous renvoyons le lecteur à l'ouvrage de J. CHAUMIER s'il s'intéresse à l'ensemble des méthodes documentaires dont une majeure partie concerne des problèmes hors de notre propos, et en particulier toutes les techniques de signalement, de catalogage, d'indexation, de stockage des documents, et de recherche ou de présentation des informations stockées.

Dans le cadre du *traitement de l'information,* nous trouvons forcément les nombreux degrés d'analyse de contenu qui aboutissent à la condensation d'un document, à l'extraction de son sens, opérations centrales sans lesquelles tous les procédés (signalétiques, de stockage et de mise en mémoire automatique, d'organisation du fichier, etc...) n'auraient aucune raison d'être.

Autant les documentalistes sont diserts sur les mille et une manières de classer, autant ils sont brefs sur la condensation, s'en remettant, comme tant d'autres, à l'intelligence de l'opérateur et à sa compétence.

Deux positions extrêmes suppriment le problème pour le documentaliste-analyste : d'une part l'obligation faite *à l'auteur* du document de résumer lui-même son livre, son article ou sa communication (solution que le rapport de la Commission WEINBERG, U.S.A., 1963, considère comme la plus intelligente, la plus facile et la moins coûteuse, à condition que le texte soit une analyse authentique et non une auto-publicité),... et d'autre part l'analyse automatique confiée à l'ordinateur (cf. ci-dessous). Nous envisagerons d'abord les *index* et les divers types de résumés.

■ LES INDEX

A côté de la *table des matières* qui presente la liste des points successifs traités dans un livre ou un document, l'index exige une analyse de contenu. C'est le résultat du dépouillement lexical d'un document *. L'index est la liste de tous les concepts ou mots-clés ou mots importants, par rapport aux idées de l'auteur et aux développements du texte *(index rerum)* **.

Ce relevé se fait paragraphe par paragraphe et permet de constituer le « vocabulaire » du texte. Sa présentation se fait finalement par ordre alphabétique, chaque concept étant suivi par l'indication des pages

* A ne pas confondre d'une part avec *l'indexation* qui est l'attribution de caractéristiques définies à un item ou à un mot en vue de sa classification précise,... d'autre part avec le signalement ou *l'identification* qui établissent les références exactes d'un document. Cette dernière opération, mal connue des jeunes chercheurs, consiste à citer (pour un article par exemple) dans l'ordre suivant : le nom ou les noms des auteurs, le titre de l'article, le titre de la revue, la nationalité de la revue, l'année de publication, le numéro du volume, le numéro de la revue (ou sa date), la page de référence ou plus généralement les pages de début et de fin de l'article.

** On peut faire aussi *l'index nominum* (liste des noms des auteurs cités dans le document).

où il se retrouve, et pouvant être décomposé en sous-classes, expressions ou acceptions.

Les *index* se font soit en « langage naturel » (langue de l'auteur), cas le plus général pour les livres et documents assimilés, soit en « langage documentaire » (codé) en vue d'une opération documentaire ultérieure.

LES RÉSUMÉS

Le résumé de texte (ou condensation) étant une épreuve de concours à l'entrée de quelques Grandes Ecoles, plusieurs auteurs (cf bibliographie) ont consacré des ouvrages à *l'art du résumé.* La lecture de ces « méthodes » est déprimante. A part quelques conseils de rédaction et d'objectivité (un résumé ne doit porter aucune trace d'évaluation personnelle des idées de l'auteur par l'opérateur), la « technique » consiste à « comprendre le texte », « relever les idées essentielles et leur configuration ou leur ordre interne », « condenser en éliminant ce qui est développement, illustrations, paraphrase ou digression ». Autrement dit, « soyez intelligents !... » et vous réussirez cette « épreuve de jugement, de maîtrise de la langue et de rigueur intellectuelle ».

Avant de codifier la méthode appliquée par les ordinateurs, définissons les divers types de résumés.

● *Les types de résumés se définissent selon leur taille crescendo : du titre* (condensé du contenu, du moins en principe) *jusqu'à la reproduction quasi intégrale du texte.*

1. *Le titre comme résumé* est acceptable s'il est vraiment l'expression de l'essentiel du contenu. Il peut même se réduire à un mot si l'acception est sans ambiguïté. Dans le cas des articles scientifiques *et des articles de journaux,* le titre remplit ces conditions *. Dans d'autres cas, le titre n'a rien d'indicatif (exemple : *Who shall survive ?* de J.L. MORENO)** ou est voilé dans le mystère (exemple : S/Z, de Roland BARTHES).

2. *Le résumé signalétique* consiste, après lecture du document, à créer une phrase ou une succession de propositions (de 10 à 30 mots environ) donnant du contenu une idée plus juste et plus complète que le seul énoncé du titre. On peut considérer que le *résumé signalétique* est un titre développé qui tente de cerner l'intention essentielle d'un document.

N.B. — *Dans les divers* bulletins signalétiques *que publie le C.N.R.S.* ***, *les documents sont, dans 70 % des cas, soit le titre, soit le titre développé* ****.

---

* C'est pourquoi on peut, dans une sélection en vue d'une étude de presse, s'en tenir aux titres (en considérant leur contenu sémantique mais aussi leur surface, leurs caractères typographiques, leur mise en page et à quelle page).

** C'est-à-dire *Qui survivra ?* La traduction française rétablit le titre-résumé : *Fondements de la sociométrie.* Cf. ci-dessous p. 93 le dévoilement du titre S/Z de BARTHES.

*** Centre National de la Recherche Scientifique. Pour information sur les *Bulletins signalétiques,* écrire au C.N.R.S., 15, quai Anatole-France, 75007 Paris.

**** On sait que le but de ces bulletins est de donner aux chercheurs intéressés des indications suffisantes pour qu'ils se représentent clairement le contenu réel de chaque article paraissant dans leur spécialité, en vue de leur permettre de décider s'ils veulent lire ou non la photo-copie ou le microfilm de l'original (à commander ensuite selon le code du catalogue).

3. *Le résumé indicatif* est une description exhaustive et plus détaillée du contenu. Il contient de 50 à 200 mots.

4. *Le résumé informatif* (ou sommaire) * est un résumé indicatif auquel s'ajoutent les conclusions de l'auteur et ses prises de position personnelles. Il contient de 100 à 300 mots. C'est ce genre de résumé que font (ou devraient apprendre à faire) les étudiants dans ce qu'on appelle « une fiche de lecture d'ouvrage ou d'article ».

5. *L'extrait (abstract).* L'originalité de ce genre de résumé vient de ce qu'il comporte des phrases ou des formules typiques des idées de l'auteur *dans son vocabulaire propre* (citations), avec d'autre part des « raccords » permettant de joindre ces extraits pour que le lecteur ne perde pas le fil du contenu.

   Les « notes de lecture » sont de ce genre. Devraient en être aussi les « notes de cours ». Il est entendu que les phrases *in extenso* sont celles qui contiennent quelques formules essentielles, celles dont tout le passage est une paraphrase ou un développement plus ou moins redondant.

6. Le *digest* (ou condensé ou *abrégé*) est une présentation raccourcie et mise en forme, de l'ensemble du contenu. Ce condensé comprend de 10 à 50 % de l'original. Il est très à la mode dans certaines publications pour dispenser de la lecture d'ouvrages volumineux (ainsi transformés en mini-livres).

Nous constaterons que se trouvent éliminés de cette liste les « comptes rendus d'ouvrages » où le résumé se mêle avec un commentaire plus ou moins élogieux (s'il est fait par l'auteur lui-même) ou critique (s'il est fait par un « cher confrère »), car un tel texte ajoute à l'analyse de contenu une évaluation partiale et privilégiée de certaines idées.

● *La technique de COSTELLO.* John C. COSTELLO (in *Manuel du résumé en documentation,* non traduit, Colombus Ohio, 1963) propose une technique qui consiste à juxtaposer un titre bien formulé, un résumé indicatif et un résumé informatif.

— La première phrase doit être, dit-il, une « notation du contenu » telle qu'elle est requise pour *l'indexation documentaire.* C'est ce que nous avons appelé ci-dessus le résumé signalétique (ou quelque chose d'intermédiaire entre le titre juste et le résumé signalétique), réunissant dès l'entrée de jeu le ou les concepts essentiels ainsi que leurs rapports sémantiques fondamentaux.

— Les phrases suivantes seront un *résumé indicatif,* c'est-à-dire descriptif (d'une manière plus ou moins condensée) des domaines abordés par l'auteur, ou des matières dont il traite. Il y a là, rédigée, la « table des matières » du texte ou de la communication.

— Les dernières phrases seront *informatives* et présenteront, de manière objective et concise, les opinions, attitudes ou conclusions de l'auteur à propos de ces matières, ou des objets de sa réflexion.

Schéma précieux dans la mesure où il nous donne une définition du plan à suivre et des opérations à faire. Il ne nous dit rien sur la manière d'analyser.

* Le mot « sommaire » vient du latin *summum* (le haut) parce que le résumé des idées qui sont développées dans un chapitre devait se trouver en tête du chapitre. De nos jours, il est situé plus souvent à la fin, lorsqu'il s'agit d'articles techniques ou scientifiques, et même souvent en plusieurs langues.

■ LES MÉTHODES DE CONTRACTION FONDÉES SUR LES PRINCIPES DE L'ANALYSE AUTOMATIQUE

Les exigences de la documentation (analyse de contenu, résumé, traduction en langage documentaire, mise en réserve et organisation de la recherche documentaire ultérieure) ont conduit rapidement à l'utilisation de l'ordinateur pour effectuer toutes les opérations. Notre but n'est pas de développer les méthodes d'analyse automatique (ce sont là des problèmes de la science documentaire) ; mais pour utiliser les ordinateurs, les chercheurs ont été obligés de préciser les opérations d'analyse et leur programmation, ce qui nous semble riche d'enseignements pour le problème qui nous occupe.

• *Les méthodes de l'analyse automatique.* L'ordinateur est donc chargé d'effectuer tout le travail d'analyse ; il a des capacités propres et on lui fournit la méthode de travail ainsi que les moyens. En gros, on peut distinguer deux méthodes : la méthode de sélection et la méthode de transformation du contenu. Il existe aussi des méthodes « mixtes » combinant les deux précédentes.

1. *Capacités de l'ordinateur et moyens dont il dispose :*

— L'ordinateur est capable de lire le texte (IBM 360 par exemple).

— Il dispose d'une liste de « mots vides » ou mots-outils dont la présence n'est pas indispensable à la compréhension. C'est la liste des mots que l'on supprime spontanément lorsqu'on rédige un télégramme, par exemple. Une liste exhaustive et méthodique de ces mots est fournie à l'ordinateur. On l'appelle « l'anti-dictionnaire ».

— Il dispose d'un dictionnaire des synonymes de la langue naturelle utilisée. Imaginez par exemple que les mots « résumé, raccourci, digest, sommaire, abrégé, condensé, compendium, épitomé », soient considérés comme synonymes et que l'un d'entre eux, RÉSUMÉ, soit pris pour mot-base (cf. lexique). Vous imaginerez facilement que chacun des sept autres synonymes puisse être codé comme RÉSUMÉ*.

2. *Programme du travail de l'ordinateur.* Deux grandes phases successives, chacune comportant plusieurs opérations :

Première phase : composition de l'index.

- Elimination des « mots vides » (exemple : articles, pronoms, terminaisons verbales, *de, ou, et, pour, à,* etc...) par filtrage au moyen de la liste préétablie. Réduction du texte à un style télégraphique.
- Inventaire de tous les mots restants et réduction de ces mots (par réduction des synonymes grâce au dictionnaire des synonymes automatiquement compulsé) à une liste d'indicateurs-types ou mots significatifs.
- Calcul de la fréquence de chacun de ces mots.

Deuxième phase : passage au syntagme.

- Recherche des associations syntagmatiques des mots ainsi sélectionnés, c'est-à-dire recherche (phrase par phrase) des mots-clés associés au mot indicatif, ce qui donne des groupes de mots ayant un sens, et représentatifs-évocateurs d'idées.

---

* Un dictionnaire des synonymes doit être fabriqué pour chaque domaine d'information, s'il s'agit de textes concernant des champs spécialisés.

— Enfin, il peut, dans certaines conditions et en se servant d'un nouveau programme lui permettant de repérer *les formes syntaxiques*, catégorier et coder ces formes, ou même proposer des transformations syntaxiques.

Le travail peut s'opérer par sélection ou par transformation.

A - *Les méthodes d'analyse de contenu par sélection.* Elles sont fondées sur les principes suivants : la fréquence d'un mot-clé est représentative de son importance pour le sens ; la fréquence des associations de concepts (des syntagmes) est représentative de leur signifiance.

> *Première opération :* Elimination des mots-vides grâce à l'anti-dictionnaire. Celui du *Space Guidance Center* aux U.S.A. comporte 221 mots ; celui du système *Synthex* en comporte environ 300. Outre les mots-outils (ceux que vous omettez dans le style télégraphique), la liste comprend les mots à sens imprécis ou très général. Dans la méthode de LUHN, dans celle de Jessica MELTON et dans le langage artificiel *Syntol*, l'amputation est à la fois lexicale et morphologique (les mots sont réduits à leur radical, tous les suffixes sont éliminés).
>
> *Deuxième opération :* « Normalisation » par élimination : 1) des synonymes (ramenés à un concept sélectionné) et 2) des polysémies (redistribuées vers des concepts synonymes sélectionnés) *.
>
> *Troisième opération :* Recherche des mots-clés associés (avec plus ou moins de proximité) au mot indicatif qui est lui-même à haute fréquence. Ces *syntagmes* ou groupements de mots, sont, lorsqu'ils sont « représentatifs » (à haute fréquence) évocateurs d'idées essentielles.
>
> *Quatrième opération :* Calcul des fréquences de tous ces syntagmes.
>
> *Cinquième opération :* « Ecrémage », c'est-à-dire élimination des syntagmes à basse fréquence, ceci par rapport à un chiffre posé par l'opérateur, et variable (autrement dit l'opérateur peut faire apparaître sur l'écran, des syntagmes plus rares si le niveau d'écrémage fixé ne lui donne pas satisfaction).

Toutes ces opérations sont faites par le « General Inquirer ». On appelle ainsi un programme sur ordinateur, qui systématise la méthode. Le *General Inquirer* comporte, outre le dictionnaire normalisé et l'anti-dictionnaire, le vocabulaire technique complet du champ de la recherche (également « normalisé »), et la possibilité de « reconnaître » et de classer les relations syntaxiques simples entre les mots-clés (dont la fréquence est calculée) et d'autres mots (concepts, attributs, verbes) qui leur sont « associés ».

B - *Les méthodes d'analyse de contenu par transformation.*

Ces méthodes tiennent compte (contrairement aux précédentes) d'autres relations syntaxiques. Elles utilisent aussi (et c'est la leur originalité) la « grammaire transformationnelle » (cf. lexique).

Dans une langue donnée, les constructions syntaxiques et grammaticales ne sont pas en nombre infini. CECCATO (Milan, 1961) ne retient qu'une soixantaine de relations syntaxico-sémantiques typiques ; le « réseau notionnel » que présentent M. COYAUD et N. SIOT-DECAUVILLE

---

* Selon CHAUMIER (*op. cit.*, 1971, p. 121), un article de 2 326 mots s'est trouvé réduit, après ces opérations, à 39 mots significatifs, chacun avec sa fréquence.

(*op. cit.*, p. 66) se réduit à 8 types de relations dont 4 « statiques » (telle la *relation de qualification* qui nous dit par quoi se manifeste une donnée, comment s'exprime quelque chose), et 4 « dynamiques » (telle la *relation d'action...*, qui signale l'agent d'une influence, d'une opé ration ou d'un effet).

La grammaire transformationnelle telle que HARRIS l'a repensée après CHOMSKY (1957) * permet, par manipulation syntaxique des énoncés (unités de sens), de ramener toute formulation complexe à une construction simple et condensée qui en est une « équivalence logique » (cf. lexique).

La méthode comporte alors 3 opérations essentielles :

1. l'amputation (lexicale et morphologique, cf. ci-dessus),
2. la normalisation (comme ci-dessus),
3. la transformation syntaxique (comme dans le langage *Syntol* ou dans les procédés de Jessica MELTON par exemple) pour aboutir à des énoncés « traduits » en langage documentaire.

● *Application du modèle de l'analyse automatique* au travail de l'opérateur isolé ne disposant que de ses seuls moyens perceptifs et intellectuels.

Une méthode de travail peut être tirée des exigences de l'automatisation ; elle implique pour l'opérateur la connaissance de l'anti-dictionnaire, du thésaurus de la langue utilisée dans le texte de base, et des lois de la grammaire transformationnelle.

En gros, disons que le résumé bien fait s'effectuera donc en 5 opérations, dont les 4 premières sont la « préparation » et la 5e la rédaction :

1. Simplification du texte, par élimination des mots-vides et par élimination des redondances, des digressions, des développements purement illustratifs ;
2. Repérage des mots-clés après réduction des synonymes et des polysémies. Index de ces mots-clés pour appréciation de leur fréquence ;
3. Repérage des mots associés ** à ces mots-clés, de façon à préciser leur champ sémantique. Evaluation de la fréquence de ces syntagmes.
4. Ré-écriture des énoncés-clés par transformation syntaxique pour éliminer les effets stylistiques inutiles et les structures phrastiques complexes, sans toucher au sens (« équivalences logiques »).
5. Rédaction du résumé à un niveau de minutie (et de longueur) fixé *a priori*.

---

* CHOMSKY a donné les lois des transformations d'un énoncé quelconque en toutes ses modalités grammaticales possibles (ex. négation, interrogation, supposition, etc.). Après lui HARRIS a appliqué cela à un problème inverse : étant donné un énoncé, quelles sont les transformations grammaticales qui, sans changer le sens ni les radicaux des mots, modifient la structure de la phrase. Les opérations, dans ce cas, s'effectuent sur le critère de distribution (c'est-à-dire de position des mots).

** De près ou de loin, par voisinage, par groupement sémique ou par type de relations syntaxiques.

2 L'analyse de contenu des réponses à des questions ouvertes.

Nous envisagerons successivement les réponses à une question ouverte dans un questionnaire simple, les réponses à des questions thématiques simples, et la réponse à une question large dans le cadre d'un entretien semi-directif.

■ RÉPONSE A UNE QUESTION OUVERTE SIMPLE

On sait que le questionnaire (qui, par ailleurs obéit à des règles méthodologiques précises de préparation et de rédaction) * peut comporter des questions ouvertes.

La question *fermée* prévoit à l'avance toutes les réponses possibles (de la simple série OUI-NON-JE NE SAIS PAS, par exemple, jusqu'à la « question - cafeteria » ou « question à choix multiples » où le répondant est invité à cocher la réponse « qui se rapproche le plus ou s'éloigne le moins » de sa réponse personnelle). La question *ouverte*, au contraire, laisse au répondant toute liberté de s'exprimer, de varier sa réponse ou de donner plusieurs réponses.

Exemple : la question classique d'un questionnaire d'évaluation de session : *Que vous a apporté la session sur le plan professionnel ?...*

Si une question de ce genre a été posée simultanément à 30 ou 50 personnes qui doivent y répondre par écrit, le psychosociologue se trouve devant le dépouillement à effectuer. Ce dépouillement comprend l'inventaire des réponses, leur classement, les calculs ultérieurs (fréquence, corrélations avec d'autres réponses ou avec des caractéristiques objectives telles que âge, sexe, profession, statut, etc...). Seules nous intéressent ici les opérations de dépouillement et de classement des réponses par question.

• *Indexation des réponses.* Cette opération peut être très simple, au point que la distribution des réponses ne pose aucun problème, lorsqu'elle exige seulement la catégorisation des mots. Il arrive cependant que chaque réponse (ou telle réponse complexe) exige une analyse de contenu.

L'indexation (ou caractérisation des réponses) présuppose alors le résumé de leur sens (parfois exposé par des phrases multiples ou par une phrase grammaticalement complexe) pour le ramener à un concept univoque (ou à une série d'énoncés différents clairement exprimés).

Ainsi la réponse (à la question ci-dessus) : « *Une capacité meilleure à communiquer avec mes semblables ce qui aura, je l'espère une répercussion dans mes obligations professionnelles, jusque-là*

* Cf. fascicule *Le questionnaire dans l'enquête psychosociale.*

pénibles, telles les réunions de commissions et autres travaux de groupe »... se réduit à 2 énoncés-clés :

— meilleure capacité personnelle à communiquer,

— meilleure tolérance du travail en groupe.

N.B. — *N'hésitez pas à renvoyer sur une autre question une réponse ou une partie de réponse qui n'a rien à voir avec la question posée et qui relève d'une autre piste du questionnaire. La question ouverte, en effet, par sa formulation meme, définit un certain champ. Des mots-clés de la réponse peuvent être hors du champ exploré, et relever d'un autre champ (prévu ou non).*

Supposons que la réponse ci-dessus ait continué par « et j'ai trouvé une amie »,... *ce troisième énoncé devrait être renvoyé à une autre question, par exemple :* « Que vous a apporté la session sur le plan personnel ? ».

1. *Réduction du texte-réponse à des énoncés clairs,* même au prix d'une reconstruction syntaxique ou d'une décomposition de phrase en *énoncés séparés,* chacun ayant un sens individualisable. Donc élimination de l'accessoire, conceptualisation de l'essentiel, différenciation des idées *.

● *Inventaire de tous les énoncés ainsi énumérés et classement de ces énoncés en groupements logico-sémantiques.*

A - Dans une première méthode que j'appellerai « longue » et qui est de toute façon la meilleure pour l'entraînement personnel, cette opération se fait *pratiquement* par un mouvement de va-et-vient entre la constitution des rubriques et le dépouillement des réponses une à une.

Les 2 énoncés à quoi s'est réduite la réponse précédente sont à écrire chacun sur une feuille séparée (ou, à la rigueur, à distance sur la même feuille). La lecture de la réponse *d'une seconde personne* fournit, par exemple, 3 énoncés-clés :

— Apprentissage de techniques,

— Compréhension des raisons d'échec personnel dans la communication,

— Meilleure confiance en moi dans le travail en groupe.

L'énoncé 1 est « nouveau » par rapport aux deux énoncés du répondant précédent (donc s'inscrit sur un troisième espace),... l'énoncé 2 est à classer près de l'énoncé « meilleure capacité à communiquer »,... l'énoncé 3 ressemble à l'énoncé n° 2 précédent et doit être écrit immédiatement dessous.

N.B. — *Nous recherchons, comme on le voit, non pas seulement des* synonymes, *cas le plus facile, mais ce qu'il faut appeler des* analogies de sens. *Le problème est d'évaluer* (sémantiquement) *le degré d'analogie. Le degré d'analogie a une relation évidente avec la « catégorie en voie de définition », dans le cadre* a priori *et plus vaste, de la catégorie très générale formulée par la question elle-même.*

Au fur et à mesure du dépouillement, des « genres » d'indicateurs se dessinent que l'on nommera par leur définition générique. Ainsi les réponses « analogues » suivantes :

* **Nous en avons donné un exemple ci-dessus page 33.**

— apprentissage de techniques,
— perfectionnement dans la méthode,
— savoir-faire nouveau en situations professionnelles,
— plus grande aisance dans la pratique,
— ouverture sur des méthodes nouvelles.

peuvent se regrouper sous la rubrique générale *Acquisition d'un savoir-faire* (sous-entendu dans un ensemble de situations professionnelles).

Il est vrai que l'analyse du contenu de ces formules, si l'on veut plus de différenciation, permet de déceler non pas 1 catégorie, mais 2 : 1) apprentissage d'un savoir-faire *nouveau* (réponses 1, 3 et 5 ci-dessus) ; 2) *perfectionnement* d'un savoir-faire (réponses 2 et 4).

Il appartient à l'opérateur de décider à quel degré de différenciation (ou, inversement, d'analogie) il veut se placer, le nombre de catégories se situant nécessairement entre, d'une part le nombre de réponses (chaque réponse étant seule dans sa catégorie, laquelle serait alors une classe à membre unique) et, d'autre part, une ou deux (comme si la question avait été une question fermée). Sachez que la norme pratique pour une question aussi limitée est un nombre de catégories de dépouillement variant de 2 à 10 pour 20 à 50 réponses.

De même que l'on peut augmenter le nombre des catégories en insistant sur les aspects différentiels des réponses (ou en étant, comme les débutants, exagérément soucieux de ces différences),... de même on peut réduire le nombre de catégories en regroupant de petites rubriques sous des dénominations de classes plus vastes.

Le « thésaurus » des catégories tirées de l'analyse de nos énoncés se fait progressivement et par tâtonnements, aboutissant par exemple à un schéma logico-sémantique de ce genre :

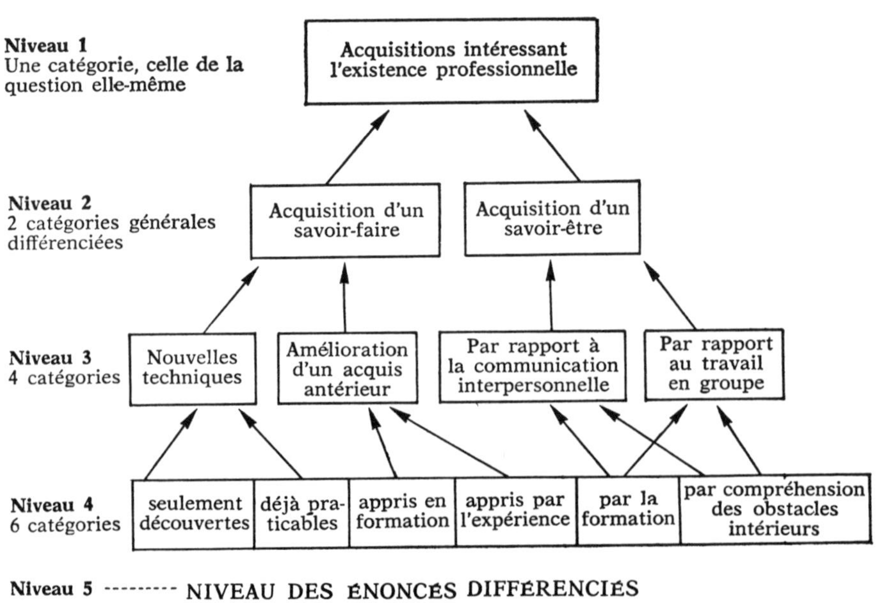

L'opérateur a la responsabilité :

1) de décider à quel niveau il opère les regroupements (à quel niveau ils sont significatifs des différents clivages du groupe),

2) de choisir des catégories qui soient *de même niveau,*

3) de compléter chaque classe par la mention du nombre d'énoncés qui s'y rangent et ainsi d'en situer l'importance,

4) de faire toutes les redistributions intéressantes en fonction d'autres variables (sexe, âge, ancienneté professionnelle, genre de professions, etc...) ou des réponses à telle autre question, et d'effectuer tous les calculs de corrélation intéressants, avec le degré de probabilité des valeurs ainsi découvertes.

B - Une seconde méthode est possible qui consiste à poser *a priori* le système des catégories, soit grâce à une expérience antérieure, soit par une réflexion logico-sémantique sur toutes les sous-catégories possibles (thésaurus déjà composé sur le champ sémantique concerné, et disponible pour l'opérateur).

Utilisation de l'ordinateur. Cette seconde méthode peut être programmée sur ordinateur ; dans ce cas l'existence *a priori* du code des catégories hiérarchisées permet à l'ordinateur de distribuer les énoncés selon cette grille. Un tel programme a été inventé par P.J. STONE et ses collaborateurs en 1962 ; il utilise le *General Inquirer* en prenant pour unité *la phrase,* celle-ci étant « préparée » par l'opérateur (et même parfois codée selon un langage documentaire) de façon à éliminer toute ambiguïté de sens. Il s'agit de ce que nous avons appelé ci-dessus des « énoncés ».

Le thésaurus utilisé par la machine est spécialisé (par exemple en vocabulaire politique, en vocabulaire psychiatrique). Le programme utilisant le *General Inquirer* (« investigateur général ») consiste, pour l'ordinateur, à examiner les énoncés un par un en référence constante avec le dictionnaire des catégories hiérarchisées, et à faire toutes les opérations (catégorisaton, calcul des fréquences, corrélations) demandées. N'oublions pas qu'une machine peut actuellement « lire » 25 000 signes en une minute. On peut imaginer qu'il ne lui est guère difficile de « comparer » chaque énoncé avec les 1 000 ou 2 000 mots du thésaurus spécialisé. Des procédés sont cependant mis au point pour éviter de faire passer toute la grille sur chaque énoncé (procédés venus de la documentation automatique et appliqués à l'analyse de contenu ; cf. Maurice FISKUS, *art. cit.*).

■ RÉPONSES MULTIPLES A UNE QUESTION THÉMATIQUE

J'entends par « question thématique » une question portant plus ou moins explicitement sur le contenu personnel que les individus interviewés donnent à un mot significatif, ou, si vous voulez, les connotations d'un concept qui a une certaine charge affective présumée, pour les

personnes interrogées. Ainsi les questions : « Que représente pour vous le mot VACANCES ? »... « Que signifie pour vous l'INDEPENDANCE ? » ou « Qu'entendez-vous personnellement par VIOLENCE ? ».

Le fait que l'on dispose finalement des réponses d'un nombre défini de personnes nous posera les problèmes de classification, de dénombrement et de calculs déjà traités ci-dessus (car ce sont les mêmes). Mais *préalablement* se posera le problème de l'analyse de contenu de *chaque* réponse, cette analyse étant d'autant plus difficile que le texte de la réponse est plus long. Nous sommes donc renvoyés à la méthodologie d'analyse d'une réponse à une question ouverte large.

■ ANALYSE DE CONTENU D'UNE RÉPONSE DANS LE CADRE D'UN ENTRETIEN SEMI-DIRECTIF.

L'entretien semi-directif regroupe ici un ensemble de méthodes ayant ceci de commun qu'une question est posée par l'interviewer ou le praticien, question large, tirée soit d'une liste pré-établie de questions ouvertes, soit du discours même du « client » pour élucider le sens-pour-lui d'un concept ou d'une situation.

Dans beaucoup de méthodes d'enquête ou de pré-enquête (dans des buts divers, tels l'enquête de motivation, l'entretien d'évaluation, l'entretien exploratoire, les entretiens dits « semi-directifs » sur « guides d'interview » où le « client » parle spontanément sur des points successifs prévus *a priori*, etc...), la réponse est un discours entretenu et encouragé par l'attitude non-directive de l'interviewer * sur le thème ou la question-starter.

Par hypothèse nous ne considérerons ici que les textes écrits (ou retranscrits après enregistrement), ce qui nous dispense de l'analyse du paralangage (autre problème évoqué ci-dessous, p. 66).

● *La méthode classique* pour un opérateur isolé et dans le cas d'une analyse sans catégories *a priori* (sans que la recherche soit orientée par des consignes spéciales vers des caractéristiques à évaluer), comporte quatre opérations :

1. Découpage et reformulation « normalisée » ** des unités de sens (généralement des syntagmes),

2. Distribution et regroupement de ces mots sous des catégories telles qu'elles se dégagent du texte lui-même,

3. Inventaire et décompte fréquentiel des catégories,

4. Recherche systématique des mots associés avec les mots ainsi reclassés, d'où *qualification des contenus psychologiques retenus*, qualification qui aura des « dominantes » et des « sous-dominantes », calculées en fréquence significative de l'intensité. Ainsi, dans l'hypothèse où le discours fait apparaître des valeurs à travers des attitudes, jugements et évaluations,... une valeur de référence dominante se décomptera

---

* Sur ces attitudes et sur les techniques correspondantes, cf. fascicule *L'entretien de face à face dans la relation d'aide*.

** « Normalisé » est pris ici au sens de résultat de toute manipulation supprimant les ambiguïtés syntaxiques ou sémantiques et les synonymes. Cf. Lexique.

par rapport à des valeurs-satellites ; elle-même sera qualifiée positivement ou négativement par les associations syntagmatiques de sa formulation directe ou de ses contraires (évocation d'anti-valeurs qualifiées). On aura ainsi (toujours dans l'hypothèse d'une centration *a posteriori* sur les valeurs du sujet) une partie de sa table de valeurs, de ses attitudes par rapport à ces valeurs et de l'intensité émotionnelle de ces valeurs.

Pour prendre un exemple porteur de difficultés maxima, je transcrirai ici la déclaration d'un intellectuel interné pour maladie mentale * et nous essayerons d'en faire l'analyse de contenu. La question ouverte qui sert de *starter* est celle-ci : *Vous avez, dites-vous, des difficultés de communication avec l'entourage, ici ?*

Réponse : « *Avant d'entrer ici j'avais, comme beaucoup de gens, perdu l'usage de l'anus en tant qu'organe d'expression. Mais ici je me rendis compte bientôt qu'il faisait l'objet d'une réhabilitation générale. Tout le monde s'en occupait, les soignants et les soignés... Contrairement à ce qu'on aurait pu supposer dans une maison de fous, les soins de l'anus ont priorité sur ceux du cerveau. Dans un bon milieu, on s'exprime par la bouche, avec le visage aussi, avec les mains si l'on veut, mais ici le langage oral a subi une inflation. L'hyperbole et le symbolisme l'ont gravement dévalorisé. Le langage anal a retrouvé son crédit. Remontant aux sources originelles du langage, quotidiennement je signifiai par voie rectale ma présence, mon impatience, mon insolence, ma gratitude, mes protestations, mon mépris, mes frustrations, enfin, pour tout dire, mon besoin de leur dire quelque chose,... aux autres. Je suis maintenant dans le monde des lucides. Mais les choses que j'ai à dire ne se communiquent pas ou se communiquent mal dans le vocabulaire et la syntaxe des lucides. Or donc quand le langage lucide et cohérent se dissout et se désagrège sur votre langue, quand les cris les plus rauques et les hurlements les plus barbares n'émeuvent plus un entourage insoucieux et impassible, quand les mouvements forcenés les plus désespérés et la pantomime la plus tragiquement humaine sont vaincus par la camisole ou la narcose, comment supplier, blasphémer, maudire ? En dernier, il reste l'anus. Non, le gâtisme n'est pas seulement démence et perte du contrôle cortical. Le gâtisme est expression plastique* ».

A. Découpage et normalisation des syntagmes (il y en a 22) :

1 Avant-hors d'ici, langage oral non-anal. / 2 Ici langage anal bien considéré. / 3 Anus intéresse soignants. / 4 Anus intéresse soignés. / 5 Ici anus prioritaire sur cerveau. / 6 Hors d'ici milieu bon. / 7 Hors d'ici langage oral-non-anal. / 8 Langage oral par bouche, tête, mains. / 9 Ici langage oral enflé. / 10 Ici langage oral dévalorisé-non-intelligible. / 11 Ici langage anal revalorisé. / 12 Langage anal origine de tous les langages. / 13 Par langage anal je signifie présence, sentiments, attitudes et besoin fondamental de communication. / 14 Ici monde des lucides. / 15 Ma communication impraticable dans langage des lucides. / 16 Langage des lucides impraticable pour ma bouche. / 17 Entourage insoucieux-impassible. / 18 Entourage répresseur violent de mon expression orale. / 19 Moyen d'expression nécessaire non-oral. / 20 Anus seul recours. / 21 Gâtisme autre que démence-perte du contrôle. / 22 Gâtisme expression plastique.

---

* Texte cité par Roger Bastide au Colloque international sur la psychose, Montréal, novembre 1969.

B. Inventaire et décompte des catégories de base :

Langage-expression-signification-communication .	18	mentions
Entourage - ici	8	
Langage oral	5	
Langage anal	4	
Anus	4	
Avant - hors d'ici	3	
Bouche	2	
Gâtisme	2	

C. Regroupement sémantique des catégories :

Langage-expression-signification-communication .	18	mentions
Langage anal-anus-gâtisme	10	
Langage oral-bouche-Hors d'ici	10	
Entourage ici	8	

Ainsi se disposent les intensités correspondant à ces catégories-valeurs. Tout le discours se ramène à 4 thèmes, et l'on peut déjà dire : 1) que le problème *existentiel* écrasant (avec 18 mentions) est celui du « langage-expression-communication-signification » ; 2) qu'une disjonction absolue dans l'égalité des forces contraires (10 mentions) existe entre *deux moyens :* langage oral-bouche / langage anal-anus-gâtisme ; 3) que cette disjonction est en rapport avec la situation « Entourage-ici » (8 mentions). Un autre regroupement est intéressant, qui se centre sur la disjonction « Entourage-ici » / « Avant-hors d'ici » dans la solution du problème de communication *.

Pour aller plus loin, il faut déterminer les qualifications pour chacune des 4 catégories sémantiques regroupées en C.

D. Qualification des contenus. Recherche des associations dans le contenu manifeste.

1re ligne. Mots significatifs, associés aux concepts-clés de « Signification. Expression - communication » : *Je, présence, sentiments, attitudes, besoin fondamental, ma, mon, moyen nécessaire.* Sous chacun de ces mots de l'indexation normalisée, il faut mettre les mots du texte. Ainsi *Attitudes* se gonflerait de *ma présence, mon impatience, mon insolence, ma gratitude, mes protestations, mes frustrations, cris rauques, hurlements barbares, mouvements forcenés, blasphémer, supplier, maudire* ».

Le thème de la signification-expression-communication comme acte et comme besoin est qualifié par l'implication personnelle intense et l'évaluation positive forte *(fondamental, nécessaire, plastique).*

2e ligne. « Langage anal-Anus-Gâtisme » ont pour qualifications : *bien considéré ici, intéresse soignants, intéresse soignés, prioritaire, revalorisé ici, origine de tous les langages, permet de signifier tout, est communication fondamentale, seul recours ici, pas démence, pas perte de contrôle, expression plastique.*

Le langage anal est à la fois nécessaire, valorisé par le Moi-ici, compris par tous, et seul moyen disponible.

3e ligne. « Langage oral-Bouche-hors d'ici » a pour qualifications : *non-anal, ailleurs un lieu bon, non-anal, cerveau, par bouche-tête-et-mains, enflé ici, ici dévalorisé-non-intelligible, impossible à ma bouche ici.*

---

* Cette autre classification possible aboutirait par la suite à une association. Ici-langage-anal/ Hors d'ici-langage-oral.

On voit nettement deux thèmes : 1) le langage oral hors-d'ici et/ou avant, 2) le langage oral ici. Outre la définition du langage oral comme l'antithèse du langage anal (et inversement), ce langage est qualifié comme *impraticable* par rapport à l'ici-maintenant. La disjonction *bon dehors / impossible ici* s'impose, ainsi que *le thème de la bouche impuissante.*

4e ligne. « Entourage-ici » a pour qualifications : *considération pour l'anus et le langage anal, centre de dévalorisation du langage oral par un verbalisme creux, centre de revalorisation du langage anal, monde des « lucides »* * *au langage impraticable, sans capacité de communication vraie* (insoucieux-impassible), *répressif-violent.*

Le halo des syntagmes, qui donne son sens vécu actuel à « l'entourage-ici », a pour thèmes : l'extinction des possibilités (et de l'essence) du langage oral, l'orientation de l'intérêt vers l'anus, et la répression de l'humain oral.

Ainsi dans cette réponse passionnée et folle (dont nous avons analysé le sens et non la forme linguistique) le malade a dit essentiellement quatre choses (les 4 points-clés relevés) qui ont entre elles des rapports sémantiques de dépendance. Le sens général se résumerait de la manière suivante : « Ce qui vous apparaît comme gâtisme (mon incontinence fécale) est le résultat d'une intensification de mes besoins normaux d'expression-communication, qui, barrés par les conditions de vie dans votre milieu artificiel, inhumain et répressif-violent, m'obligent à inverser mon langage et à remplacer ma bouche par mon anus ».

Le schéma des rapports logiques entre ces quatre champs sémantiques (avec la dichotomie du thème du langage oral) pourrait se représenter ainsi :

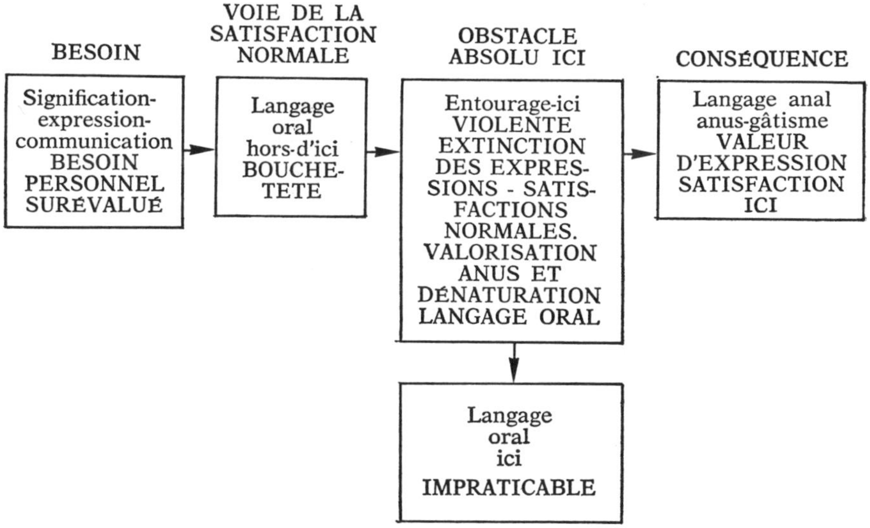

* La catégorie des « lucides » (personnel soignant) a, dans ce contexte une partie des connotations de « entourage-ici », et soutient une association avec « dénaturation du langage normal ».

La formulation de ce schéma logico-sémantique final permet maintenant de « lire » complètement le texte (permet d'en comprendre toute la signification), du moins dans la mesure où l'analyse a voulu être « objective, exhaustive et méthodique ».

• *La méthode de STRUPPS ou analyse de contenu multidimentionnel comparé*, officiellement proposée par son auteur en 1959 dans le but d'analyser les interventions des psychothérapeutes dans les entretiens cliniques, peut s'appliquer à l'analyse de toute réponse qui est laissée à l'initiative d'un sujet dans une situation verbale où il intervient et par rapport à un référent donné (problème ou question). Dans cette méthode, les textes étant intégralement disponibles grâce à leur enregistrement, on procède d'abord à l'indexation-normalisation des « affirmations » (énoncés contenant une assertion et une seule) puis on analyse chaque « unité » de la liste ainsi établie, en la *codant* d'après un système à n dimensions, chaque « dimension » étant représentée par une échelle en plusieurs points pré-déterminés.

> Ce qu'il faut comprendre, c'est que l'analyse de contenu au sens où nous l'avons définie et illustrée ci-dessus, cède ici le pas à l'analyse *comparée*. Les réponses libres ou les interventions des sujets sur des points précis communs (cas de plusieurs sujets répondant à une même question ouverte) sont, par hypothèse, à comparer, et c'est *le tableau des points de comparaison intéressants* qu'il faut dresser. Ce tableau est *a priori* dans les recherches de STRUPPS (en réponse à la question préalable : « Qu'est-ce qui permettra de différencier les attitudes de plusieurs énonciateurs ? »). Il peut être *a posteriori* si, après collationnement des réponses diverses à une question ouverte, vous répondez par votre « tableau des dimensions » à la question préalable suivante : « *Quelles sont les dimensions sur lesquelles se disposeront toutes les différences ou ressemblances entre des réponses à analyser ?* »*.

L'intérêt de cette méthode pour l'analyse comparée des réponses à des questions ouvertes est qu'elle permet la quantification.

La procédure recommandée se décompose en 5 phases.

1. Réduction, indexation et normalisation des phrases en énoncés-assertions (ceci pour toutes les réponses une à une).

2. Constitution *ad hoc* des « dimensions », c'est-à-dire *des axes de différences* permettant la comparaison future (par exemple : a) Intensité émotionnelle, b) Originalité, c) Genre de problèmes évoqués, d) Valeurs de référence, e) Attitudes envers l'interlocuteur, etc...),

3. Etablissement des échelles par dimension ainsi établie,

4. Codification de chaque énoncé selon les dimensions et les échelles,

5. Découverte de la configuration de l'ensemble des énoncés, calculs divers quantifiant la comparaison.

> N.B. — *Un tel programme peut être mis sur ordinateur (la recherche citée fut programmée à l'époque sur l'ordinateur IBM 7090) ; cf. sur ces points M.S. HOLZMAN, art. cit.*

---

* Nous retrouverons la catégorisation *des différences* ci-dessous, p. 98, comme base possible d'une analyse sémantique différentielle.

● *La méthode d'analyse comparée automatique de IKER et HARWAY.*

En 1967, utilisant un programme assisté par ordinateur IBM 7074, H.P. Iker et N.I. Harway (U.S.A.) * ont cherché à évaluer par analyse de contenu comparé le changement dans les discours des clients au cours des psychothérapies.

Le postulat retenu est que le changement doit pouvoir se mesurer par 2 phénomènes : 1) le changement de vocabulaire (diminution des fréquences de certains mots, augmentation des fréquences d'autres mots, apparition de mots nouveaux), 2) le changement de connotation des mots (connotations repérées par les associations et qualifications de ces mots dans leur contexte syntagmatique et sémantique).

Les opérations suivantes sont effectuées par machine :

1. Normalisation des énoncés :

a) élimination des mots vides et des mots-outils grâce au filtrage du texte obtenu par un dictionnaire de ces mots (programme automatique « Words ») ;

b) Transformation des structures syntaxiques sans changer le sens (programme automatique « Strip » par ailleurs utilisé, dans son principe, pour la traduction automatique) ;

c) Elimination des synonymes par l'utilisation d'un thésaurus spécialisé, consulté automatiquement.

2. Tabulation des mots par texte indexé chronologiquement (pratiquement par entretiens à intervalle, puis par échantillons d'entretiens). Le mot est ici pris comme unité d'information. Catégorisation des mots par segments. Calcul des fréquences.

3. Composition (puis « analyse matricielle ») du champ sémantique de chaque mot (ici l'unité d'information est le groupe de mots ou syntagme formant unité de sens). L'analyse matricielle consiste à redistribuer chaque champ sémantique en « facteurs » (ce que nous appellerions plus exactement des axes de connotations).

4. Diagramme quantifié de l'évolution du vocabulaire et des connotations.

Comme on le voit, les chercheurs parviennent à reconstituer objectivement l'organisation cognitive d'un discours personnel en réponse à une situation (ou à un référent extérieur ou à une question ouverte), à évaluer les différences entre des classes de réponses et même à mesurer le changement de ces réponses dans le temps.

---

* Article in *The Analysis of communication Content*, Actes du Symposium de 1967, *op. cit.* ci-dessus p. 14.

3 *Les analyses de presse.*

Historiquement, l'analyse de presse a dominé le champ d'application de l'analyse de contenu et, quoiqu'elle ne soit aujourd'hui qu'un secteur limité de ce vaste champ, elle a, en quelque sorte, une valeur de modèle méthodologique.

Nous verrons successivement la méthode classique d'analyse de tendance d'un journal (ou d'un document ou d'une série d'articles d'un même journal), puis la méthode classique d'analyse comparée des tendances (orientations ou attitudes) de plusieurs journaux ou documents, à propos d'un même événement.

■ L'ANALYSE DE TENDANCE

L'exposé méthodologique qui suit est repris de D.P. CARTWRIGHT (in FESTINGER et KATZ, *op. cit.*) et se réfère explicitement aux pionniers que furent LASSWELL et BERELSON. La méthode se développe en 5 opérations :

1° *Etablissement des objectifs.* L'opérateur doit, en face du document à analyser, se poser la question (et y répondre) :

— *Qu'est-ce que je cherche ?* CARTWRIGHT conseille à l'opérateur de se représenter les tableaux qui illustreront ses conclusions ; non pas ce que contiendront en fait ces tableaux (ce seront là justement les résultats de l'analyse) mais leurs rubriques. Les buts sont forcément inclus dans la liste exhaustive que voici* :

Objet : (sur quoi porte la communication ou le document ?).

Direction ou Orientation : (présentation favorable - neutre - défavorable ?).

Normes : (sur quoi se base l'auteur ?).

Valeurs : (à quel système de valeurs se réfère-t-il en fait ?).

Méthode : (quels moyens utilise-t-il ici ?).

Traits : (quelles sont les caractéristiques personnelles ou psychologiques de cette communication et de son auteur ?).

Agent : (qui a l'initiative de cette communication ?).

Autorité : (au nom de qui est-elle émise ?).

Origine : (quelles sont les sources de cette communication et ce à quoi ou ceux à qui elle répond ?).

Dessein : (quelles sont les intentions de l'auteur, à quelle situation répond-il ?).

* Pensez aussi aux questions que recommandait LASWELL, cf. ci-dessus, p. 20.

Buts : (qui est visé par la communication ? quelles sont les caractéristiques des destinataires à travers le contenu de cette communication ?).

Forme : (quelle en est la forme générale, le genre ?).

Forme syntaxique : (quelle est la forme syntaxique des unités composant le document ?, la forme, littéraire ou autre, qui est ici utilisée ?).

Intensité émotionnelle : (quel est le degré de passion, de conviction, de puissance d'émotion, etc... ?).

Vos objectifs seront nécessairement quelques-uns de ces possibles. Leur formulation claire *a priori* (en fonction de la mission reçue ou des intentions que l'on a) permet de spécifier vos orientations.

2° *Etablissement du schéma d'analyse catégorielle,* opération qui comprend deux actes successifs : a) recherche des variables ; b) recherche des indicateurs de ces variables.

a) Vos objectifs étant clairement formulés, il faut chercher *a priori* les moyens d'analyser ce document-là en fonction de ces objectifs. Supposons que le document vous paraisse exploitable par rapport à vos objectifs (sinon il ne faut pas entreprendre son analyse !), il vous reste à trouver un schéma d'analyse adapté.

Par quoi caractériser objectivement le contenu pour faire apparaître ce que vous voulez mesurer ?

Si vous cherchez les caractéristiques du public auquel s'adresse ce document (par exemple : que peut-on savoir du public du magazine « Nous Deux » à travers le contenu de ce magazine ?), par quoi pensez-vous que ces caractéristiques se révèlent ?

Supposons que vous répondiez, en ce qui concerne notre exemple :

— par le choix des thèmes, par le style et par la présentation des contenus.

Voilà trois grandes catégories de l'analyse. Sont-elles les seules ? Pourquoi ne pas étudier les caractéristiques des lecteurs et lectrices par les lettres publiées au « Courrier des lecteurs » s'il y en a un ?

Un va-et-vient s'installe entre les lectures et relectures de votre document et la formulation de votre plan d'analyse. Il faut en effet que votre liste des clés ou des points qui conduiront votre attention soit exhaustive par rapport à vos objectifs, qu'elle soit claire, et qu'elle soit ajustée à la nature de votre document.

b) Les « variables » ou grandes catégories de dissection du texte étant fixées, il faut déterminer quels sont leurs indicateurs. Autrement dit, qu'*allez-vous rechercher exactement pour définir et évaluer chaque variable retenue ?*

Pour reprendre notre exemple du magazine, la réponse à cette question pour la variable « choix des thèmes », peut très bien être la *liste des titres* des articles et la surface proportionnelle des articles. La réponse à la question pour la variable « caractéristique des lecteurs et lectrices qui écrivent au journal » peut être : sexe, âge, genre de situation-problème évoquée, partie du journal auquel se réfère la lettre, style, valeurs de référence.

3° *Détermination des unités d'analyse.* Chaque variable et, dans chaque variable, chaque indicateur, va devenir désormais *une question posée au texte.* Il faut savoir à quelle unité de texte la poser. Nous avons déjà vu ce problème à propos de la méthodologie générale (ci-dessus, p. 31). Répétons que l'unité à choisir est fonction des buts et des indicateurs.

4° *Préciser les modes opératoires pour l'analyse point par point.* Etablir le programme, l'ordre des démarches, les classes et degrés de la catégorisation, le découpage des unités et leur codage. Cette opération est d'autant plus nécessaire que le nombre des opérateurs auxiliaires de la recherche sera plus grand. L'exacte identité des modes opératoires est requise.

5° *Prévision et réalisation de la quantification.* Les moyens disponibles interviennent ici (utilisation d'un ordinateur et pour faire quoi ?,... ou pas d'ordinateur). Quoi calculer et comment le calculer ? *

■ L'ANALYSE DE TENDANCES COMPARÉE

Comme dans le secteur précédent, il s'agit toujours de convertir les données brutes du contenu manifeste, en données objectives, mesurables (« susceptibles d'être traitées comme des quantités » dit CARTWRIGHT), intégrables dans un système logico-sémantique et ayant une portée, une signification nouvelle, issue de l'analyse elle-même.

Pour ce qui est de l'analyse de tendances comparée, nous retrouvons encore les modèles de LASSWELL et de BERELSON (1952). Le Français Jacques KAYSER a apporté, depuis 1959, une contribution méthodologique importante.

Cette méthode est applicable toutes les fois qu'il s'agit de comparer l'importance d'une même catégorie de contenu dans plusieurs documents.

Un exemple d'application est la comparaison de plusieurs documents sur la présentation d'un même événement (d'un même problème, d'un même fait divers ou d'une situation actuelle), pour faire apparaître leurs tendances respectives. Ces documents peuvent être des journaux, des rapports ou des comptes rendus, des articles, etc... **.
On peut aussi l'utiliser pour comparer les documents disponibles provenant d'une même source, à des moments différents, dans le but de faire apparaître une évolution et dans quel sens elle se produit ***.

La méthode se développe en quatre opérations.

1° *Préciser les objectifs.* Le chercheur se pose une question qui représente et résume ses buts. Exemples : « Déterminer dans quelle mesure et comment les quotidiens français ont informé leurs lecteurs du coup d'Etat au Chili en septembre 1973 »... « Comment a été présentée et « expliquée » la sécheresse de 1973 en Afrique Tropicale dans les journaux de telle nation européenne ? », ou encore « Analyse compa-

---

* Nous parlerons ci-dessous de certaines formules de calcul de tendance (cf. p. 61).
** Ainsi l'ouvrage de J.W. LAPIERRE (*op. cit.*) à propos de la présentation d'Israël dans la presse française, ou l'étude de Evelyne SULLEROT sur un fait divers (*art. cit.*).
*** Ainsi l'étude de E.F. MUELLER (*Journal of Conflict Resolution*, 1970, tome 14, n° 3, pp. 311-333) sur l'évolution des attitudes de la presse est-allemande à l'égard des réfugiés vers l'Ouest, en vue de « préparer » la population à la construction du Mur de Berlin en 1961.

rée des orientations politiques dans les conclusions des auteurs d'analyse de presse en France entre telle et telle année ».

2° *Détermination des documents et du « corpus » de la recherche.* L'objectif général dont la formulation précise est requise, se traduit immédiatement par une définition logique de l'ensemble documentaire indispensable *. Le corpus peut être énorme et nécessiter un filtrage préalable (échantillonnage calculé), comme nous l'avons déjà vu (cf. ci-dessus, p. 38).

3° *Définition des variables et des indicateurs de ces variables.* L'objectif général se monnaye en plusieurs questions à poser aux documents. Les plus classiques sont : « Existe-t-il des différences significatives dans la *quantité* de l'information fournie par ces documents différents ? ou dans la *régularité ?* ou dans la *qualité ?* ou dans les *manières de présenter* l'information ? »... « Existe-t-il des différences significatives de *tendances* (politiques, religieuses, philosophiques, socio-affectives, etc...) entre les informations fournies par ces documents différents ? »... « Quelles sont ces différences et que signifient-elles ? »... « Quels rapports soutiennent-elles avec telle autre caractéristique du document ? ».

Les réponses à ces questions se hiérarchiseront en catégories emboîtées ou « en arbre » (cf. ci-dessus, p. 37).

Les indicateurs sont choisis pratiquement en harmonie avec les variables (déduction logico-sémantique) et avec le corpus (déduction pratique).

Ainsi pour constater et mesurer les différences de présentation d'un événement dans la presse, on prend classiquement pour indicateurs :

— la surface totale (en centimètres carrés) de l'article d'information,

— le nombre de mots,

— la position dans le journal (première page ou pages intérieures),

— la position dans la page,

— la surface totale de l'espace consacré au titre et aux sous-titres,

— la taille des caractères du titre (s'il y a des majuscules, on prend la taille des caractères non-majuscules),

— le nombre des illustrations,

— la surface (en centimètres carrés) des illustrations.

La question de l'orientation tendancieuse prend classiquement pour indicateurs :

— le style général,

— le choix des thèmes,

— le choix des mots-clés sur un continuum catégoriel,

— la répartition des mots-associés (des qualificatifs) en catégories et, pour chaque catégorie, la position des expressions sur une échelle « Favorable/Défavorable » à des degrés variés,

— la systématisation du cadre de référence et de la table des valeurs (implicite ou explicite),

— l'intensité émotionnelle des qualificatifs sur une échelle « Emotionnellement chargé / Neutre ».

---

* Nous ne mentionnerons que pour mémoire les conditions de compétence dans la langue utilisée par les documents à réunir et la possibilité de réunir *tous* les documents utiles.

4° *La mise au point du plan de travail.* Cette opération fait intervenir l'évaluation des moyens matériels (budget, place, durée, nombre de concours, machines, etc...) qui peut, à ce moment, limiter sérieusement la recherche et forcer à rétrécir ses ambitions. Sur le plan méthodologique, cette opération comporte :

— la définition de l'unité d'enregistrement,

— la définition de l'unité de contexte,

— la programmation du travail pratique,

— la coordination méthodologique et chronologique des opérateurs s'ils sont plusieurs,

— les modalités du dépouillement (quantitatif et qualitatif).

■ LE CALCUL DES TENDANCES

L'analyse de tendance doit aboutir à une évaluation, et si possible à une mesure.

● *LASWELL et LEITES ont donné des idées à ce sujet,* dans leur livre *The Language of Politics* (1949).

Un premier rapport intéressant est tout simplement *l'espace consacré à une information* * par rapport à l'espace total. Ce rapport n° 1 $\frac{\text{contenu concerné}}{\text{contenu total}}$ peut être calculé en surface, en nombre de lignes, en nombre de mots. Il peut être mesuré en temps pour une émission (exemple : temps d'information consacré à tel type de problème dans le temps total des informations télévisées + magazines d'information télévisée, pendant telle période, etc...). Il indique *l'importance* de cette communication dans l'esprit ou les intentions du rédacteur-auteur-locuteur, et par là permet d'évaluer déjà une tendance (majorer - attirer l'attention/minimiser - passer sous silence).

D'autre part, dans le *contenu concerné, la présentation* peut varier selon l'échelle « très favorable-favorable-neutre-défavorable-très défavorable ». Ces appréciations sont, en soi, détectées par l'analyse de contenu (choix des mots, association des qualificatifs, évaluation des qualificatifs...).

Donc les rapports :

$$\frac{\text{nombre d'unités Très favorables + Favorables}}{\text{nombre d'unités du contenu concerné}}$$

$$\frac{\text{nombre d'unités neutres}}{\text{nombre d'unités du contenu concerné}}$$

$$\frac{\text{nombre d'unités Défavorables + Très défavorables}}{\text{nombre d'unités du contenu concerné}}$$

* Ce qui est appelé « contenu concerné ». On appellera « contenu non concerné » tout le reste du document.

nous donneront des chiffres indicatifs de la tonalité ou couleur de la tendance elle-même, ce qui vient s'ajouter à l'*importance*, déjà connue. Le nombre brut des unités favorables diminué du nombre des unités défavorables est, par rapport au nombre des unités concernées, un indice chiffré de la « favorabilité » du contenu, sans référence à sa taille relative dans l'ensemble du document. Si l'on multiplie l'indice de favorabilité ci-dessus défini, par le résultat du rapport n° 1 (dont le maximum est nécessairement 1), on aura une évaluation de la tendance et la possibilité de comparer, en termes mathématiques, des documents différents.

Appelons *f* et *d* les nombres absolus des unités favorables (f) et défavorables (d), appelons ***u*** le nombre des unités concernées, et N le nombre total des unités du contenu total ; on peut dire :

que $\frac{f - d}{u}$ est l'indice de favorabilité du contenu concerné,

et que $\frac{f - d}{u} \times \frac{u}{N}$ c'est-à-ire $\frac{f - d}{N}$ est l'indice de favorabilité du contenu total.

● *Le coefficient de JANIS-FADNER.* Irving JANIS et Raymond FADNER, collaborateurs de LASWELL, ont proposé un calcul plus précis tenant compte du fait que d peut être supérieur à f.

Leurs formules sont les suivantes :

1. *Coefficient de « favorabilité »* (f > d par hypothèse)

$$\frac{f^2 - fd}{uN}$$

2. *Coefficient de « défavorabilité »* (f < d par hypothèse)

$$\frac{fd - d^2}{uN}$$

N.B. — *Les « unités » dont il est question seront très diverses selon les indicateurs retenus par le plan d'analyse.*

On a souvent dit * que les méthodes si lourdes de l'analyse de contenu n'aboutissaient qu'à vérifier des évidences. Ce n'est pas si sûr. En fait, un certain nombre d'évidences sont vérifiées (un certain nombre de fausses évidences tombent aussi), un certain nombre de conclusions n'apparaissent comme « évidentes » qu'*après* la publication de l'analyse (évidences rétro-actives), et d'autres conclusions sont révélatrices de phénomènes cachés. Ainsi fut historiquement découverte l'affiliation d'un journal, à l'époque de LASWELL, à un groupe politique étranger, dans la guerre psychologique (cf. ci-dessus, p. 12). Ainsi peut-on découvrir une évolution de tendances dans un domaine-clé, évolution qui permet de prévoir et de décider, avant l'avènement d'une situation peut-être catastrophique.

L'analyse de presse est un réservoir impressionnant d'informations de toutes natures à côté des apparences ou des buts avoués de l'infor-

* Par ex. M. MOUILLAUD, *art. cit.*

mation. De même que les espions industriels ou militaires n'ont besoin, paraît-il, pour apprendre ce qu'ils recherchent, que de dépouiller méthodiquement les publications spécialisées et non-spécialisées du pays où ils ont été envoyés, de même les intentions politiques d'un groupe apparaissent plus clairement par l'analyse comparée de toutes ses publications que dans les rapports des agents chargés de les surveiller. Enfin tel journal ou telle revue apparemment drapés dans une objectivité vertueuse, se révélera à l'analyse de contenu comparée, en relation idéologique subtile (propagande noire par exemple) avec tel groupe dont on le croyait éloigné à première vue.

La puissance des *mass-media* dans le façonnement de l'opinion est aujourd'hui telle que l'analyse de contenu devrait devenir un instrument de mesure institutionnalisé, et ses résultats devraient être publiés au moins au même titre que les sondages d'opinion.

4 *L'analyse du matériel non-verbal.*

L'analyse de contenu est à l'aise dans le matériel verbal et spécialement verbal-écrit. Il est vrai qu'elle s'empêtre d'autant plus facilement alors dans les pièges de la linguistique.

Dans le matériel non-verbal, la linguistique est évacuée d'elle-même et l'opérateur est en présence d'une nouvelle modalité d'expression de ce qui est son objet unique : le signifié.

Pour ne pas allonger trop le débat, je m'en tiendrai à trois genres de matériel non-verbal : l'image, le paralangage, le rêve, mais sachez que les ambitions des chercheurs vont loin puisque l'analyse de contenu s'attaque aujourd'hui à la musique *.

■ L'ANALYSE DE CONTENU DE L'IMAGE OU DE L'AFFICHE

Le changement de « support » trouble beaucoup d'opérateurs. Certains — et non des moindres — se mettent à confondre signifiant et signifié **.

---

* E. Cohen, *Théorie de l'information et musique* (1962) ; Barry S. Brook, *L'analyse de contenu en musique* (1965). Cf. article in *Analysis of communication content*, 1969, *op. cit.* ci-dessus, p. 14.

** Rappelons qu'en linguistique le signifiant est le son (acoustique), le signifié est le sens (cf. ci-dessus p. 23). Pour expliquer le point de vue de Barthes disons que pour lui le 1er signifié sert de signifiant au second signifié.

Voici un échantillon (tiré de R. BARTHES, *Mythologies*, Ed. du Seuil, 1957, p. 201) des absurdités écrites dans ce domaine : « Je suis chez le coiffeur. On me tend un numéro de *Paris-Match*. Sur la couverture, un jeune nègre, vêtu d'un uniforme français, fait le salut militaire, les yeux levés fixés sur le drapeau tricolore. Cela, c'est le sens de l'image. Mais naïf ou pas *(sic)*, je vois bien qu'elle me signifie que la France est un grand Empire, que tous ses fils, sans distinction de couleur, servent fidèlement sous son drapeau, et qu'il n'est de meilleure réponse aux détracteurs d'un colonialisme prétendu que le zèle de ce Noir à servir ses prétendus oppresseurs. Je me trouve donc devant un système sémiologique majoré : il y a un signifiant, formé déjà lui-même d'un système préalable (un soldat noir fait le salut militaire français) ; il y a un signifié (ici mélange intentionnel de francité et de militarité) ; il y a enfin une présence du signifié à travers le signifiant... Nous sommes ici au principe même du mythe ; il transforme l'histoire en nature... tout se passe comme si l'image provoquait *naturellement* le concept, comme si le signifiant *fondait* le signifié ».

. . . .

Laissons de côté la conception du mythe que l'auteur tente de justifier par cet exemple * et tenons-nous en à l'analyse de l'image : il n'y a de « signifiant » que comme support matériel non-doté en soi de signification sinon virtuelle. Le signifiant, dans l'image, est la surface, les couleurs, la distribution des couleurs et leur contraste, de même que, dans le langage, le signifiant est le son ou le phonème.

Par définition le signifiant (si mal nommé) ne signifie rien. Ici le soldat noir faisant le salut militaire français *est le signifié* de l'image. Tout l'intérêt est de comprendre — et c'est là le travail de l'analyste du contenu — que ce signifié est double : 1) un soldat français salue la levée des couleurs ; 2) ce soldat est noir. Le second signifié fait éclater la banalité du premier et provoque une signification connotative implicite par le seul fait du contraste avec le contexte. *L'idée* de l'Empire est par là exprimée avec le minimum de moyens expressifs.

Cette confusion est nuisible à l'analyse des contenus non-verbaux. Lorsque Mc LUHAN proteste ** contre le signifiant des affiches publicitaires paralysant la conscience pour faire passer dans l'inconscient des spectateurs « un autre message », il fait la même confusion, car le signifiant n'a pas de message à faire passer. Visiblement « le langage des images » n'a pas encore trouvé son DE SAUSSURE.

● *Les deux messages de l'image.* Abraham MOLES (dans *Théorie de l'information et perception esthétique*, Flammarion 1958, et dans *L'affiche dans la société urbaine*, Dunod 1969) a distingué deux aspects « indissolublement liés » dans l'image L' « information sémantique » (ce qui, dit-il, est exprimé de façon claire et immédiate au récepteur-spectateur), et l' « aspect esthétique ou poétique ». Albert KEINTZ (*op. cit.*, p. 26) distingue aussi « le message littéral » ou dénotatif, et « le message symbolique » ou connotatif.

Plus justement Gaston BACHELARD dans ses œuvres de psychanalyse des images *** a montré la puissance évocatrice des images, leur fonc-

---

* Pour l'auteur, le mythe consiste à supprimer toute discussion, à s'imposer comme Nature et comme Evidence, à remplacer la problématique ou la réflexion par la certitude.

** Cf. in A. KEINTZ, *op. cit.* introd.

*** *La Terre et les rêveries de la Volonté, Psychanalyse du feu, L'eau et les rêves*, etc.

tion de provocation du rêve, leur retentissement dans les zones obscures de la conscience.

Distinguons *l'information descriptive* (ou signifié premier) et les strates plus ou moins nombreuses *des connotations évoquées* (signifié second).

Le problème pour l'analyste sera de se prémunir contre le risque des interprétations personnelles, particulièrement induites par les connotations. La distinction même entre le signifié premier et le signifié second est déjà difficile *, mais, après tout, pas davantage que dans un poème **.

• *La méthode de l'analyse.* Elle consistera à détailler les connotations communes et à formuler les synthèses d'où jaillissent les signifiés.

1. *L'information descriptive.* Représentable par un mot-titre, ce premier signifié est pour ainsi dire la traduction littérale du contenu offert, en évitant toute impression personnelle et en distinguant seulement « figure » et « fond » (ou premier plan et arrière-plan).

> Voici une publicité *Mayogaine,* écrit A. KEINTZ (*op. cit.,* p. 26) : « Une jeune femme en bikini rose à grandes fleurs blanches est allongée sur le sable fin d'un minuscule îlot que baigne une mer turquoise. Corps svelte, très bronzé, cheveux longs aux reflets cuivrés flottant au vent, pieds dans l'eau, une eau claire, frissonnante de petites vagues... des jambes fines et longues démesurément écartées (écart de 90°), le buste légèrement redressé prenant appui sur les coudes, le visage de profil et dans l'ombre. Des lunettes de soleil à monture blanche masquent le regard qui se porte en direction d'un petit miroir éblouissant qu'elle tient à la main droite. Loin dans le fond, en contre-jour, la silhouette d'un massif montagneux et de quelques cocotiers ».

2. *Les connotations.* L'analyse doit ici choisir un guide du dépouillement. Nous prendrons le guide fourni par A. MOLES et A. KEINTZ, qui prévoit d'analyser successivement : a) le langage *** des couleurs ; b) le langage gestuel ; c) le langage photographique de la prise de vues ; d) le langage de l'espace pictural ; e) le langage des éléments de l'image tels que les fournit l'information descriptive.

Reprenons notre exemple pour donner quelques notations sur ces langages ****.

> 2.1. *Le langage des couleurs :* le rose à fleurs blanches du bikini s'associe à la femme tahitienne,... le bronzé du corps presque nu est chaud, comme le sable, par contraste avec le bleu-vert de la mer...
>
> 2.2. *Le langage gestuel :* la position signifie détente-relaxation, les jambes largement écartées et la poitrine offerte par la position des bras signifient l'abandon consentant à la chaleur et au désir,... le regard détourné vers le miroir signifie auto-satisfaction et complaisance narcissique...

---

* Nous avons vu ailleurs (fasc. *La conduite des réunions,* exercice 5), que les projections personnelles sont immédiates.

** Comme en poésie d'ailleurs, il y a des images qui sont pauvres et ne contiennent qu'un signifié dénotatif banal, et des images qui sont riches de puissance évocatrice, suggérant des impressions esthético-affectives nombreuses dont certaines sont communes à tous les lecteurs, certaines autres culturelles, d'autres enfin très personnelles.

*** *Langage* a strictement, dans ces locutions à la mode, le sens de *signification.*

**** Nous verrons (ci-dessous p. 92) que R. BARTHES parle, dans la même perspective d'analyse, de différents *codes* dont le jeu simultané fait « le sens pluriel » du texte ou sa « polyphonie ».

2.3. *Le langage photographique* (ou pictural). La contre-plongée (la photo est prise de bas en haut) « transforme en dominatrice » celle que la position allongée rendait plutôt passive, et accroît l'impression étrange et attirante de l'écartement des jambes (qui fait converger les lignes vers le bikini, centre de cette image publicitaire)...

2.4. *Le langage de l'espace pictural :* les régions de l'espace ont des significations au niveau vécu non-réfléchi : le haut est loin et idéal, le bas est proche et instinctif, la gauche est la région du passé et des problèmes secrets, la droite celle de l'avenir, de l'action et de la relation. Le haut-gauche est la zone des nostalgies, le haut-droit où se trouvent les cocotiers, celle des rêves d'avenir.

2.5. *Le langage des éléments :* la belle jeune femme aux longs cheveux d'or se regardant dans le miroir évoque le charme fascinant de la Lorelei ; la mer, le sable, le bronzage signifient la liberté des vacances et la joie de vivre en harmonie avec la nature ; les cocotiers donnent une note exotique ; l'îlot signifie la solitude volontaire d'une évasion de rêve (dans ce contexte) ; les pieds dans l'eau fraîche (outre une évocation de la Sirène aux chants enjôleurs) ajoutent à la pluralité des sensations physiques déjà mentionnées.

3. *La synthèse.* Quoique la formulation puisse se faire de diverses façons, ces éléments de sens s'organisent harmonieusement * pour signifier l'invitation à l'évasion, à la jouissance d'être soi-même au féminin, à un paradis accessible **.

Nous apercevons déjà, à propos de l'analyse d'image, la nécessité de dictionnaires spéciaux qui fourniraient à l'analyste (et au publicitaire) le champ des significations de tous les éléments possibles de chacun des cinq codes utilisés par l'image. Ce besoin se fait sentir encore davantage pour l'analyse du paralangage.

■ L'ANALYSE DU PARALANGAGE

Nous avons vu ailleurs (in fasc. *Communication et réseaux de communications*) que le paralangage avait, dans la relation interpersonnelle, quatre fois plus d'impact que le contenu intellectuel du message. C'est dire à quel point s'appauvrit l'analyse de contenu d'un discours réduit à son écriture.

L'analyse du *paralangage* (attitudes et postures, gestes, ton et timbre de la voix, accents, changements de ton, mimiques, regards, mouvements et tout ce qui accompagne ou remplace le verbal dans la communication orale ***) est récente. Ce sont les psychiatres et les professeurs d'art dramatique qui se sont intéressés d'abord au paralangage, les premiers pour diagnostiquer les états mentaux anormaux, les seconds pour promouvoir les expressions scéniques. Les linguistes l'ignorent.

• *La voix.* Aux U.S.A., H.L. SMITH Jr, 1952, et G.L. TRAGER, 1958 (créateur du mot « paralangage »), ont effectué les premières recherches

* Dans d'autres cas, l'analyse pourra faire apparaître des contradictions sémantiques ou autres dans une image (cf. par ex. in fasc. *Psychologie de la publicité et de la propagande*, exercice 2, cas N° 1).

** En tant qu'image publicitaire, l'affiche draine ces associations sur le maillot à vendre.

*** Il y a aussi un paralangage de l'écriture : style, points d'exclamation, points de suspension, guillemets, soulignés et autres notations du ton.

systématiques sur les phénomènes acoustiques accompagnant la parole. Dans *The first five Minutes* (Ed. Paul Martineau, N.Y. 1960), les psychiatres R.E. PITTENGER et J.J. DANEHY, en collaboration avec le linguiste Ch. F. HOCKETT, ont tenté un repérage et une signalisation des phénomènes de paralangage acoustique présentés par le client au cours d'un entretien clinique. Ils ont codifié minutieusement 20 classes (par exemple : soupirs, voix blanche, voix rauque, variations de rythme, de tonalité, etc..., pp. 195-206) mais ne donnent pas le tableau des significations psychologiques *. Cette recherche, malgré les différences culturelles dont il faudra tenir compte, reste à faire.

• *Les mimiques.* Leur étude a été entreprise en France par le Dr J. GUILHOT (in *La Dynamique de l'expression et de la communication,* Ed. Mouton, 1962)** qui recense toutes les formes du paralangage. Les travaux de prosopologie du Dr ERMIANE (*Psychoprosopologie,* 1re édition, 1959, 6e édition Sabri 1963, 2 volumes) sont les plus utiles dans le domaine de la signification psychologique des mimiques faciales. L'auteur a détaillé ce qu'exprime comme sentiment, émotion ou intention, la contraction accidentelle ou chronique de chacune des 26 paires de muscles peauciers du visage ainsi que leurs combinaisons ; il a pratiquement réalisé sur ce point précis le dictionnaire complet dont a besoin l'analyste.

• *Schéma d'analyse* ***. Il faudrait noter successivement 1) les regards, 2) les mimiques du visage, 3) les mimiques respiratoires, vocales et verbo-motrices, 4) les mouvements de la tête, 5) les mouvements des mains, 6) les attitudes et postures, 7) les mouvements du corps, 8) les discordances entre ces codes et les émotions verbalisées, 9) les discordances entre ces différents codes (et le degré de cette discordance), 10) les discordances entre tous ces codes et le contenu verbo-intellectuel de la communication...

Je prendrai ici un seul exemple, illustratif d'un point de détail : la relation sourire-regard, à propos du portrait de la Joconde. Cet exemple est tiré de l'ouvrage de ERMIANE, BAUDET et GREGORI : *Visages et contacts humains,* Ed. E.S.F., 1969, pp. 160-162.

Commentaires :

A - Le sourire, *légèrement asymétrique, offre quatre significations différentes : 1) sentiment de plaisir (contraction du muscle Grand zygomatique) ; 2) dépendance vis-à-vis d'autrui (contraction du muscle Incisif, partie médiane de la lèvre inférieure qui s'avance) ; 3) il signifie (en contradiction avec ce qui précède) une défensive légère (par la contraction du muscle Orbiculaire interne qui fait rentrer la lèvre supérieure) ; 4) il exprime l'estime de soi, le sentiment de sa propre valeur (contraction légère du muscle Canin qui fait rentrer la commissure droite). Ces quatre sens composent la fameuse ambiguïté de ce sourire, d'une coquetterie à la fois attirante et moqueuse.*

Mais c'est la relation sourire-regard *qui intervient avant tout. Ceci est prouvé par la modification expérimentale du regard.*

B - Le regard. *La figure haut-gauche est le portrait sans retouche aucune. Le portrait haut-droit a été retouché sur un point : disparition de la contraction du muscle Prétarsal qui créait le bourrelet de la paupière inférieure ; le*

* Une revue de l'état de la question est faite par VETTER, *Langage et maladies mentales,* ESF 1971.

** Cf. aussi E. DARS et J.-Cl. BENOIT, *L'expression scénique,* Ed. ESF 1968.

*** Pratiquement il est nécessaire d'avoir un enregistrement au magnétoscope avec possibilité d'arrêt sur les images.

tonus et l'activité (signifiés par ce muscle) tombent aussitôt ; le visage perd son entrain ; le sourire devient une coquetterie empreinte de passivité. Le portrait bas-gauche a été retouché sur un point : décontraction du muscle Releveur de la paupière supérieure ; celle-ci, de ce fait, tombe davantage ; le regard devient plus filtrant, et la coquetterie du sourire se fait plus séductrice. Le portrait bas-droit a été retouché sur un point : contraction plus grande du muscle Releveur de la paupière supérieure ; les yeux paraissent plus grands, le regard plus présent et plus vif, le visage est à la fois plus direct et plus ouvert ; le sourire devient affectueux.

Pour conclure ce chapitre, soulignons que nous sommes loin de disposer de tous les codes nécessaires à une analyse complète du paralangage. Des recherches nombreuses restent à faire dans ce domaine.

■ ANALYSE DE CONTENU DES RÊVES

Etant donné que les méthodes logico-sémantiques de l'analyse de contenu ne s'intéressent qu'au contenu manifeste et qu'elles sont orientées autant que possible vers la quantification, l'analyse de rêve dont il est question ici comme type d'analyse du matériel non-verbal *n'a rien à voir avec la psychanalyse.*

Pratiquement 2 groupes de méthodes existent, les premières utilisant des groupes de comparaison dont la moyenne constitue la norme, ou cherchant la norme (et donc les écarts significatifs) par des calculs intérieurs au matériel disponible,... les secondes cherchant les thèmes et la structure immanente de la production imaginaire. Nous parlerons des secondes à propos d'autres matériels, dans l'exposé 5 et nous nous en tiendrons ici à la présentation des premières.

● *La méthode de HALL et de Van CASTLE.*

Exposée au Symposium de 1967, cette méthode consiste à décomposer le contenu en éléments significatifs, puis à classer ces éléments selon une liste de catégories soigneusement définies. On calcule ensuite la fréquence de chaque catégorie et on compare les résultats avec ceux d'un autre travail, conduit avec la même méthode, effectué sur la production de même nature (ici les rêves) d'un groupe moyen à caractéristiques appariées.

N.B. — *Vous remarquerez la parenté de cette méthode d'analyse avec les méthodes de dépouillement des protocoles de tests projectifs comme le Rorschach, le test de Frustration de Rosenzweig, etc... etc... où les items sont classés dans des catégories, les fréquences catégorielles sont comptées et comparées à des « normes » statistiquement établies par ailleurs. Nous ne pouvons pas passer en revue ici les méthodes d'analyse de contenu des tests projectifs dans le dépouillement des réponses, mais sachez que dans certains tests, les productions imaginaires des sujets testés sont analysées selon des méthodes logico-sémantiques à catégories fixées à l'avance ; d'autres relèvent de l'interprétation* *.

« Le mode d'apparition et la fréquence des catégories indiquent clairement les thèmes caractéristiques, et c'est ce à quoi l'on s'en tient,

* Nous en parlerons ci-dessous p. 108

car ils sont très représentatifs de la personnalité et de l'existence du rêveur » (HALL, *op. cit.*).

Dans *A Study of Franz Kafka* (Univ. of North Carolina Press, 1970), Calvin S. HALL et Richard E. LIND appliquent cette méthode à 37 rêves de Franz KAFKA totalisant 9 000 mots (rêves donnés *in extenso* dans les Annexes de l'ouvrage cité).

Le groupe de comparaison (par abréviation G.C.) comprend 500 rêves fournis par 100 jeunes gens de 18 à 25 ans titulaires de diplômes universitaires. Les auteurs justifient longuement l'appariement de ce groupe de comparaison par rapport aux caractéristiques objectives de KAFKA, âgé de 26 à 40 ans (il mourut à 41 ans) lors de la production de ces rêves.

N.B. — *Contre FREUD, les auteurs pensent démontrer par leurs résultats, que le rêve n'est ni une compensation, ni une coupure par rapport à la vie éveillée de l'individu, ni une expression de son inconscient. « Le rêve exprime les préoccupations réelles, actuelles ou chroniques, du sujet. Il permet d'identifier et de comprendre la signification du comportement quotidien conscient »* (op. cit., *p. 7-8* et passim).

Résultats * :

1. *Catégorie Personnages* (« tout acteur du rêve en dehors du rêveur lui-même, que ce soit être humain, animal, personnage fabuleux ou magique, être de fiction ou groupe... sera dit *personnage* »).

Total : KAFKA : 135 personnages, moyenne 3,6 par rêve ; moyenne du groupe de comparaison G.C. : 2,4 par rêve.

Conclusion : K. est plus préoccupé que la moyenne, par les rapports interpersonnels et par les gens.

Fait singulier : les personnages féminins (même proportion chez K. que dans G.C.) sont masculinisés chez K. (visages virils, habits d'hommes, identification sexuée difficile) ; indice à retenir.

2. *Catégorie Agression* (« toute forme d'hostilité entre deux acteurs, qu'elle soit implicite, verbalisée ou physiquement exprimée sera dite *agression* »).

En chiffre absolu, pas de différence significative entre K. et G.C. (K. 0,41 ; G.C. 0,47). Mais rapportée au nombre de personnages, la différence devient significative à .001 ; 0,18 pour K. ; 0,34 pour G.C.

Conclusion : K. a moins d'agression que la moyenne. Dans ces agressions, quand il y en a, K. est plus souvent l'agresseur que la victime (chez K. : agresseur 0,6,... victime 0,2 ; dans le G.C. : agresseur 0,31,... victime 0,48).

3. *Catégorie sentiments affectifs positifs* (« toute interaction entre deux personnages où la manière d'être est amicale, avec offrande ou don, faveur ou aide, expression d'affection,... sera rangée dans cette catégorie »).

Première conclusion : pas de différences significatives dans les sentiments affectifs-positifs à l'égard des hommes et des fem-

* Les catégories qui suivent ont été construites par les opérateurs après inventaire des unités d'enregistrement. Notez que chaque catégorie est accompagnée de sa définition.

mes, chez K. et dans G.C. (K. : à l'égard des hommes 0,16, des femmes 0,19. G.C. à l'égard des hommes 0,17, à l'égard des femmes 0,2).

Deuxième conclusion selon le rapport entre Agressivité et Sentiments affectifs-positifs :

		Agressivité	Sentiments affectifs-positifs
K.	A l'égard des H. A l'égard des F.	0,11 0,13	0,16 0,19
G.C. réduit aux hommes	A l'égard des H. A l'égard des F.	0,28 0,17	0,17 0,29

On note un croisement normal dans le G.C. (agressivité envers les hommes, affectivité positive envers les femmes) et ce croisement n'existe pas chez K. L'un et l'autre sexe, peut être, pour lui, indifféremment ami ou ennemi. Les attitudes de K. sont indifférenciées à ce point de vue.

4. *Catégorie Succès-Echecs* (définis à partir de l'initiative d'action du rêveur et des résultats de l'action).

Echecs : K. 0,80 ; G.C. 0,86. Pas de différence significative.

Succès : K. 0,56 ; G.C. 0,89. Différence significative à .01 : K. attend le succès beaucoup moins fréquemment que la moyenne.

5. *Catégorie Activité sexuelle.*

Une seule fois dans les 37 rêves analysés. 4 en moyenne dans le G.C. A noter que dans le seul rêve mentionné, le plaisir se mue en horreur car la fille a une maladie de peau dégoûtante.

6. *Catégorie Parties du corps.* Les calculs montrent une préoccupation importante chez K. à propos du corps (0,29 chez K. contre 0,1 dans le G.C.). L'analyse des items de cette catégorie révèle le thème de la défiguration et de la monstruosité dégoûtante du physique nu. Inversement le thème de l'habit est survalorisé.

La suite de l'étude — dont je n'ai donné ici qu'un aperçu — permet d'établir un « profil » de Kafka sensiblement différent de ce qui est habituellement dit sur ce romancier. Il apparaît comme un être agressif-défensif, soucieux de l'opinion d'autrui, ayant honte de son corps et manquant de confiance en soi, n'ayant pas différencié les figures féminines... Finalement Kafka aurait subi l'agression de son père *et de sa mère*, et c'est son rejet par sa mère (plus que le rejet par son père) qui serait à l'origine de ses complexes.

- *La méthode d'analyse des écarts par rapport à une norme interne.*

Supposons que nous cherchions à mesurer, dans un film de violence à plusieurs personnages, l'agressivité de chacun des personnages ; il nous faudra établir la moyenne des agressions * par rapport à toutes les actions et interactions du film. Ceci nous donnera une « norme » de l'agression dans ce film **.

* Catégorie à définir préalablement, comme toujours, avec ses indicateurs associés.
** Cette moyenne permettrait de comparer les films entre eux ou tel film à la moyenne de la vie quotidienne.

Mais pour chaque personnage, on peut aussi établir une norme qui sera le rapport entre le nombre total des interactions agressives qu'il a avec tous les personnages, et le nombre total des interactions, agressives ou non, entre tous les personnages du film, y compris le personnage dont nous nous occupons.

Par rapport à cette norme, la moyenne propre d'actions agressives de tel personnage (rapport entre ses actions agressives et le total de ses interactions avec les autres) prendra une signification.

> Voici une séquence filmée où le total des interactions, agressives ou non, de tous les personnages, est de 161. Le total des actions agressives est de 86. La première moyenne sera donc de 0,53.
>
> Dans ce film, le personnage principal, sur un total de 50 interactions de toutes sortes, effectue 39 actions catégoriées comme agressives. Sa moyenne personnelle est donc de 0,78. Mais la norme est, pour l'étude de l'agressivité propre de ce personnage, le rapport $\frac{39}{161}$, soit 0,25.
>
> De là nous pourrons voir si cette agressivité est orientée significativement vers tel ou tel autre personnage ou type de personnage, ou surgit préférentiellement dans telle ou telle situation. La référence de ces calculs restera 0,25.

En effectuant ces calculs pour chacune des catégories retenues, on pourra faire apparaître les traits significatifs des personnages étudiés. Autrement dit tous les calculs faits précédemment à propos de Kafka par rapport à un groupe de comparaison extérieur pourraient être refaits par rapport à des normes internes aux rêves eux-mêmes.

Conclusion. Le groupe des méthodes logico-sémantiques a, comme on le voit, un vaste champ d'applications. Ce groupe, dans lequel nous avons voulu souligner le rôle de la logique au détriment de la linguistique, constitue à la fois le centre méthodologique et le gros « paquet » des analyses de contenu. Les deux autres groupes dont nous allons nous occuper maintenant nous mettent aux frontières l'un de la linguistique, l'autre de l'herméneutique, ces deux champs étrangers (la linguistique et l'herméneutique) ayant leurs propres méthodes qui ne sont plus des analyses de contenu au sens strict.

Quatrième Exposé

LES METHODES LOGICO-ESTHETIQUES ET FORMELLES D'ANALYSE DU CONTENU

Les méthodes d'analyse formelle du contenu ont ceci de commun qu'elles cherchent à révéler, par l'analyse du « texte », *une caractéristique formelle typique de l'auteur ou du genre de texte*. Elles se rapprochent de certaines analyses linguistiques non traditionnelles dont elles utilisent certaines des techniques. Nous avons vu où se situe la frontière entre analyse linguistique au sens strict et analyse de contenu : c'est celle qui différencie « la langue » et « la parole », au sens saussurien, puisque « la parole » (au sens large) prend en considération *celui qui parle* (ou qui écrit), c'est-à-dire son style, son vocabulaire, ses intentions, ses attitudes, sa personnalité, son idéologie.

Plutôt que de linguistique, c'est de *psycho-linguistique* (étude du langage de tel individu) et de *socio-linguistique* (étude du langage de tel groupe, socio-culturel ou autre) que s'occuperont d'abord ces méthodes. Elles comprendront en outre l'étude des effets de sens et celle de l' « idéologie » des locuteurs.

1 *L'analyse stylistique.*

Nous grouperons sous ce titre général les analyses stylistiques proprement dites et toutes les méthodes qui, par calcul des « écarts » syntaxiques et lexicologiques du discours, permettent une caractérisation de l'auteur (ou du groupe-auteur), celui-ci présentant par ailleurs des traits différentiels objectifs.

Il conviendrait de placer ici les méthodes d'histoire littéraire et de critique historique qui sont utilisées par les spécialistes pour savoir si tel texte apocryphe doit être attribué à tel auteur ou à tel autre, ou pour reconnaître les parties ajoutées par les copistes (et de quelle époque) dans les œuvres antiques *.

De telles recherches supposent que « le style existe indépendamment du texte » et qu' « il affecte tous les textes produits par un même auteur » (P. Henry et S. Moscovici, *art. cit.*).

Une méthode récente a été proposée par J. Roche et appliquée par lui aux discours des candidats à la présidence de la République. Son objectif est de chercher non pas le sens ni les thèmes idéologiques, non pas le vocabulaire typique des auteurs, mais, par une méthode uniquement formelle et quantitative, le fait stylistique proprement dit.

• *Le matériel.* Il comprend le texte des discours, en entier s'ils sont courts (3 ou 4 pages), ou des « échantillons » s'ils sont longs (tirage au sort des pages ou choix des pages avec une table de nombres au hasard, avec décision de prendre les 5 premières phrases des pages ainsi désignées).

• *L'unité de contexte* est la phrase, définie par la ponctuation (le point, les points d'exclamation ou d'interrogation, le point-virgule, les deux-points s'ils sont autrement situés qu'avant ou après une énumération).

• *Les opérations* à accomplir sur chaque phrase sont au nombre de quatre : 1) distribution du vocabulaire en classes morphologiques, 2) analyse syntaxique, 3) procédés d'expression, 4) rhétorique.

1. *Analyse et distribution du vocabulaire.* Ici l'unité d'enregistrement sera le mot, étant convenu qu'un mot contracté vaut 2 unités, de même qu'un mot composé.

1.1. *Dénombrement :* Pour chaque phrase, on détermine le nombre de U (unités d'enregistrement), V (verbes), Q (adjectifs qualificatifs), S (substantifs), AD (adverbes). On doit compter par ailleurs le nombre d'unités de contexte examinées.

1.2. *Calculs :* Nombre moyen des U par phrase, nombre moyen des V, Q, S, AD par phrase, répartition des phrases par classes de longueur (nombre de U), pourcentages des V, Q, S, AD par rapport au total des U, pourcentage des mots-outils obtenu par la formule 100 — (% V + % Q + % S + % AD).

1.3. *Interprétation :* Comparaison des résultats, premières caractérisations du style (dynamique si $V + AD > S + Q$,... descriptif si $S + Q < V + AD$) et de la « période » (longueur moyenne des phrases).

On apprend par exemple que la phrase de de Gaulle est riche en substantifs (près de 50 % des unités d'enregistrement), comptant 3/5e de mots-outils.

2. *Analyse syntaxique.* Le décompte des propositions (au sens grammatical) par phrase, le nombre de subordonnés par phrase et par rapport au nombre de propositions principales, permet de faire des calculs

* Le repérage des différences dans les textes des copies d'un même original permet par des méthodes logiques de déterminer la généalogie de ces copies et de désigner le texte original. Cf. sur ce point la méthode de Dom Froger, *op. cit.* in bibliog.

(coefficient de composition, de subordination et pourcentages afférents). L'interprétation consiste à définir la phrase (longue, courte, faite de tel type de subordonnés, plus ou moins complexe).

On apprend par exemple que la phrase gaullienne est longue ; que 3 phrases sur 5 sont complexes, avec une longue série de subordonnées à prépondérance de propositions relatives ($\frac{2}{3}$ du total, $\frac{4}{5}$ des genres de relatives, plus d'une par phrase).

3. *Recherche des procédés de style.* La quarantaine de calculs à faire permettant de mesurer : a) la fluidité de la phrase, b) son taux de variété par rapport au schéma moyen de l'auteur, c) le taux d'anomalies de construction, etc... est fondée sur le repérage et la caractérisation de la composition de la phrase, au point de vue formel, ainsi que sur la caractérisation de chaque élément (quels types de sujet, de verbe, d'attribut, de circonstances, etc...).

Pour continuer notre exemple, la phrase de DE GAULLE était fluide ; l'auteur affectionnait la construction insolite de l'inversion du circonstantiel, évitait les négations, multipliait les formules d'insistance, employait avec prédilection le « Nous » (au détriment du « Je » et du « Vous »).

4. *Inventaire et décomptes des figures de rhétorique.* Travail qui nécessite une maîtrise peu banale de la rhétorique (il existe en français une centaine de « figures de style », subdivisée en figures de construction, figures de mots ou *tropes,* et figures de pensée) ; cette phase de l'analyse stylistique permet de préciser définitivement la forme et de caractériser l'auteur.

Tout le monde connaît la « figure de construction » appelée *ellipse* où un terme essentiel est sous-entendu *, mais qui connaît l'*anacoluthe* **, ou la *tmèse,* l'*hendiadyn,* la *parataxe* ou l'*épanorthose...* ?

Tout le monde connaît, parmi les « tropes », la *périphrase,* l'*antiphrase,* la *métaphore* ou la très à la mode *métonymie* ***, mais qui connaît la *litote,* la *synecdoque* ou l'*hypallage* ?

Quant aux « figures de pensée », on connaît la *circonlocution,* la *concession,* l'*ironie,* le *sarcasme,* le *paradoxe* et la *digression,* mais plus rares sont ceux qui connaissent l'*épiphonème,* la *métastase,* la *prosopopée* ****, etc...

L'analyse quantitative, après relevé et catégorisation de ces figures, calcule la moyenne de figure par phrase et des figures par rapport à la masse lexicale, à quoi s'ajoute le décompte fréquentiel par figure (par phrase, sur le total des mots, sur le total des figures).

Pour finir sur notre exemple, DE GAULLE bat tous les records par la fréquence des figures (7,8 par phrase et 30 % de la masse lexicale dont 15 % pour les figures de construction, 9 % pour les figures de pensée et 6 % pour les tropes). 15 % du vocabulaire notionnel est chargé d'un sens particulier. Les 5 figures les plus

---

* Ainsi le célèbre vers de RACINE : « *Je t'aimais inconstant, qu'aurais-je fait fidèle ?* ».

** Rupture de construction comme dans ce vers de RACINE : « *Vous voulez que ce Dieu vous comble de bienfaits et ne l'aimer jamais* ».

*** Transfert de sens par changement de catégorie logique comme exprimer le physique pour le moral (*le cœur a ses raisons,...* ou *j'en ai plein le dos*).

**** Comme la formule *La France vous regarde d'un œil attentif.*

fréquentes sont *l'hyperbate** (15 % du total), la *métaphore* (10 %), la *suspension*, *l'apostrophe*, *l'épanalepse* ** et la *prosopopée*.

Le type d'analyse que J. ROCHE renouvelle, ignore, nous l'avons vu, les thèmes. On a l'impression de connaître les schémas du bon pastiche, et on est en droit de renvoyer cette analyse à la linguistique plus qu'à l'analyse de contenu. Cependant elle nous apporte autre chose, dans la mesure où des correspondances sont élucidées entre les modalités du style et les traits de personnalité. Supposons par exemple (*op. cit.* p. 51) que le rapport *Tropes/Masse lexicale* soit, à partir d'un certain taux, révélateur du degré d'ambiguïté-duplicité *du locuteur* définies par opposition à la simplicité-franchise dans la situation du discours, et que l'on puisse établir les valeurs psychologiques de toutes les caractéristiques,... alors la formule quasi-proverbiale attribuée à BUFFON *(le style c'est l'homme)* prendrait un poids scientifique.

L'ANALYSE DES ÉCARTS EN PSYCHO-PATHOLOGIE

Justement les psychiatres, en partant de diagnostics établis par des méthodes cliniques, ont cherché à caractériser le langage des malades en analysant les écarts stylistiques et sémantiques que présentent leurs discours ***.

• *Analyse des écarts stylistiques* « Ce par quoi un langage donné déroge à l'usage commun de la langue pris comme référence,... ce par quoi il s'en écarte qualitativement et quantitativement », est indicatif de la personnalité de celui qui parle et de ses troubles éventuels (P. VOUIN, *art. cité*, 1970).

Les statistiques des linguistes nous donnent, pour chaque langue, les « normes » que représentent les pourcentages de mots pleins et de mots-outils, le « quotient d'action » (rapport nombre des verbes/nombre d'adjectifs ****), « l'indice d'infléchissement » (rapport nombre d'adverbes/nombre de substantifs), les fréquences respectives de tous les mots *****. L'opérateur qui analyse un texte peut donc, en calculant les mêmes rapports, calculer l'écart caractéristique de ce texte.

Parmi les résultats les plus spectaculaires, nous citerons un échantillon des conclusions des analyses stylistiques des langages maniaques ****** et mélancoliques par EISENSON (1963).

« Le maniaque a tendance à parler sans cesse, avec un débit rapide, incorporant au passage de nombreuses remarques incidentes. Le style des énoncés tend à être télégraphique ; les termes de liaison, les participes, les pronoms relatifs sont omis... la présence d'un auditeur sert à stimuler la parole plutôt qu'à stimuler la communication... »

---

* Inversion sur l'ordre normal (figure de construction).
** Reprise d'un mot ou d'un membre de phrase.
*** Sur l'ensemble du problème, cf. VETTER, *Langage et maladies mentales*, *op. cit.*
**** Cf. ci-dessus p. 14.
***** Ce sont d'ailleurs des normes de ce genre qui sont utilisées pour le déchiffrement des messages écrits dans un code secret.
****** La *manie* est un trouble pathologique de l'humeur, caractérisé par l'excitation, la fuite des idées, la perte de distance par rapport à autrui, le passage rapide imprévisible d'une émotion à une autre sans stimulus situationnel justificatif.
La *mélancolie* est aussi un trouble pathologique de l'humeur dans le sens de idées noires, apathie, auto-accusation, insomnie.

« Les mélancoliques ont une parole ralentie et hésitante ; l'intonation suspensive caractérise la fin des phrases. Ils ne cherchent pas à employer un vocabulaire précis ni à faire des phrases élaborées. Les phrases sont peu cohérentes, consistent le plus souvent en une seule proposition. Le vocabulaire est pauvre, les substantifs et adjectifs sont dominants. La syntaxe est stéréotypée-répétitive. »

• *Analyse des écarts sémantiques.* Les auteurs se sont attachés en outre à mesurer les écarts lexématiques, c'est-à-dire à relever tous les lexèmes (ou mots) dont la signification ne coïncide plus avec le « halo sémantique » normal ; ils se sont attachés aussi à ce qui est appelé « le détournement de sens » ou « dissociation sémantique » au niveau des unités de contexte.

C'est naturellement sur les schizophrènes * (parce que leur langage est à la fois très perturbé de ce point de vue et très symptomatique) que ce genre d'étude a été mené d'abord.

Les schizophrènes recourent préférentiellement à des termes abstraits et utilisent les mots en les exhaussant à un niveau d'abstraction plus élevé. Les halos sémantiques s'élargissent jusqu'à interférer, au point de susciter une certaine confusion dans le choix des signifiants adéquats. Le *paralogisme* ** apparaît comme le produit final de cette orientation. Même des pronoms démonstratifs, des verbes (comme *faire*), des mots ordinaires *(bon, truc, terrible)* sont l'objet d'une *désémantisation.* A cela s'ajoute une dissolution de leur composante émotive, au profit d'un cortège de sentiments vagues et indistincts, dits d'atmosphère. Les mots habituellement « émotionnels » deviennent affectivement neutres et comme détachés (cf. P. VOUIN, *art. cité,* 1970) ***.

■ RECHERCHE DU LANGAGE COMMUN A PLUSIEURS PERSONNES

De même qu'on a cherché ce qui était linguistiquement caractéristique des sujets atteints de telle maladie mentale, de même on a cherché le langage typique de telle maladie physique (ainsi B. RIME et M. BONAMI, à Louvain, ont-ils cherché les patterns de personnalité de 20 patients atteints d'infarctus du myocarde,... en faisant l'analyse de contenu de leurs interviews non-directifs ****).

On a cherché aussi les styles de raisonnement-menant-à-une-conclusion (E.S. SHNEIDMAN, au Symposium de 1967, *op. cit.*), les styles différentiels des savants (ainsi Ann ROE a montré en 1961 que les chercheurs en sciences sociales travaillent, comme les théoriciens de la physique, avec des *images verbales,* alors que les chercheurs en biologie et en sciences expérimentales travaillent avec des *images visuelles*).

En analysant les documents (traduits et approuvés) provenant des réunions du Conseil de Sécurité, on a montré (E.F. GLENN, 1966) la différence de « mentalité » des Français, des Anglais et des Russes, en se servant des méthodes d'analyse linguistique et sémantique *****.

* La *schizophrénie* est une maladie mentale grave (psychose) caractérisée par la rupture du lien avec le réel et autrui, le repli sur soi, la dissolution plus ou moins grave du moi.

** Raisonnement juste dans sa forme mais faux par suite de la non-adéquation des mots à une réalité précise.

*** On consultera aussi Luce IRIGARAY, *Approches d'une grammaire d'énonciation de l'hystérique et de l'obsessionnel,* in Rev. *Langages* 5, ainsi que son livre *Le langage des déments,* Ed. Mouton, 1973, et Th. HERBELLEAU, *Essai d'approche linguistique du langage d'un hébéphrène,* thèse Méd. Bordeaux 1969 + Bibliog.

**** Les auteurs ont constaté par ex. l'existence de 2 sous-ensembles très nets, cf. *art. cité.*

***** Les Français sont orientés vers les acteurs individuels, les Anglais vers les cas et les situations, les Russes vers le déterminisme et le fatalisme. Ainsi des zones importantes de connotations ne sont ni traduites ni comprises par les co-signataires d'un même texte.

2 *L'analyse de la communication entre plusieurs personnes.*

De l'analyse de structure formelle des langages individuels ou communs aux membres d'un groupe, on passe à l'analyse de l'interaction verbale.

■ ANALYSE DES CONTENUS D'INTERACTION

A partir du texte complet d'entretiens (ou mieux d'enregistrements magnétoscopiques), G. PSATHAS (communic. au Symposium de 1967, *op. cit.* pp. 437-458) se propose de repérer non seulement *ce* que se communiquent les interlocuteurs, mais aussi *comment* ils communiquent *.

Nous avons longuement détaillé ailleurs (cf. Séminaire *Communication et réseaux de communications*) les difficultés de l'inter-compréhension, car, outre les « bruits » divers que constituent les attitudes et les multiples filtrages ou déformations, les significations renvoient aux cadres de références de chacun des deux sujets, et leurs « univers » coïncident plus ou moins.

• *Dans le cas le plus favorable,* les répertoires coïncident. Dans ce cas particulier, le « langage commun » vient de ce répertoire (dont on peut faire un dictionnaire ou un thésaurus), de l'habitude des situations référentielles, de la connaissance des rôles respectifs fixés et mutuellement acceptés.

Aussi simple que paraisse ce cas, son analyse est fructueuse puisqu'elle révèle les conditions de la « bonne entente » et du « bon moral ».

• *Dans les cas plus courants* où la communication n'est pas entièrement satisfaisante, l'analyse du langage commun à *n* personnes suppose :

1. *L'identification claire et objective des personnes en présence,* car la compréhension du cadre de référence est facilitée par la connaissance des caractéristiques d'âge, de milieu d'éducation, de sexe, de

* Nous sommes donc assez loin, avec ce type d'analyse, de ce que BALES a proposé pour analyser les interactions dans un groupe. Nous avons vu ailleurs (cf. Séminaire *La dynamique des groupes,* 8e éd., pp. 70-72), la tabulation de BALES ; elle catégorise des attitudes. A ce titre, d'ailleurs, elle est une analyse de contenu par catégorisation pré-établie.

milieu socio-professionnel, d'habitat ancien et actuel, des conditions d'existence, du statut social et économique, du système des relations sociales et des groupes d'appartenance-référence, etc... etc... PSATHAS recommande la constitution d'un premier « Dictionnaire » (les dictionnaires d'identification personnelle).

2. *La connaissance des rôles et des conduites de rôle.* Dans le cas de l'analyse de contenu d'un entretien thérapeutique par exemple, le répertoire des conduites du thérapeute n'est autre que la somme de ses « tactiques » (d'où le dictionnaire des tactiques du thérapeute).

3. *La connaissance des champs sémantiques des mots-clés* (Dictionnaire du contenu psychologique), en élaboration continue.

L'analyse de la communication dyadique, par l'examen et le classement du contenu selon les deux premières dimensions, nous permet de progresser dans la troisième, à condition (et c'est là l'originalité de l'auteur) que les deux aspects premiers soient *a priori* repérables grâce à des grilles purement linguistiques.

Cependant ce système de codage ne nous donnera que le *vocabulaire commun,* les degrés de congruence ou de différences des « répertoires ». Autre chose est l'analyse de structure de la communication dyadique.

■ L'ANALYSE DE STRUCTURE DE LA COMMUNICATION DYADIQUE

Nous avons donné ailleurs (fasc. *Psychologie de la vie conjugale*) les méthodes de l'analyse de structure de la communication, dans le cadre d'une approche transactionnelle.

Selon P. WATZLAWICK, J. HELMICK-BEAVIN et D. JACKSON (in *Une logique de la communication,* Ed. du Seuil, trad. 1972), l'opérateur ne doit pas s'intéresser au contenu conceptuel ou historique des échanges, mais au type d'intervention *par rapport à l'intervention de l'autre ;* l'opérateur doit définir par des critères *formels* chaque intervention dans ce contexte, et découvrir la structure de la relation (son schéma).

Voici un exemple où M est le mari, F l'épouse. C'est un couple de jeunes mariés.

	ANALYSE FORMELLE
L'interviewer : Comment avez-vous fait pour vous rencontrer parmi les centaines de gens que l'on croise chaque jour ?	
M. : *Eh bien, c'est-à-dire que... nous travaillions tous les deux au même endroit. Ma femme travaillait sur une machine à calculer, et je réparais les machines à calculer, et...*	M. prend la parole le premier et F. le laisse faire. Il démarre lentement et présente un résumé de toute l'histoire, faisant appel à une sorte de logique (rencontre inévitable) où il est discrètement supérieur (il est le technicien-réparateur, elle est simplement utilisatrice à poste fixe)

F. : *Nous travaillions dans le même bâtiment.*

F. réagit immédiatement à cette manière de présenter et rétablit l'information à sa manière, dans une égalité complète du milieu de travail. Son énoncé est rapide et net.

M. : *Elle travaillait dans une Maison possédant de grandes installations, et j'y travaillais presque tout le temps parce qu'il y avait de grandes installations. Et c'est comme ça que nous nous sommes rencontrés.*

M. ne veut pas laisser le dernier mot et reprend le tout en corrigeant discrètement sous couvert d'acceptation de la formule de F. (en effet, il se présente comme technicien ayant plusieurs Maisons à dépanner). Sa phrase finale montre qu'il n'y a plus rien à dire.

F. : *Des filles qui travaillaient là nous ont présentés.*

F. ne peut supporter ni de ne pas avoir le dernier mot ni que son mari affiche une quelconque supériorité. Son intervention (énoncé court et net comme précédemment) fait éclater le point final de M. et apporte un renouvellement complet. L'initiative a été en fait prise par un groupe auquel elle appartient (« Des filles » sujet de la proposition).

M. : *En réalité, nous nous sommes rencontrés à une réception, je veux dire que nous avons commencé à sortir ensemble en allant à une réception que donnait une des employées. Mais nous nous étions déjà vus avant, pendant le travail.*

M. accepte l'intervention « des filles » mais reprend l'initiative pour rectifier. Son « en réalité » fait paraître l'énoncé de F. comme une contre-vérité. Après un semblant de concession, il conclut par un retour à sa version antérieure.

F. : *Nous ne nous étions jamais rencontrés avant ce soir-là* (elle rit légèrement).

F. porte un coup direct par la négation pure et simple de l'opinion de M. Elle contredit expressément sur un ton paisible. Son rire montre sa satisfaction de ce coup qui a de quoi désarçonner M., et il est aussi une dérision de M. (rétorsion de son « en réalité »).

M. (à voix très basse) : *Hem...* (longue pause).

M. est effectivement « sonné » et sa « récupération » n'est pas rapide *.

* La suite de ce dialogue, qui est assez longue, se trouve in *Psychologie de la vie conjugale*, exercice pratique n° 7.

3 *L'analyse des procédés du discours.*

L'interaction dyadique incite à chercher la structure psychologico-linguistique. D'autres formes de textes invitent tout naturellement à la recherche de leur structure esthético-linguistique.

■ L'ANALYSE DES EFFETS NARRATIFS

Le cas le plus simple est l'analyse des double-sens et autres amphibologies au niveau des mots. Un bon exemple nous est fourni par le linguiste Pierre GUIRAUD (dans *Le jargon de Villon ou le gai savoir de la coquille,* Ed. Gallimard, 1968) qui découvre trois « lectures » possibles des *Ballades* du poète-voyou VILLON (1489), écrites en argot et avec des « coquilles » qui ne sont pas dues au hasard. Du fait de trois sens dans les mots-clés de ces textes, on peut y lire soit des vantardises de voleurs, soit des blagues de tricheurs aux jeux de cartes, soit des exploits obscènes de pédérastes.

Mais nous en sommes alors à des « jeux de mots » (dont certains exigent une « clé », ce qui est de l'ordre de la *traduction*). D'un autre genre relève l'analyse formelle, le double signifié provenant alors d'un procédé à la fois linguistique et structural.

Violette MORIN (art. cit. in *Communications,* n° 8) cherche par exemple, par analyse formelle du contenu, ce qui fait rire dans l'histoire drôle. Collationnant 180 blagues courtes où le rire se déclenche sur un effet de sens, elle montre que toutes ces histoires sont réductibles à une séquence articulée en 3 fonctions : 1) une fonction de position de la situation, mettant en place les personnages et le décor, 2) une fonction d'enclanchement qui introduit une question ou une problématique permettant la disjonction future, 3) une fonction de « disjonction »* qui constitue l'issue-surprise et fait le comique de l'histoire. Cette disjonction peut être *sémantique* ou *référentielle.*

> Exemple de disjonction sémantique : *Deux invités se retrouvent sur la terrasse après la réception mondaine. Le premier dit : « Quel repas magnifique ! quels vins ! quel décor ! Et ces toilettes !... Avez-vous vu les toilettes ? ». — Le second : « Non, pas du tout ». — Le premier, interloqué : « Comment ça ? ». — Le second : « Je n'y suis pas allé ».*
>
> La première fonction va jusqu'à la fin des exclamations. La seconde est dans les deux questions successives. La disjonction sémantique introduite subrepticement par la question, éclate dans la réponse. Elle joue sur le double-sens de *toilettes.*
>
> Exemple de disjonction référentielle : *La femme est au volant, le mari à ses côtés. La femme : « Ah ! ces piétons ! ». — Le mari : « D'accord, chérie, mais descends du trottoir ».*
>
> La disjonction n'est pas ici sémantique (double-sens) mais changement brusque de contexte référentiel.

L'analyse peut même aboutir à des classifications plus fines (cf. Exercice 5).

---

* De rupture, de changement brusque, survenant dans une unité de signification.

L'ANALYSE LOGICO-ESTHÉTIQUE DU RÉCIT

Le squelette formel du récit ou du roman est susceptible d'être découvert par l'analyse littéraire lorsque celle-ci, armée de la méthode d'analyse structurale, en cherche les articulations logiques et le schéma de construction, à travers le contenu.

> Pour ne citer qu'un exemple amusant, Umberto Eco (in « Le cas James Bond », Rev. *Communications, ibid.*), applique cette méthode aux romans policiers de FLEMING, et découvre qu'ils sont autant de variantes d'un schéma invariant en 9 phases : 1) le grand patron envoie James Bond en un point du globe éventer un plan diabolique du genre science-fiction ; 2) Bond rencontre « le Méchant », individu monstrueux aux origines ethniques incertaines qui fait le jeu des ennemis de l'Occident ; 3) Bond inflige un premier échec au Méchant ou subit un premier échec ; 4) Bond fait la connaissance d'une femme extraordinaire qui vit sous la coupe du Méchant ; 5)Bond libère cette femme de son passé en établissant avec elle un rapport érotique ; 6) le Méchant capture Bond (avec ou sans la femme) ; 7) Le Méchant torture Bond (avec ou sans la femme) ; 8) Bond défait le Méchant qui meurt d'une façon horrible ; 9) Bond se repose de ses dures fatigues dans les bras de la femme qu'il est destiné toutefois à perdre.

Dans l'analyse des effets narratifs comme dans l'analyse logico-esthétique d'un récit, le résultat semble être la découverte d'un procédé. Sous des habits variables, avec des contenus apparemment contingents, une même forme est révélée. C'est la même impression que laissent les autres genres d'analyse formelle.

L'ANALYSE DES TRANFORMATIONS JOURNALISTIQUES DE L'INFORMATION A DES FINS COMMERCIALES

Analysant comment un journal transforme une information brute pour en faire une histoire « à sensation » pour son public, Albert KIENTZ (*op. cit.*, pp. 104 et suiv.) distingue 8 opérations regroupées en 2 catégories : les filtrages et les injections.

> *Les filtrages :* 1) élimination du banal pour garder l'originalité ; 2) élimination de l'abstrait pour accroître l'intelligibilité ; 3) élimination de la distance pour donner l'illusion de la proximité psychologique ; 4) élimination des mobiles superficiels ou des éléments apparents pour garder ou accentuer l'impression de profondeur psychologique.
>
> *Les injections :* 1) redondance ; 2) personnalisation ; 3) coloration émotionnelle ; 4) (éventuellement) laisser entrevoir une perspective idéologique.

L'auteur reconnaît que « une fois la recette connue, il devient possible de produire en série des articles similaires ». Il s'agit bien d'un « canevas quasi-immuable ».

C'est par le même genre d'analyse que A. MOLES a détecté ce qu'il appelle « la structure *kitsch* » * des romans-photos.

---

* Le *kitsch* c'est à la fois l'artificiel, le pseudo-art et la satisfaction des besoins de consommation fabriqués par la publicité. Cf. A. MOLES, *Psychologie du kistch*, Ed. Mame 1971.

■ L'ANALYSE DES TRANSFORMATIONS JOURNALISTIQUES DE L'INFORMATION A DES FINS DE PROPAGANDE

La liste de tous les procédés de l'information tendancieuse n'est certainement pas close. Ils intéressent la publicité, les *public-relations* et la propagande politique *.

Voici, à titre illustratif, un premier ensemble de procédés de l'information tendancieuse, relevés dans les *mass media* d'aujourd'hui et utilisés à des fins politiques.

D'une façon générale rappelons 1) que le procédé doit rester *invisible*, sous peine de déclencher l'*effet boomerang* (qui consiste à provoquer une opinion réactionnelle inverse de celle que voulait suggérer le manipulateur), 2) que l'information tendancieuse doit rester *crédible*, ce que l'on assure, soit par les caractéristiques personnelles de l'informateur soigneusement dépouillé de toute motivation personnelle (témoin objectif, personnalité ayant une autorité morale acquise dans d'autres domaines, religieux par exemple, homme ou femme de la rue auxquels le spectateur-lecteur peut s'identifier, etc... etc...), soit par la connaissance des habitudes de penser du groupe-cible, soit par la présentation de « preuves » matérielles (photos, lettres, débris, enregistrement, etc...), soit en présentant l'information comme l'explication rationnelle d'une situation problématique.

Quelques procédés classiques :

1. La sélection des informations, une à une vraies mais choisies dans une même intention, et dont l'accumulation orientée crée un effet nouveau.
2. Une demi-information, vraie dans cette partie mais amputée de l'autre partie.
3. Le mélange bien dosé d'informations vraies et d'informations tendancieuses absolument fausses : la vérité des unes fait passer les autres pour vraies.
4. Le commentaire « orienté » changeant la signification d'une information vraie.
5. Le contexte « orienté » changeant le sens d'une information vraie.
6. L'information incidente tendancieuse donnée sans paraître y attacher d'importance dans le cours d'une information générale ayant un objet tout autre.
7. Grossissement d'une information mineure favorable.
8. Répartition inégale de la longueur et de la mise en valeur de deux informations complémentaires, au bénéfice de celle que l'on veut promouvoir.
9. « Habillage » d'une information tendancieuse avec un fait réel auquel on « fait dire » ainsi autre chose que ce qu'il dit.
10. Nouvelle tendancieuse absolument fausse pour la vérification de laquelle le lecteur-auditeur ne dispose d'aucun moyen.

---

* Cf. aussi fascicule *Psychologie de la publicité et de la propagande.*

L'opérateur chargé d'analyser les procédés à travers des contenus cueillis dans les *mass-media* (journaux d'opinion, informations télévisées, propagande clandestine à l'occasion de présentations diverses telles que films, reportages, etc...) doit éviter la fascination du contenu comme tel et penser d'abord aux effets psychologiques de l'information à analyser. « *Nous ne parlons pas pour dire quelque chose* » écrivait GOEBBELS, le maître de la propagande politique, « *mais pour obtenir un certain effet* ».

4 *L'analyse de discours*

Nous avons vu ci-dessus (cf. p. 25) que des linguistes, refusant l'anathème de SAUSSURE contre la « parole » (hors de toute possibilité de formalisation scientifique, selon SAUSSURE, parce que marquée par la psychologie du locuteur), se sont intéressés au « discours » (au sens, justement, de *texte produit par quelqu'un en situation de communication interpersonnelle).*

Après les formalistes russes, l'école de Genève avait délibérément promu une linguistique centrée sur les fonctions d'expression (phénomènes émotionnels, subjectifs, individuels), et s'intéressant à *l'énonciation* (production du discours) d'une part, d'autre part à la relation du discours au groupe social auquel il est destiné, fondant par là la psycholinguistique et la socio-linguistique.

Avec S.Z. HARRIS *, l'analyse du discours prend corps dans la perspective du distributionnalisme américain. L'objectif est de déterminer, par une analyse spéciale du discours, les *attitudes psychologiques* de son producteur.

Le moyen est la notion de « classe d'équivalences » : en transformant linguistiquement les énoncés multiples sans changer leur sens (réduction et formalisation du discours), on fait apparaître des formules-clés ou *constantes* qui ne sont autres que des attitudes. Une « classe d'équivalences » est constituée par les éléments ** qui, après transformation ***, apparaissent comme se référant à des situations identiques ou semblables. On en arrive à des « propositions de base » qui sont les matrices des phrases prononcées. A ces propositions correspondent des « comportements non-linguistiques », c'est-à-dire des idées et des prises de position sur le problème considéré (référent).

* In *L'analyse du discours* (1963). Cf. aussi J. DUBOIS et J. STUMPF, *L'analyse du discours*, in *Langages*, n° 13, 1969.
** Le découpage du texte se fait, ici, en unités larges de contexte.
*** On voit ici l'usage particulier que fait HARRIS de la grammaire transformationnelle et de ses règles.

« Il y a, dans presque tous les textes, des passages où certaines classes d'équivalences se répètent, dans les phrases successives, en un schéme caractéristique » (HARRIS, art. in *Langages* 9).

Prenons pour exemple deux extraits de presse * en date du 8 octobre 1973, l'un du journal *L'Humanité*, l'autre du *Figaro*, relatifs au déclenchement de la 4e guerre israélo-arabe.

1. Texte de *L'Humanité : « Le fait que, dès hier, la VIe Flotte américaine, qui mouillait au large des côtes de la Grèce, ait appareillé en direction du Proche-Orient, souligne combien le conflit risque d'avoir des répercussions dangereuses pour la paix du monde. Ainsi l'absence d'un règlement pacifique au Proche-Orient est gravement préjudiciable pour tous les pays... La propagande israélienne a beau parler « d'agression arabe », le fait incontestable c'est qu'au Sinaï, les Egyptiens sont chez eux et que sur les hauteurs du Golan, les Syriens sont en Syrie... Quelle que puisse être l'issue des combats en cours, elle n'atténuera vraisemblablement pas la nécessité d'une solution politique »*.

2. Texte du *Figaro : « Une initiative peut être imposée par ceux-là même qui apparaîtront aux yeux de tous comme d'innocentes victimes alors qu'en réalité ils auront placé leur adversaire dans l'obligation d'agir. C'est l'hypothèse du piège dans lequel les Egyptiens notamment seraient tombés lorsqu'ils ont franchi le canal de Suez et se sont comportés du même coup comme des agresseurs. Le savoir-faire bien connu des Israéliens dans ce genre d'opération, le souvenir des procédés utilisés par eux en 1967, l'indiscutable talent dont ils font preuve dans l'exécution des projets les plus sophistiqués élaborés dans le secret le plus absolu, donnent beaucoup de vraisemblance à la thèse selon laquelle le Président Sadate a été placé dans la posture de l'agresseur en attendant de subir une défaite militaire de première grandeur »*.

ANALYSE DU TEXTE 1 : Succession des unités transformées : *la VIe Flotte américaine a été mobilisée dès hier / elle se rapproche du Proche-Orient / Ce fait crée un risque de guerre internationale / L'état de guerre au Proche-Orient est un risque international / L' « agression arabe » est un slogan de propagande israélienne / En réalité les Egyptiens et les Syriens rentrent chez eux ** / Une solution politique doit être nécessairement recherchée.*

A leur tour ces unités se regroupent autour de 3 noyaux : A) *Les Américains assument délibérément le risque d'une guerre internationale //* B) *Les Etats arabes ne sont pas les agresseurs //* C) *Une solution politique est nécessaire. //*

Transformons, pour prouver ces trois classes d'équivalences, les formulations déjà transformées :

A) Les quatre premières unités, prises comme contexte de chacune d'elles, se transforment ainsi : 1) *La mobilisation de la VIe Flotte américaine en direction du Proche-Orient est une responsabilité américaine dans l'internationalisation du conflit /* 2) *Le mouvement de la VIe Flotte vers le Proche-Orient est un risque d'internationalisation du conflit /* 3) *Ce fait crée un risque d'internationalisation du conflit /* 4) *La guerre au Proche-Orient est un risque de guerre internationale,...* ce qui fait apparaître nettement leur équivalence. Le quatrième énoncé sert de transition vers la seconde classe d'équivalences.

---

* Parus simultanément dans *Le Monde* du 9 octobre 1973, page 9.
** Notez que la phrase du Ministre Français des Affaires Etrangères (M. JOBERT) du 8 octobre (« *Est-ce que tenter de remettre les pieds chez soi constitue forcément une agression imprévue* ») est une autre variante de la même unité transformationnelle.

B) Les deux unités B (qui déjà résultent de la transformation de 3 unités du texte) se redistribuent linguistiquement ainsi : 1) *Les Arabes sont présentés comme agresseurs par la propagande israélienne,* i.e. *ils ne sont pas en fait les agresseurs* / 2) *Les Arabes rentrent chez eux,* i.e. *ils ne sont pas par conséquent les agresseurs,...* ce qui démontre encore l'équivalence.

C) La dernière phrase est seule dans sa classe : *Appel à la solution politique (contre les agresseurs) pour éviter la guerre internationale.*

Les classes A et B peuvent, par transformation, se rejoindre dans la formule suivante : *Les Américains et les Israéliens sont les fauteurs d'un conflit qui risque de devenir international,* la classe C devenant, *il faut leur opposer une solution politique.*

Ainsi réduit grâce à une série de transformations tenant compte du contexte, l'article révèle avec précision démonstrative l'idée-mère de son auteur, le schème caractéristique que toutes ses phrases développent.

.. ..

ANALYSE DU TEXTE 2 : Succession des unités transformées : *L'hypocrisie consiste à obliger l'autre à se conduire en agresseur de façon à apparaître soi-même comme victime innocente / Le piège consiste à obliger les Arabes à se comporter en agresseurs / Les Israéliens sont passés maîtres dans la préparation de pièges de ce genre / Le Président Sadate est tombé dans le piège / Il apparaît comme l'agresseur / Il va subir une défaite militaire /.*

La réduction par séries de transformations nous livre ici une classe d'équivalence unique dont la formulation est la suivante : *L'hypocrisie bien connue des Israéliens leur a fait tendre un piège aux Arabes qui en sont aujourd'hui les victimes naïves.*

Par le même procédé que précédemment, on fait apparaître l'attitude de l'auteur de l'article, l'idée (opinion-prise de position) unique dont l'article est la paraphrase.

On pourrait naïvement *comparer* les deux opinions *, celle de *L'Humanité* et celle du *Figaro :* un postulat leur est commun : *les Arabes ne sont pas les agresseurs.* A ce noyau identique qui fait l'unité idéologique des deux auteurs (et des deux tendances), le rédacteur de *L'Humanité* ajoute *la mise en cause immédiate des Américains, présentés comme ennemis de la paix universelle ;...* le rédacteur du *Figaro* ajoute *une haine personnelle pour les Israéliens « hypocrites et piégeurs ».*

Pour conclure ce chapitre, je soulignerai les différences qui apparaissent entre l'analyse stylistique de J. ROCHE par exemple et celle de S.Z. HARRIS et de ses disciples **. On va d'une approche quantitative des textes à une recherche de la personnalité ou de l'idéologie du locuteur, par des voies purement linguistiques. Mais dans l'analyse de discours présentée ici en dernier, *le sens* est réintégré avec une telle valeur (même si les tenants de la méthode refusent de l'avouer) que cette méthode se trouve pratiquement apparentée aux méthodes logico-sémantiques.

---

* Si l'on s'en tient arbitrairement aux extraits présentés par le journal *Le Monde*, mais ceci n'a qu'une valeur d'illustration de la méthode.

** Cf. la Revue *Langages* 1971 n° 23, *op. cit.* et les auteurs de ce numéro.

Cinquième Exposé

LES METHODES D'ANALYSE SEMANTIQUES ET STRUCTURALES

La différence essentielle entre ces méthodes et celles que nous venons de passer en revue, consiste en ceci qu'elles cherchent à dépasser le contenu manifeste explicite et à atteindre, par une analyse *au second degré* pour ainsi dire, un sens implicite, non-immédiatement donné à la lecture.

Moment délicat, car nous sommes, comme je l'ai déjà dit, dans un domaine frontière avec l'herméneutique, science du déchiffrement des énigmes et symboles, art de l'interprétation.

La frontière est, à mon avis, assez repérable malgré quelques zones floues : *nous ne sommes plus sur le territoire de l'analyse de contenu dès qu'il y a besoin d'une clé d'interprétation, clé extérieure et antérieure au « texte » à analyser.* Quelle que soit la valeur de la construction des clés, leur application au texte en vue d'une exégèse interprétative représente un tout autre ensemble de méthodes que nous avons convenu de réserver à l'herméneutique.

Ceci nous oblige à nettement distinguer le sens implicite et le sens caché, l'analyse de contenu et l'interprétation.

Deux pistes nous permettent de rester dans le texte manifeste tout en allant plus loin que le sens immédiat-explicite : la recherche des connotations et la recherche de la structure de signification.

Connotation et *structure* restent cependant des notions complexes ; au lieu de leur consacrer un exposé spécial, je préfère vous montrer à l'occasion de telle ou telle méthode concrète, comment l'auteur de cette méthode conçoit les connotations ou la structure.

1 *L'analyse des connotations.*

A côté du sens du dictionnaire, existe pour tous les mots une auréole de sens multiples provenant du retentissement de ces mots, et de leurs sonorités mêmes, dans des zones plus obscures de la conscience. La dénotation (sens du dictionnaire) s'oppose à la connotation qui est ce retentissement, ensemble « ouvert » par rapport à la dénotation qui, elle, est close.

■ LE DIFFÉRENCIATEUR SÉMANTIQUE D'OSGOOD.

Une première définition de ces connotations est qu'elles représentent le retentissement *affectif* du mot et l'ensemble de ses *valeurs* à un niveau vécu-non-réfléchi.

C.E. OSGOOD (en collaboration avec P.H. TANNENBAUM et J.G. SUCI) publia en 1957 aux U.S.A. un ouvrage intitulé *The Measurement of Meaning* (la mesure de la signification) où il décrit un instrument de mesure des connotations. OSGOOD en avait émis l'idée dès 1952.

● *Théorie de la signification selon OSGOOD.* Pour cet auteur, la signification d'un mot n'est pas son sens dénotatif lexical, c'est l'ensemble des réactions émotionnelles et comportementales qu'il provoque. Le mot en effet s'est trouvé associé dans l'apprentissage personnel ou l'expérience vécue, à des *impressions* *.

La signification réelle d'un mot (et spécialement d'un mot chargé de valeur) ne peut se définir que par la position (ou situation) de ce mot dans un « espace sémantique » à *n* dimensions.

Restent à trouver les « dimensions » de tout espace sémantique. Pour éviter la multiplicité quasi-infinie de ces dimensions, les auteurs utilisèrent la méthode factorielle à partir d'une quantité de sujets répondant sur une quantité de « concepts », et mentionnant leurs « impressions » sur des échelles bi-polaires (*bon-mauvais, chaud-froid, rugueux-lisse, fort-faible, rond-anguleux,* etc..., etc...).

Trois facteurs essentiels se dégagèrent de l'analyse factorielle :

— Valeur (*bon-mauvais, beau-laid, gentil-méchant, juste-injuste,* etc...).

— Puissance (*fort-faible, dur-mou, lourd-léger,* etc...).

— Activité (*actif-passif, tendu-relâché, rapide-lent, chaud-froid,* etc.).

Si tel mot — par exemple *Serpent* — déclenche chez tel sujet des réactions-impressions de peur-fuite, ces réactions-impressions peuvent être captées par des « échelles » d'adjectifs bi-polaires proposés au sujet. Si tel autre mot — par exemple *Femme* — provoque chez

* Dans le séminaire *Les complexes personnels* (page 10 et exercice 1), nous avons vu le « test des associations de mots » de JUNG ; les réactions personnelles à certains mots (signes de connotations affectivement chargées) sont indicatives de « complexes personnels ». OSGOOD se place à un niveau général.

le même sujet sur les mêmes échelles (sans que le sujet s'en rende compte) des notations sémantiques équivalentes, on aura la preuve qu'il y a « similitude de signification connotative ». Inversement on pourra mesurer tout « écart » sémantique (ou connotatif) entre deux concepts chez un même sujet ou entre des groupes de répondants.

• *La méthode.* On prépare des échelles bi-polaires en 7 points chacune et on demande à l'individu interrogé, de « situer » sur chacune des lignes le concept désigné, et cela en se laissant aller à ses impressions. Chaque ligne représente une échelle et les deux adjectifs antithétiques sont à chacun des deux pôles. Ces adjectifs se distribuent selon les trois dimensions sémantiques prévues : Valeur, Puissance, Activité, en proportion égale. Ils doivent être choisis en rapport avec le champ sémantique supposé du concept et leur liste n'est pas limitée. Sur chaque ligne, il y a 7 points d'évaluation ou 7 cases : + + +, + +, +, zéro, +, + +, + + +.

Voici à titre d'exemple le résultat comparé des significations (au sens d'OSGOOD, c'est-à-dire des connotations ou réactions affectivo-comportementales) des deux mots ORANGE et PAMPLEMOUSSE dans un groupe de 20 sujets européens :

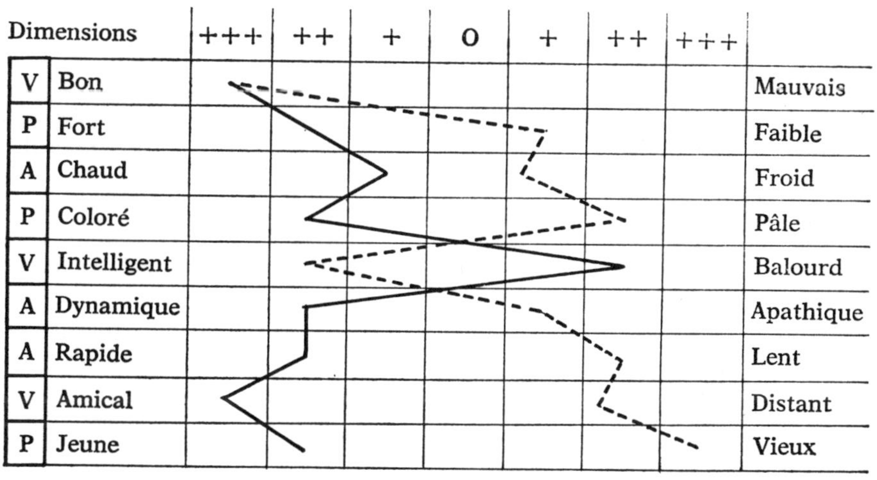

——— ORANGE
------ PAMPLEMOUSSE

V critère de valeur
P critère de puissance
A critère d'activité

L'expérience révèle une différence sémantique nette entre ces deux représentations dans le groupe étudié : l'orange est, pour le groupe interrogé, un « être » chaud, vif, gai, généreux, dynamique, amical et jeune ; le pamplemousse, au contraire, un « être » vieux, lent, replié sur soi, intellectuel. On voit là ce que la publicité appelle « la personnalité des produits de consommation » * :

• *La différence entre deux profils sémantiques* est mesurée par la formule

$$D = \sqrt{Sd^2}$$

* Cf. *Psychologie de la publicité et de la propagande*, Exposé 2 et exercice 3.

c'est-à-dire : la différence de signification est égale à la racine carrée de la somme des carrés des différences par échelle.

Plus D est petit, plus les « concepts » sont dits « congruents » (ils coïncident, s'identifient l'un à l'autre au niveau des réactions affectivo-comportementales).

• *Le différenciateur sémantique a de nombreuses applications.* Passant en revue ces applications, A. MOLES (in *La diffusion de la différenciation sémantique en France,* art. in International Review of applied Psychology, 1970, n° 2) cite :

— l'analyse de la force connotative comparée, dans l'évaluation des affiches et des images de marque,

— l'estimation de l'aspect esthétique * d'un message (A. MOLES),

— la classification de matériels non-verbaux (ex. la musique, selon FURSTOSS),

— la valeur des méthodes scientifiques (DREVET),

— les perceptions de différents groupes culturels (GRUNWALD),

— la mesure de l'acculturation (BASHI), etc...

Dans la recherche publicitaire, la méthode est utile à plusieurs étapes de cette recherche.

• *Application à un problème de psychopathologie : le suicide des jeunes.* P. MOUREN, A. TATOSSIAN, G. BLUMEN et P. GUIN (in *Annales médico-psychologiques,* Paris, 1966, n° 1) appliquèrent le différenciateur sémantique d'OSGOOD à un groupe de jeunes ayant accompli une ou plusieurs tentatives de suicide (G.T.S.) et à un groupe de contrôle (G.C.) de sujets normaux appariés.

Dix concepts étaient retenus comme porteurs probables des différences d'Univers de ces groupes (et donc sémantiquement différentiels) : *vie, mort, père, mère, amour, moi, enfant, société, sécurité, maladie.*

Neuf échelles furent prévues : 1) (dimension Valeur) *bon-mauvais, propre-sale, vrai-faux,...* 2) (dimension Puissance) *fort-faible, dur-mou, lourd-léger,...* 3) (dimension Activité) *actif-passif, excitable-calme, chaud-froid...* Chaque échelle était en 7 points (notés de +3 à —3).

Le « score de dimension » d'un concept fut la moyenne de ses 3 scores d'échelle sur cette dimension. Les distances inter-concepts furent calculées selon la formule d'OSGOOD donnée ci-dessus mais sur les scores de dimension.

Résultats : Les différences significatives concernent les concepts *Moi-Père-Sécurité-Vie-Mort.*

On note dans le G.T.S. une sous-estimation nette (par rapport au G.C.) de la puissance et de l'activité du concept du Moi **, et encore plus du concept du Père. D'autre part le Moi est en retrait par rapport à la Société et se définit seulement par rapport à l'environnement fami-

---

* Il faut savoir la différence que fait A. MOLES entre *esthétique* (ou connotatif) et *sémantique* (ou dénotatif). OSGOOD donne un tout autre sens que MOLES à « sémantique » puisqu'il y inclut avant tout le connotatif.

** C'est-à-dire de la manière dont les sujets du groupe étudié *conçoivent* leur Moi, l'image qu'ils s'en font, les connotations qu'ils y associent.

lial ; la sécurité aussi et plus exclusivement encore. Enfin la différence Vie/Mort est floue. Les champs sémantiques sont presque congruents *(la vie est la mort, la mort est la vie).*

• *Les critiques à OSGOOD n'ont pas manqué.* David R. HEISE (1969) par exemple, a critiqué certaines « fausses bi-polarités » qui risquent de se glisser dans la liste si celle-ci n'est pas standardisée (mais il est impossible de la standardiser) ; il a montré aussi que les réponses sont influencées par des « défenses sociales », et par les différences de caractère (certains sujets utilisent plus facilement les extrêmes que les zones moyennes). Il reconnaît, par contre, que les trois dimensions révélées par OSGOOD sont valables pour toutes les cultures (nature pan-culturelle de l'espace sémantique). Une critique plus profonde devrait souligner l'appauvrissement des connotations individuelles ou groupales produit par le cadre à la fois rigide et artificiel des échelles multiples sur 3 dimensions du champ. Le champ des connotations semble plus grand, plus ouvert et plus individualisé. D'autres méthodes vont proposer de combler cette distance.

■ LA MÉTHODE DE « L'ADJECTIVE CHECKLIST »

Par un paradoxe de l'histoire, cttc méthode est à la fois la source de OSGOOD et le résultat des critiques qui lui ont été adressées.

Une liste d'adjectifs est constituée à partir d'hypothèses diverses sur le champ sémantique d'un concept ou d'un couple de concepts à comparer, hypothèses qui résultent soit d'un travail de réflexion *a priori* soit d'une pré-enquête.

Ainsi Anne-Marie ROCHEBLAVE-SPENLE, in *Rôles masculins et féminins* propose la liste suivante à son groupe expérimental en demandant de cocher les adjectifs qui « conviennent » à MASCULINITE et ceux qui conviennent à FEMINITE :

décidé
ferme
posé
capricieux
hystérique
sensible
peureux
bavard
incohérent
maniéré
secret
discipliné
méthodique
organisé
rigide
goût pour l'organisation
patriote
goût du risque
besoin de puissance
besoin de célébrité
ambitieux
goût du commandement
passif
créateur
lucide
objectif
goût pour les idées théoriques
aptitudes pour les sciences
aptitudes pour les mathémat.
sceptique
besoin de se confier
besoin de plaire
coquet
intuitif
caressant
compatissant
doux
pudique
goût pour la toilette
besoin d'avoir des enfants
combatif
cynique
goût pour la lutte

En rassemblant et catégorisant les résultats, l'auteur pense avoir reconstitué ce que *signifient* MASCULINITE et FEMINITÉ pour son groupe. Nous avons déjà évoqué ces résultats (cf. fasc. *Psychologie de la vie conjugale,* exposé 1) et démontré que l'on obtenait par cette méthode (et ses consignes) des *stéréotypes* et non des champs sémantiques.

Il n'en est pas moins vrai que sur des concepts moins dévitalisés par les stéréotypes culturels, la méthode de l'*adjective check-list* donne des résultats. Quelque chose se dessine (si les consignes orientent vers les « impressions personnelles irrationnelles ») qui correspond aux connotations, et la méthode est moins rigide que celle d'OSGOOD.

Une variante consiste à demander de donner un numéro d'ordre aux adjectifs *choisis* et à ne tenir compte que des deux premiers choix (2 points à l'adjectif choisi en premier, 1 point à celui choisi en second) tout en comptant le nombre total d'adjectifs choisis. En effet les deux premiers choix indiquent l'impression la plus immédiate et la plus forte, mais le nombre total de choix est indicatif de la « richesse » connotative du concept étudié *.

■ L'ANALYSE DES CONNOTATIONS SELON ROLAND BARTHES

C'est dans S/Z *(op. cit.)* que R. BARTHES applique une méthode nouvelle d'analyse littéraire à un texte de BALZAC *(Sarrasine).*

● *Les connotations, sources du « pluriel » du texte.* Tout texte littéraire est polysémique : il contient plusieurs sens ; disons, avec R. BARTHES, qu'il est « pluriel ». Cette polyvalence ou multivalence du sens vient des connotations qui surajoutent au sens littéral, manifeste et immédiat, des infinis de retentissements dans de nombreuses directions sémantiques.

> « *La connotation est la voie d'accès à la polysémie du texte ; il faut la garder comme la trace nommable, computable, d'un certain pluriel du texte. Qu'est-ce donc qu'une connotation ? C'est une détermination, une relation, un trait qui a le pouvoir de se rapporter à des mentions antérieures, ultérieures ou extérieures au texte, à d'autres lieux du texte ou d'un autre texte. Il ne faut surtout pas confondre connotations avec association d'idées : celle-ci renvoie au système* d'un sujet, *celle-là est une corrélation immanente au texte, aux textes ; c'est, si l'on veut, une association opérée par le texte-sujet à l'intérieur de son propre système... Les connotations sont des sens qui ne sont ni dans le dictionnaire ni dans la grammaire de la langue dont est écrit un texte... La connotation assure une dissémination des sens, répandue comme une poussière d'or sur la surface apparente du texte... Fonctionnellement la connotation, engendrant par principe le double-sens, altère la pureté de la communication ; c'est un « bruit » volontaire, soigneusement élaboré par l'auteur.* » (R. BARTHES, *S/Z,* p. 14-15.)

---

* Cette méthode a été utilisée, en comparaison avec le différenciateur sémantique d'OSGOOD et l'analyse de contenu d'interviews centrées,... pour tester les *images de marque.* Cf. GODIN, HEYCHE et MERTENS, article in *Travail humain,* XXXIV, n° 2, *Comparaison des méthodes d'étude de l'image de marque.*

• *Les cinq axes des connotations ou les cinq dimensions de l'espace sémantique.*

Quoique cette polyphonie du texte tisse autour du sens littéral des bruits à échos infinis, l'analyse sémantique reconnaîtra cinq dimensions privilégiées ou cinq axes dont l'ensemble (ouvert) et l'orchestration (harmonieuse si le texte est beau) définit le champ des connotations, enveloppant de son volume le signifié de la lecture immédiate (la lexie et ses unités *).

R. BARTHES parle ici de 5 *codes* ou de 5 *voix*, et il faut comprendre que ce sont les 5 dimensions de l'espace sémantique **.

1. *Le code des actions et des comportements* (ou « voix de l'empirie »), qui fait la séquence du texte ***, rassemble les informations sous des noms génériques d'action : *Promenade, Rendez-vous, Assassinat, etc...* Chaque action « se déplie » en comportements et en gestes successifs que nous connaissons, et tous ces dépliés possibles donnent une épaisseur sémantique à chaque nom de ce code.

2. *Le code culturel* **** *ou de référence* (« voix du savoir »), concerne tous les savoirs antérieurs acquis, les citations, les proverbes connus, la sagesse éternelle et ses certitudes. Quantités *d'allusions* du texte éveillent des savoirs de ce genre, et de toutes les sciences connues sous leurs aspects vulgarisés : dire « un Raphaël » évoque l'Histoire de l'Art ; dire « un convalescent » fait appel à un savoir médical ; dire « amoureux » suscite des notations psychologiques implicites ; dire « stoïque » fait intervenir la philosophie de l'impassibilité stoïcienne, etc..., etc... Ces pistes de références inévitables sont empreintes d'un savoir qui, quoique souvent vague, déborde les mots évocateurs.

3. *Le code sémique* (« voix de la Personne »). Les sèmes constituent « une galaxie de significations » autour des signifiés immédiats. Les *images* multiples évoquées par de simples mots peuvent se renforcer par les sèmes d'un autre, par touches impressionnistes jamais formulées.

Ainsi dire « la fête », « le Faubourg Saint-Honoré », « le clair de lune », etc... déclenchent des scintillements de sèmes autour de lexèmes apparemment innocents.

> « *Si le vieillard tournait ses yeux, il semblait que les mouvements de ces globes incapables de réfléchir une lueur, se fussent accomplis par un artifice imperceptible.* » (BALZAC, Sarrasine, cité in S/Z, p. 66.)
>
> Ici les connotations les plus évidentes sont dans le code sémique (quoique le code des actions et le code culturel se fassent aussi sentir) : l'artificiel, la poupée mécanique, le fantastique, l'imperceptible, l'insaisissable, le froid. La mort flotte autour du sens immédiat.

4. *Le code herméneutique* (ou « voix de la vérité ») est celui des énigmes, de « la vérité cachée à découvrir », dont joue l'auteur du texte en les maintenant sans réponse. Alors que les phrases du texte

* La lexie est (dans cette analyse) la proposition, découpée grammaticalement.
** On comparera cette évaluation aux 3 dimensions proposées par OSGOOD.
*** Le récit est en effet une succession d'actions ou de conduites. Le code des actions (ou « code proaïrétique ») constitue aussi l'armature du récit.
**** Ici culturel renvoie à la « culture » du lecteur comme *être cultivé*, autant qu'aux savoirs socio-culturels.

pressent le déroulement de l'histoire, le code herméneutique est celui des problèmes en suspens, et il exerce donc une action contraire au déroulement. Toutes les *attentes* suscitées par le texte littéral épaississent les connotations déjà vues.

> « *Le titre ouvre une question : SARRASINE, qu'est-ce que c'est que ça ? Un nom commun ? Un nom propre ? Une chose ? Un homme ? Une femme ? A ces questions il ne sera répondu que 153 unités syntaxiques plus tard. Décidons d'appeler « code herméneutique » l'ensemble des unités qui ont pour fonction d'articuler une énigme et les accidents variés qui peuvent préparer ou retarder la réponse.* » (R. Barthes, S/Z, p. 24.)

5. *Le code symbolique* *. On accède au champ symbolique « par plusieurs entrées égales, et surtout par l'entrée rhétorique, l'entrée poétique, l'entrée économique ».

Toutes les figures de style sont classées comme symboles ; puis toutes les transformations poétiques des objets, des êtres et de la Nature ; enfin la marchandise et l'or.

> Le titre même du livre de Barthes (S/Z) est le symbole de l'histoire qu'il étudie après avoir été pendant 113 pages une énigme (relevant du code herméneutique). La résolution de l'énigme se fait ici dans le symbole enfin révélé : en effet Sarrasine est l'histoire d'un fol amour impossible. Au S de Sarrasine (le sculpteur amoureux de Zambinella) s'oppose le Z de Zambinella (le travesti chanteur) et les deux lettres sont dans un rapport d'inversion graphique : c'est la même lettre vue en miroir. Etre amoureux d'un travesti castré qui a toutes les apparences d'une merveilleuse jeune fille, c'est la barre de censure, la surface du miroir, le tranchant de l'antithèse, l'inversion du sens, le mur infranchissable, l'insuperposabilité (*op. cit.*, p. 113).

La combinatoire des cinq codes se superpose à l'espace du texte lisible qui devient une sorte de partition symphonique (ou mieux polyphonique).

Ce qui manque, semble-t-il, aux approches que nous venons de passer en revue, c'est la découverte d'une *unité* au-delà de l'unité de sens immédiate du texte. Les notations sémantiques sont certes ramenées au système du texte mais elles ne forment pas entre elles un système *sui generis* susceptible de devenir un *second sens*, tout aussi unitaire que le premier mais tout autre.

2 *Les analyses thématiques et sémiques.*

Si on appelle « thème » l'unité du sens implicite, la recherche du thème (au singulier) se distingue radicalement de la recherche des catégories (à quoi on ramène les thèmes, dans les méthodes logico-

* Roland Barthes (S/Z, p. 170) précise que « symbolique » ici ne relève pas d'un savoir psychanalytique.

sémantiques), et devient pratiquement synonyme de recherche du principe secret organisateur du discours ou du récit.

Le thème d'une œuvre, c'est déjà, encore floue, la structure de signification ultime.

■ L'ANALYSE THÉMATIQUE DE CONTENU

Dans un brillant essai * où l'intuition s'aide d'une certaine méthode objective, Gaston BACHELARD nous a naguère donné un exemple d'analyse thématique. Il tente, à partir de la totalité de l'œuvre de LAUTREAMONT, de reconstituer les thèmes de la poésie ducassienne **.

BACHELARD remarque la place que tiennent les animaux dans l'Univers du poète et le rôle qu'ils jouent dans les images de l'action violente, de l'agression cruelle qui est l'atmosphère des *Chants de Maldoror*. Du décompte de 185 animaux et de 435 références à des actions animales, BACHELARD dit qu'on ne peut rien tirer si l'on ne regroupe pas ces références non par espèces animales mais par types de mouvements agressifs.

« Il fallait donc, pour être psychologiquement exact, restituer la valeur dynamique, le poids algébrique mesurant l'action vitale des divers animaux » (p. 30)... plus précisément recenser et catégorier « les organes offensifs » qui font la volupté du poète s'identifiant à eux, jouissant de leurs effets sur la chair et le sang des autres.

Si l'on suit cette piste, on s'aperçoit que l'imagination de LAUTREAMONT « joue presque uniquement sur deux thèmes : la griffe et la ventouse » (p. 38).

> Se rassemblent sous la catégorie *griffe :* la griffe, l'épine, la pince, le bec qui lacère, les ongles longs et pointus, les serres, la dent qui déchire, à quoi s'ajoute la pointe d'acier du canif qui taillade. D'où un groupe hétéroclite en apparence, d'animaux tels que le pou, le crabe, l'aigle, le vautour, etc...
>
> Se rassemblent sous la catégorie *ventouse,* la pieuvre, la sangsue, l'araignée, la tarentule, le vampire.

Comparant alors les unités de contexte, BACHELARD en conclut que ces thèmes sont « symboles » de la volonté d'attaquer, avec ses deux formes primitives :

— lacérer-déchirer (la chair),

— sucer (le sang).

Par ailleurs l'analyse linguistique des modalités de ces agressions montre que ces actions animales ne sont ni reproduites, ni décrites, ni vues dans le récit, mais vécues par une transformation de l'auteur, par une *métamorphose en animal.* « La vie animale n'est plus alors une métaphore ; elle n'apporte pas des symboles de passions mais des

* *Lautréamont*, Ed. José Corti, Paris 1939.
** Comte de LAUTREAMONT était le pseudonyme de Isidore DUCASSE, mort en novembre 1870, à 24 ans, auteur d'un seul ouvrage : *Les chants de Maldoror*, 247 pages.

instruments d'attaque... » *(op. cit.)*. LAUTREAMONT éprouve et revit des impulsions brutales et bestiales. « La métamorphose, chez LAUTREAMONT est la conquête d'un autre mouvement, d'un autre temps, d'une autre vie ; elle est le moyen de réaliser tout de suite un acte vigoureux, l'acte vigoureux désiré étant un acte d'agression... le vouloir-attaquer s'accélère » (*ibid.* p. 15).

Pour accentuer le thème ducassien, BACHELARD le compare au thème de la métamorphose chez KAFKA : « L'autre pôle de la métamorphose en animal est dans l'œuvre de KAFKA. Chez KAFKA, la métamorphose est toujours une chute, un engourdissement, un enlaidissement... C'est une expérience où le psychisme se coagule et se décoordonne, où le temps se ralentit et se désorganise... Les réflexes primitifs eux-mêmes, dans le ralentissement général de la vie, finissent par ne plus jouer » (*op. cit.*, p. 16-18).

Chez LAUTREAMONT, « c'est la dynamique de l'agression précise qui déterminera la bête utile » (p. 25). Bien plus, c'est l'assaut de l'animalité qui directement impose ses formes délirantes, effrayantes par leur monstruosité et leur vitesse de déchaînement.

Nous verrons ci-dessous comment l'analyse thématique, en devenant structurale, accède plus méthodiquement au second sens. Ici nous atteignons seulement des *sémèmes.*

■ THÈMES ET SÉMÈMES PAR RAPPORT AUX CATÉGORIES

Dans les méthodes logico-sémantiques, il s'agissait avant tout de dénommer une classe d'unités d'enregistrement ou d'indices par un concept à un certain degré de généralité. Telle était la *catégorie.*

D'un certain point de vue, surtout lorsque la catégorie n'est pas définie par un mot et exige toute une proposition, lorsqu'elle représente une *attitude* ou une orientation des opinions,... *la catégorie est un thème,* et *le thème est alors une catégorie* ; on a le droit d'employer ces deux mots comme des synonymes.

Par contre, dans la perspective sémantique, le mot *thème* reçoit un autre sens. Il apparaît au terme d'une *analyse sémique* et il est un *sémème construit.* Expliquons-nous :

• *L'analyse sémique* consiste à élucider les traits significatifs d'un mot, c'est-à-dire à recenser les significations qui sont impliquées dans ce mot, ceci au niveau sémantique, incluant les connotations communément admises.

Ainsi, par exemple, les sèmes *dévoration, dévorant, proliférant, rongeur, sournois, porteur de mort,* font partie du mot *cancer.* L'analyse sémique de *hémorragie* dépasse la simple dénotation « perte de sang par rupture vasculaire ou d'organe externe ou interne », et met à jour des notations comme *affaiblissement, fuite de la vie et des forces vitales, danger de mort, flot de sang, effraction de l'organisme, perte de conscience, besoin de secours extérieur, urgence, récipient qui se vide, qui s'écoule, couler, inonder, se répandre sans qu'on puisse retenir ce qui se perd,* etc...

• *Le sémème construit,* comme le dit A.J. GREIMAS (in *Sémantique structurale, op. cit.* p. 85) est « le noyau sémique commun à tous les

termes de la liste des sèmes », il est ce qui fait leur unité de signification. Il est aux sèmes ce que la catégorie est aux indices manifestes et décomptés. Le sémème construit est l'axe sémantique immanent à un ensemble de sèmes.

Si par exemple, pour prendre le cas de BERNANOS, nous faisons l'analyse sémique des mots suivants : *cancer, gangrène, ulcère, rat, rongeur, haine, orgueil, mépris, désespoir, insectes dévorants...* on aboutit au sémème construit de « dévoration comme mort active, agissant dans la vie et dans le vivant contre la vie ». Comme tel et sémantiquement, ce sémème s'oppose à celui d'un autre ensemble : *hémorragie, anémie, septicémie, hydropisie, insectes suceurs de sang, indifférence, ennui, avarice, égoïsme, luxure, rêve...* qui a pour sémème construit *Affaiblissement du potentiel de l'être.* C'est *être-vidé* par opposition sémantique à *être-dévoré,* et ce sont les deux thèmes bernanosiens, les deux images de la Mort présente et agissante-dans-la-vie-contre-la-vie (cité in A.J. GREIMAS, *op. cit.*, dernier chapitre).

L'ANALYSE SÉMANTIQUE DU CONTENU

Sur cette voie nous nous libérons de plus en plus du discours manifeste, du texte explicite pour essayer de pénétrer dans le réseau notionnel des connotations.

Cette opération peut se faire méthodiquement en trois phases :

1. *Analyse sémique de chaque lexème* (ou unité du texte).

2. *Pointage, recensement et décompte des sèmes* ou unités sémiques.

3. *Formulation du sémème construit,* ou mieux des couples de sémèmes antagonistes dont la disjonction ou l'opposition constitue à la fois la signification implicite du texte, sa structure de sens et sa lecture complète.

Voici par exemple ces vers de BAUDELAIRE :

« *Un vieux boudoir plein de roses fanées*
Où gît tout un fouillis de modes surannées,
Où les pastels plaintifs et les pâles Boucher
Seuls, respirent l'odeur d'un flacon débouché ».

Le sens premier (la première isotopie) est la description physique d'un boudoir abandonné, isotopie dont les sèmes concernent une seconde isotopie qui décrit « l'espace intérieur » du poète (BAUDELAIRE se décrit lui-même). Faisons l'analyse sémique :

Lexèmes	Sèmes
Boudoir	intimité, espace clos, plaisirs des sens, discrétion...
vieux	sans jeunesse, fuite de la vie, fatigue, souvenirs...
plein de	multiplicité, nombre, encombrement...
roses	féminité, jeunesse, vie, amour, sensations...
fanées	sans jeunesse, vieux, restes, perte de valeur, passé...
gît	fatigue, chute, abandon, sans vie, sans vigueur...
fouillis	multiplicité, nombre, encombrement, mélange...
modes	féminité, jeunesse, vie, sensations, actualité...
surrannées	sans jeunesse, vieux, restes, perte de valeur, passé...
pastel	délicatesse, sans force, jeunesse, douceur...

plaintif	tristesse, blessure, sans vigueur, fatigue, souffrance...
pâle	délicatesse, anémie-fatigue, sans force...
Boucher *	sensations, féminité, objet d'art, délicatesse...
seuls	solitude, absence de chaleur humaine et d'échanges...
respirent	vie, sensation...
odeur	sensation...
flacon	plaisirs, sensations...
débouché	restes, perte de valeur, passé...

Ces 67 sèmes se regroupent en huit sémèmes construits, opposés deux par deux :

1) jeunesse / lassitude (28 sèmes)

2) plaisirs / désenchantement (25 sèmes)

3) intimité / solitude
4) multiplicité / encombrement } (7 sèmes)

Il est certain que d'autres sémèmes construits étaient possibles. Ici par exemple les 20 sèmes :

sans jeunesse	(3 mentions)
fatigue	(3 mentions)
vieux	(2)
sans vigueur	(2)
sans force	(2)
passé	(2)
chute	(1)
fuite de la vie	(1)
sans vie	(1)
souffrance	(1)
anémie	(1)
blessure	(1)

ont été regroupés sous le sémème *lassitude.* Fatigue, Vieillesse, Apathie, ou d'autres étaient possibles, mais à mon avis ils représentaient moins bien l'unité de contenu de cette liste, où *fatigue, sans vigueur, sans force, anémie, sans vie,* ont 10 mentions sur 20.

Le sens implicite du texte est le *passage* du premier terme de ces paires au second ; il est dans le contraste du passé et du présent : à une *jeunesse* pleine de *plaisirs, multiples* et *intimes,* s'oppose et succède une *lassitude désenchantée,* dans la *solitude* et *l'encombrement.* Les deux sémèmes les plus appuyés sont : *lassitude et désenchantement.*

Ainsi le poète en quatre vers qui décrivent apparemment une pièce abandonnée, signifie esthétiquement et avec pudeur, en quatre thèmes, dont deux dominants, *la mutation mélancolique de son être et de son monde.*

Les sémèmes construits sont ici les thèmes, et leur disjonction par paire nous donne déjà un élément structural.

* On sait qu'il s'agit du nom du peintre, dénomination étendue à ses œuvres.

3 *L'analyse sémantique conceptuelle.*

Les méthodes rangées sous cette catégorie cherchent toutes à définir le champ des significations d'un « objet » dans un ensemble cohérent donné.

■ LA RECHERCHE SÉMANTIQUE-DÉFINITIONNELLE

Vous connaissez tous le jeu de société qui consiste à écrire et cacher un mot (de préférence non-banal) et à répondre par *oui* ou par *non* à des questionneurs chargés de trouver ce mot. Les questions qui sont posées tendent à déterminer des éléments de la signification du mot, aussi bien dénotatifs que connotatifs, le mot caché étant au point de convergence de ces pistes.

Les quatre techniques que nous allons examiner ont un rapport avec ce jeu mais procèdent naturellement avec rigueur et méthode.

• *La technique de description sémantique de SORENSEN.* En 1958, le chercheur danois SORENSEN, dans un but classificatoire des concepts, proposait de collationner *les traits distinctifs essentiels* qui, progressivement, cernent le concept, et qui, ajoutés les uns aux autres, le définissent sans aucune ambiguïté.

De même que le terme *Cheval,* est complètement défini par *Vertébré* + *Mammifère* + *Pachyderme* + *Solipède* + *Périssodactyle* + *Equidé* + *Mâle* + *Adulte,...* de même un mot plus incertain comme *Présence* est complètement défini par *Existence* (d'un objet, d'un signe ou d'une situation, ou d'un être) + *Actualité* + *Perception* (par une conscience au niveau de la sensation ou de la représentation mentale).

Dans cette technique, si un autre mot que le mot-cible remplit les conditions sémantiques énumérées, la définition-description du mot choisi est mauvaise (incomplète ou ambiguë). Inversement, il ne faut pas qu'il y ait de synonyme ni de double-emploi dans les caractéristiques énumérées.

La technique de J.C. GARDIN d'analyse sémantique documentaire apporte une variante intéressante.

Dans une perspective de classement méthodique des objets, J.C. GARDIN *(op. cit., art. cit.)* a proposé une technique qui vise aussi la définition, mais cette fois par la catégorisation de l'objet *à partir de ses rapports avec les autres objets du corpus.* Il faut effectuer 4 opérations :

1. Rassemblement des données ou objets à analyser, de façon à disposer de l'ensemble et à pouvoir l'examiner.

2. Recensement de tous les traits distinctifs de ces objets.

3. Classification de ces traits distinctifs en *catégories de différences.* Cette liste de catégories forme le cadre exhaustif où se tiendra la définition de chaque objet ; c'est ce que GARDIN appelle le code sémantique.

4. Caractérisation de chaque objet par rapport à chacune des catégories, et cela par un système de signes permettant d'enregistrer toutes les gradations *.

● *L'analyse des co-occurences ou « contingency analysis ».*

Née en 1942 avec A.L. BALDWIN aux U.S.A., et toujours perfectionnée depuis (particulièrement grâce aux progrès des ordinateurs), cette technique consiste à rechercher et à analyser les présences simultanées de deux éléments (mots ou thèmes) dans un ensemble sémantique. L'unité utilisée sera la phrase.

L'intérêt consiste à sortir d'une recherche centrée sur les mots-clés et à se préoccuper des relations entre les notions-clés. Il faut évidemment d'abord *définir les thèmes* (les mots importants, les notions dominantes, les idées maîtresses) ; on cherche ensuite les « co-occurences », c'est-à-dire les associations (et leur fréquence) entre ces thèmes, ainsi que le type de *relations de sens* révélé par ces associations.

Evidemment le problème crucial est celui de la « norme » des co-occurences dans un document. Serge MOSCOVICI *(art. cit.)* souhaite à ce propos que soient établis des « dictionnaires de fréquence des co-occurences » à partir de corpus importants de documents faisant partie du même domaine. C'est en effet par rapport à une « moyenne » que tel chiffre élevé de co-occurences prend une signification, de même d'ailleurs que prend une signification tel chiffre anormalement bas (*a fortiori* l'absence) de co-occurences.

La référence la plus facile à comprendre est ici la théorie psychanalytique : l'association de mots est indicative d'un sens implicite ; l'évitement de certaines associations est indicatif d'un problème ou d'une incompatibilité subjective entre les notions ou les thèmes considérés.

Ainsi le locuteur, sans en avoir une conscience claire, laisserait paraître dans son discours ou son récit les associations de mots qu'il fait spontanément et par celles qu'il évite,... la façon dont se disposent les thèmes dans son univers personnel. De la même façon, on peut évaluer les « besoins », définir les « attitudes », préciser la « table des valeurs » de l'auteur.

● *L'analyse d'évaluation assertive.*

C'est une méthode d'analyse de contenu qui a été appliquée à l'objectif de description-définition d'un univers particulier, celui d'un individu ou celui d'un groupe culturel.

* On voit que l'exploitation mécanographique devient ainsi possible.

On soumet à un individu ou à un groupe culturel homogène, une liste d'assertions (phrases grammaticalement correctes formulées dans la langue des sujets, et contenant une affirmation ou une négation ou une prise de position ou une opinion) et on demande aux personnes interrogées d'évaluer ces propositions, de dire si elles sont vraies ou fausses, justes ou pas, valables ou non, acceptables par elles ou non.

Du collationnement des assertions évaluées, on déduit le système idéologique ou mental du sujet ou du groupe interrogés, car une idéologie, une mentalité, un univers de croyances peut parfaitement se résumer en un certain nombre d'assertions (d'où, inversement, le moyen de définir et de diagnostiquer le système).

1. *Application des résultats d'une évaluation assertive à la construction de tests de diagnostic psychologique.* Si l'on connaît les thèmes différentiels des maladies, on peut en retour les présenter sous forme d'une liste d'assertions à évaluer.

Un des tests les plus connus de diagnostic psychopathologique utilise cette méthode. C'est le test P.N.P. de PICHOT.

Des propositions sont soumises au sujet qui doit cocher une réponse (vrai - faux - je ne sais pas).

Ainsi :

— *J'ai souvent mal à la tête* .... vrai - faux - ?

— *Je pense que d'une manière générale on ne m'aime pas* .... vrai - faux - ?

— *Il y a des idées qui me passent par la tête et que je n'arrive pas à chasser* .... vrai - faux - ?

etc... etc... (le test comprend 83 assertions de ce genre, à quoi s'ajoutent 2 questionnaires d'une autre nature et une échelle de mesure du mensonge qui peut grever toutes les réponses). Une grille de dépouillement permet le regroupement des assertions symptomatiques et le diagnostic.

.. ..

Le test des phrases à compléter de STEIN est un autre modèle de la même analyse, mais il présente une situation à évaluer :

Exemple : *En apprenant que son père venait de mourir, Jean fut...* le mot final est à dire ou à écrire par le sujet interrogé. On conçoit que des finales aussi différentes que *pris de panique, atterré, malheureux, heureux, soulagé,* etc... sont indicatives de la personnalité du répondant ou des structures de son affectivité lorsque la totalisation et la catégorisation diagnostique des réponses sont correctement prévues par l'auteur du test (et si le répondant est spontané-sincère).

.. ..

Un test de diagnostic du *caractère* a été fait également sur ce principe, l'hypothèse étant que le « caractère » est une certaine manière (congénitale et stable) de répondre aux situations et une orientation des préférences (valorisation de certaines situations, dévalorisation de certaines autres situations). Maurice GEX * a créé un test de ce genre, prévoyant 8 types caractérologiques (selon la typologie de LE SENNE **).

---

* In *Test caracteriel pour un diagnostic rapide,* P.U.F. 1953.
** Sur cette typologie des caractères et sur celle de JUNG, cf. fascicule *Les complexes personnels.*

On prévoit par exemple qu'à l'assertion *je suis cordial, exubérant, démonstratif et boute-en-train en société*, les caractères de type E.A.P. * répondront « vrai », alors que les sept autres types répondront « faux » ou « ça dépend » ou « je ne sais pas ». Evidemment, le « diagnostic » ne peut se faire qu'après classification des réponses à *toutes* les assertions (il y en a 50 dans le test de GEX).

2. *Applications de l'analyse d'évaluation assertive au contenu des réponses libres ou des entretiens non-directifs.*

On peut *condenser* une réponse longue à une question ouverte ou un entretien, en une liste d'assertions évaluatives représentant les attitudes ou les idées-maîtresses de l'interrogé. La comparaison de ces assertions (résumés d'une manière d'être au monde et d'un « état d'âme ») permet aussi de suivre une évolution ou de mesurer, d'évaluer un changement dû soit à l'âge, soit à la transformation des conditions d'existence, soit à une propagande, soit à un lavage de cerveau, soit à une psychothérapie (cf. fasc. *Opinions et changement d'opinion*).

Dans *La relation d'aide et la psychothérapie* (trad. E.S.F. 1970), Carl ROGERS, au tome 2, résume les entretiens successifs avec son client en assertions typiques et suit son évolution en comparant ces assertions.

Ainsi, après le premier entretien (*op. cit.*, p. 301), la liste des assertions est :

— *je souffre d'un blocage qui paralyse ma vie sexuelle, ma vie professionnelle, ma vie sociale ;*

— *ce blocage me fait atrocement souffrir ;*

— *parfois je me sens bien mais je ne sais pas pourquoi et je n'ai pas le contrôle de ce changement ;*

— *mes énergies, positives et négatives, se neutralisent dans une inertie génératrice à son tour de conflits ;*

— *j'ai tendance à m'accrocher à mes symptômes. D'une certaine façon, ils me procurent une satisfaction.*

Après le huitième entretien de psychothérapie, l'analyse du contenu par cette méthode donne la liste suivante :

— *je fais face de manière différente aux situations ;*

— *je gagne mes satisfactions ;*

— *je sais maintenant quoi faire de moi ;*

— *j'ai de nombreux projets constructifs relatifs à mon travail.*

● *L'analyse componentielle.*

Revenons à l'analyse sémantique conceptuelle. Nous avons vu d'abord comment, l'objet étant donné, la recherche du code minimum de caractéristiques différentielles permettait de le décrire et de le définir. Nous avons vu ensuite, inversement, comment une suite d'assertions évaluées en vraies-fausses par le répondant permettait de cerner et de définir une donnée *a priori* inconnue.

Nous allons voir maintenant comment expliciter la signification, c'est-à-dire déterminer le champ sémantique, d'une donnée inconnue,

* Emotifs-Actifs-Primaires ou « Colériques ».

en tirant de son seul contexte les assertions définitionnelles qui la concernent.

1. *Recherche du sens d'un mot-clé dans un contexte culturel donné.* Les processus varient selon les auteurs. Dans la technique de E.A. NIDA (Ann Arbor, U.S.A., 1959, *The descriptive Analysis of Words*) les distinctions sémantiques sont présentées en diagrammes. On recherche, dans les phrases par lesquelles les membres du groupe culturel définissent le mot-cible, les éléments de signification ou sèmes, puis on en fait le tableau. Nous en avons tiré un exercice pratique (exercice n° 6) qui donne une idée de la technique et de sa valeur pratique : d'un ensemble de phrases descriptives-définitionnelles, on tire par convergence, la surface sémantique du mot. On peut aussi bien étudier ainsi les fonctions des sorciers ou des marabouts en Afrique noire par exemple que le sens des mots signifiant la Divinité.

E.H. BENDIX (in *Componential Analysis of General Vocabulary*), Indiana University Press 1966, cf. aussi article in rev. fr. *Langages*, n° 10, déc. 1970) a étendu l'analyse componentielle au vocabulaire général de sa langue.

2. *Recherche du sens d'un mot-clé dans un corpus donné.* Les thèses de Doctorat ne manquent pas qui ont pour titre un mot-clé d'une idéologie, d'une philosophie, ou d'une œuvre littéraire. Ainsi « la notion d'aliénation chez Marx », « les Idées selon Platon », « L'Amour dans les romans de Mauriac », etc...

Si l'on applique la méthode de l'analyse componentielle à des notions de ce genre, il faudra faire 5 opérations (rarement faites, bien sûr, par les exégètes confiants en leur indicible intuition) :

1. Relever la totalité des phrases comportant le mot-cible dans le corpus s'il s'agit d'un concept, ou la totalité des situations thématisées par le mot-cible si celui-ci est un comportement, un sentiment ou une relation transactionnelle,

2. Dégager par unité (par phrase ou par situation) le ou les *sèmes* descriptifs-définitionnels de la notion-problème,

3. Construire les diagrammes ou tableaux,

4. Formuler les sémèmes construits puis les significations surgissant de leur classification et de leurs relations,

5. Préciser les rapports de la notion ainsi analysée avec les autres notions-clés du corpus ou les autres situations typiques dans le système considéré.

Cette cinquième opération nous introduit dans un nouvel étage du sens puisqu'elle est susceptible d'atteindre la structure sémantique et le contenu implicite de l'ensemble soumis à l'analyse.

■ L'ANALYSE SÉMANTIQUE CONCEPTUELLE

Il s'agit maintenant expressément d'analyser le contenu *implicite*. L'implicite sera ici non pas un autre sens, caché sous le masque du premier (ce qui nous sauve de l'herméneutique), mais la structure de

signification du texte qui, elle, renvoie aux principes de la pensée des locuteurs, à leur cadre de référence, à l'organisation interne de leurs opinions, à leurs conceptions mêmes, considérées comme un système.

Pour atteindre ce contenu, le langage tel qu'il est donné dans le texte, si attentive qu'en soit la lecture, doit être dépassé ; plus exactement ce langage naturel immédiat devient seulement un chemin pour dépasser le sens premier en direction du sens implicite. Le langage du texte est médiateur.

Marianne CANTO-KLEIN, Françoise LANTIER et Nicole RAMOGNINO * ont proposé sous le nom *d'analyse sémantique conceptuelle* une méthode qui évite les écueils du différenciateur sémantique d'OSGOOD et qui cherche à tirer au clair tout *ce que présuppose telle opinion ou tel texte* dans l'esprit de son auteur. Le *concept*, dans la définition de ces chercheurs, n'est pas le mot et pas même le mot-clé, c'est en fait *l'idée* du locuteur telle qu'elle s'exprime en phrases multiples,... c'est à la fois *l'acception d'un mot-clé et le système des valeurs personnelles donatrices de sens.*

• *Les fondements théoriques de la méthode.* « Les instruments d'analyse couramment utilisés » disent nos auteurs (*art. cit.* p. 276) « s'appliquent au traitement de l'information explicite mais ne permettent guère d'atteindre les mécanismes sous-jacents aux phénomènes observés. La mise en relation d'éléments structuraux ** à un niveau analytique plus fin, qu'on peut considérer comme *une analyse au deuxième degré,* permet de dégager le contenu implicite des données ».

Cette analyse au deuxième degré recherchera méthodiquement ce que les auteurs appellent « les réseaux sémantiques ». Par « réseau sémantique » (terme à substituer à « champ sémantique » qui laisse croire trop facilement à un ensemble bien limité, trop limité), il faut entendre d'une part les connotations multiples d'un mot-clé, accompagnées de leurs liens sémantiques à ce mot,... d'autre part le système des relations de ce premier ensemble avec les autres notions importantes du texte.

• *La procédure pratique.* L'objectif est clair et se formule ainsi : comment les éléments d'une notion-clé ou d'un grand thème (représentés par un mot) s'organisent-ils pour tel locuteur ou tels locuteurs ?

1) *Choix du thème général.* Ce choix peut être *a priori* s'il s'agit d'une question ouverte posée à un individu ou à un groupe, en présupposant naturellement que ce thème touche de près à l'existence des répondants. Ce choix peut être *a posteriori* et se déduire alors d'une pré-enquête ou d'un entretien qui a fait apparaître l'importance de la notion pour l'individu ou le groupe considéré.

On recueille, sur le thème choisi, les discours du ou des répondants.

2) *Analyse selon l'axe paradigmatique,* c'est-à-dire en se centrant sur la notion-clé elle-même pour en laisser paraître tous les sens immanents essentiels-pour-le-locuteur. Pour cela, repérer tous les « descripteurs » c'est-à-dire toutes les expressions qui, pour le locuteur, définissent ou qualifient la notion à analyser. On constituera *le lexique* de cette notion en inventoriant tous les descripteurs.

---

* Article in *Bulletin du CERP*, 1967, n° 3, pp. 275-289, *op. cit.*
** Il faudrait dire ici « organisateurs du mode de penser du locuteur ».

3) *Analyse selon l'axe syntagmatique.* Cette opération consiste à formuler les relations de ces descripteurs entre eux, et d'autre part, les relations de ces descripteurs avec les autres concepts qui font partie du discours.

Il faut donc disposer d'un réseau-modèle de relations (ce qu'on appelle ici une *syntaxe*) réduit aux strictes exigences de la logique. Cette syntaxe comprend, selon les auteurs cités, les relations suivantes :

1) *l'implication logique* (appelée par eux « dépendance ») avec ses nombreuses formes : subordination par rapport à des buts, subordination logique proprement dite ou rapport de dépendance nécessaire, subordination d'éventualité, subordination de cause à effet, de partie à un tout),

2) *la restriction* (au sens grammatical, exprimée par « mais »),

3) *la conjonction simple* (comparaison, juxtaposition dans le temps ou l'espace),

4) *la disjonction* (marquée par « ou bien... ou bien ») qui sépare deux notions et les distingue soit entre elles soit par le choix préférentiel,

5) *l'exclusion réciproque de deux notions,*

6) *l'équivalence sémantique* (expressions différentes mais de même significations),

à quoi nous ajouterons :

7) *la qualification-attribution.*

> Ainsi le thème de *Formation permanente,* pour tel sujet interrogé, se trouve associé sémantiquement aux idées suivantes : *idée sympathique, retour à l'école refusé, devant s'effectuer sur le tas, avec l'aide d'un moniteur compétent, accompagnée de stages divers dans postes en liaison avec le poste réel, stages dirigés par moniteurs compétents, en liaison avec moniteur dans le poste, impraticable en fait, le souci du rendement dans le poste interdit cette orientation, temps perdu par rapport au rendement, effort intellectuel abstrait refusé, handicap venant de la perte de mémoire, formation dans le poste même et pendant le travail à propos du travail, supérieure à enseignement général, beaucoup à apprendre sur le tas, examen admis s'il clôture une formation sur le tas, examen refusé s'il clôture formation de type scolaire, rappel des échecs scolaires antérieurs, promotion-qualification souhaitée mais pas à n'importe quelles conditions.*
>
> Il est facile de *cataloguer,* avec ces associations, les descripteurs, et d'en faire le lexique ; ici 5 « définitions » apparaissent : 1) facteur de promotion-qualification (meilleure connaissance du travail, connaissance des postes connexes, sanctionnée par un examen, etc...) ; 2) valable sur le tas seulement (apprentissage sur le tas, valorisation de l'apprentissage sur le tas, etc...) ; 3) dispensée par moniteurs compétents (connaissances nombreuses à acquérir, stages dirigés, liaison de divers moniteurs en vue progression du stagiaire dans son propre travail, etc...) ; 4) contraire de l'école (école abstraite, échecs scolaires, formation générale fondée sur la mémoire non sur le travail, etc.) ; 5) contraire du rendement actuel dans le poste (souci du rendement est obstacle, formation sur le tas impraticable, etc...).
>
> L'analyse syntagmatique des descripteurs du thème et celle des rapports entre ces descripteurs et les autres concepts du dis-

cours personnalisé, aboutit à 4 « concepts » * : 1) la Formation permanente (objet de l'analyse paradigmatique directe) ; 2) la Promotion-qualification-carrière ; 3) l'Ecole traditionnelle ; 4) l'Entreprise industrielle actuelle.

1. *La formation permanente :* est sympathique, doit être faite sur le tas, consiste à accroître le savoir concret-pratique (sur le poste et sur postes connexes), implique moniteurs compétents, implique examen.
2. En relation de dépendance avec la F.P., la *Promotion-Qualification-Carrière* en est à la fois la justification et l'aspect sympathique.
3. En relation d'exclusion réciproque, *l'Ecole traditionnelle* qui évoque le souvenir des échecs, les examens fondés sur la mémoire, l'abstraction, la culture générale (ainsi perçue comme inutile).
4. En relation d'exclusion réciproque, *l'Entreprise industrielle actuelle* fondée sur le rendement et ne permettant pas, selon le locuteur, la formation telle qu'il la conçoit.

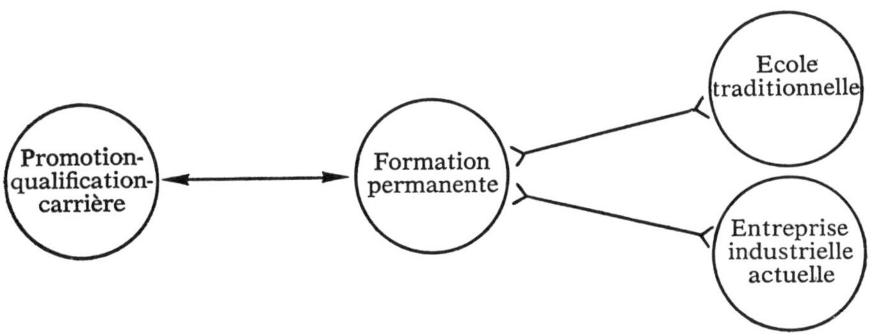

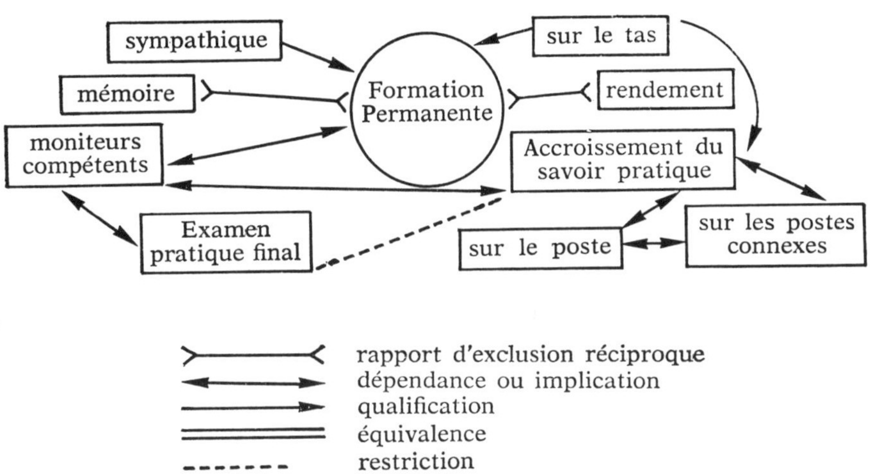

* Il ne s'agit pas de concepts à proprement parler, puisque ce sont les perceptions même que le sujet a de ces réalités, la manière dont il éprouve ces réalités et dont il les « conçoit » (ce qui est justement le but de la recherche).

Les auteurs de la méthode d'analyse sémantique conceptuelle élaborent un métalangage pour coder, au fur et à mesure du dépouillement, les unités d'analyse ; par là, ils assurent *l'intégration du dépouillement quantitatif et de l'analyse qualitative,* ces deux aspects n'étant plus ainsi en opposition (comme dans l'analyse classique de contenu) et devenant complémentaires par rapport au structural.

4 *L'analyse structurale du récit symbolique.*

Nous voici, en ce point ultime, en un domaine tellement proche de celui de l'herméneutique qu'on peut se demander s'il appartient encore à l'analyse de contenu.

Les structures que nous avons décrites jusqu'ici sont des schémes du texte, soit ses procédés, soit ses thèmes, soit l'organisation intime des notions-clés qui préside à son déroulement manifeste et nous fait pénétrer au cœur de l' « univers » de l'auteur.

Restent un genre de textes proprement symboliques où le principe de la « lisibilité totale » qui nous servait de fil directeur jusqu'ici, laisse la place au principe de « la lecture sur deux registres différents ». L'analyse de contenu est alors *obligée* de se référer à un code de déchiffrage, et à cet instant même devient *interprétation* et passe la frontière de l'herméneutique.

Il est vrai pourtant que dans beaucoup de cas ce « deuxième registre » est tellement accessible et tellement banal que l'analyse du contenu manifeste atteint sans difficulté le sens symbolique :

1. Dans les *métaphores,* le second sens fait partie du premier au point que sa non-perception bouche le signifié le plus réel. Lorsque vous lisez : « La jeune femme tendait impudemment ses filets pour y capturer le gibier naïf », le sens métaphorique est le seul sens : « ses filets » sont ses charmes utilisés comme un piège dans sa « chasse » aux naïfs.

Avec les figures de style ou *tropes,* nous sommes à la fois dans l'image plus ou moins symbolique et dans le sens manifeste.

2. Dans les *Fables,* la figure de style semble se développer au point d'englober la totalité du contenu manifeste, et, d'un certain point de vue, la fable est une vaste *allégorie.* Telle fable de La Fontaine comme *Le Coche et la Mouche* raconte sur le mode imagé une situation humaine et une forme d'interactions assez répandues. *La morale de la fable* est justement la phrase finale où le sens « symbolique » est révélé et résumé. L'assimilation de la fable à une figure de style est confirmée par le fait que certaines images-clés deviennent facilement des métaphores banales. On dira « faire la mouche du coche » pour signifier un type d'action et un type d'agent qui s'agite en

croyant (et en faisant croire) à son efficacité dans un travail effectué par les autres.

3. *Le conte populaire* est, si l'on continue dans cette direction, comme une fable dont le sens symbolique n'est pas révélé mais a un retentissement profond dans les zones obscures de la conscience. Dans le conte bien connu *La chèvre de Monsieur Seguin,* tout est symbole : ce grand loup noir qui rôde dans la forêt et dévorera la petite chèvre blanche de Monsieur Seguin, laquelle a préféré la liberté à la sécurité, évoque une situation archétypale en même temps qu'une mise en garde morale (à l'adresse de toutes les jeunes filles candides). Entre Monsieur Seguin (qui symbolise la Famille jalouse de son enfant et portée à confondre sécurité de l'enfant et restriction de sa liberté) et le Loup noir (qui symbolise l'Instinct brutal, les Dangers de l'existence, l'Anti-socialité, le Désir sexuel, le Diable, la Mort physique ou morale), l'enjeu est la petite chèvre qui symbolise l'âme naïve à la fin de l'adolescence, ne résistant pas à l'appel du Monde (la Montagne et la Forêt) avec un désir de « vivre sa vie », inconsciente de la réalité tragique, et seulement impatiente de rompre les liens familiaux jugés étouffants.

4. *Le récit mythique* semble s'inscrire dans cette direction et on est en droit de se demander s'il ne relève pas du même type d'analyse. Le mythe peut d'ailleurs être un simple genre littéraire consistant à dire, tout en la dissimulant à travers un récit fantastique, une conception philosophique que seuls élucideront ceux qui « comprennent ». Ainsi fonctionne le mythe dans l'œuvre de PLATON par exemple (*le mythe de la caverne, le mythe de Her l'Arménien,* etc...). Le récit mythologique est à peine plus opaque que le conte populaire. Si dans le mythe d'ANTÉE le héros retrouve ses forces en touchant terre, c'est que la Terre-mère est génératrice et régénératrice ; si PROMÉTHÉE est puni éternellement pour avoir voulu dérober le feu de ZEUS, le Dieu Suprême, c'est que la Puissance est réservée aux Pères et que la convoiter est sacrilège, etc... etc...

Il arrive un moment, cependant, où une clé des symboles devient nécessaire pour « lire » c'est-à-dire pour comprendre sur le second registre. Une *théorie de référence,* qui comporte une liste d'équivalences entre les mots ou situations du texte et le sens symbolique de ces mots ou situations, est utilisée pour *déchiffrer.*

■ ANALYSE DU RÉCIT SYMBOLIQUE A CLÉ

Un exemple typique est la méthode d'interprétation de la planche n° 12 du célèbre test projectif T.A.T. (*Thematic Apperception Test* de MURRAY). Cette planche contient un canot à rames. Jean MUNDY (in *Content Analysis TAT Card 12,* in Revue *Psychological Reports,* U.S.A. 1971, n° 28, pp. 219-222) lui applique les principes d'analyse de contenu symbolique énoncés dès 1953 par PHILLIPS et SMITH à propos du test de RORSCHACH.

Il y a, disaient ces auteurs, deux genres de symboles. 1) ceux qui sont associés si fortement et si universellement avec ce qu'ils symbolisent, que l'association paraît certaine et même banale, 2) ceux qui sont associés de manière individuelle subjective variable à ce qu'ils symbolisent et l'association est alors aléatoire et discutable.

Dans la carte 12 du T.A.T., l'expérience clinique et la recherche expérimentale permettent d'établir que *chez les femmes,* le « bateau à rames » symbolise le corps féminin et les attitudes dans les relations interpersonnelles, particulièrement dans les relations familiales et conjugales.

Si cette correspondance est admise, l'analyse de contenu consiste donc à lire le texte manifeste en l'entendant sur le second registre du sens.

> La femme interrogée (37 ans, professeur) dit à propos de la planche 12 :
>
> « *Ambiance froide d'un jour d'hiver. De la neige couvre l'arbre et la prairie. Il n'y a personne dans ce coin en ce moment. La barque qui est là est abandonnée. Ses rames ont d'ailleurs été enlevées. On se demande pourquoi on l'a laissée là au lieu de la rentrer. Elle sera bientôt inutilisable si on ne s'en occupe pas davantage pour l'entretenir en vue des promenades à faire sur le lac ou des parties de pêche. Impression triste car quand tout le paysage reverdira, ce sera trop tard pour ce bateau, il sera pourri.* »
>
> La « lecture » devient simple quand on *sait* d'avance le code : « l'ambiance » dans l'histoire est l'ambiance familiale-conjugale. En parlant du « bateau », la femme parle *métaphoriquement* * d'elle-même, de sa participation familiale, de sa relation conjugale affective et sexuelle. Elle *dit* donc : « *Je me sens seule-isolée, abandonnée, dépossédée de mes moyens, je ne comprends pas pourquoi il en est ainsi. Si cela dure, ce sera bientôt trop tard et je serai devenue dépressive, frigide, sans avenir* ».

Relisez le récit direct de la femme interrogée, en « suivant » sur l'autre « registre ». Elle dit quelque chose en disant autre chose, ce que LACAN appelle la *métonymie.* Nous sommes assez loin, dans cette perspective d'analyse, des modes *d'interprétation psychanalytique* classiques, où le système des clés est mixte : composé en partie de clés générales, en partie de clés tirées des associations personnelles du malade. D'où l'interprétation des rêves, par exemple.

■ L'ANALYSE DU RÉCIT MYTHIQUE

L'étude de *l'imaginaire* progresse assez rapidement. Après les analyses des mythes et des légendes que C.G. JUNG entreprit avec les clés des *archétypes,* Gaston BACHELARD, dans ses œuvres de psychanalyse des éléments naturels **, a exploré la majeure partie des images poétiques.

Gilbert DURAND dans *Les Structures anthropologiques de l'imaginaire (op. cit.,* 1969) a systématiquement analysé les grands thèmes universels des récits imaginaires, et a suscité de nombreuses recherches en créant à Chambéry le Centre de Recherches sur l'imaginaire***. Les praticiens du *Rêve Eveillé dirigé* (méthode de psychothérapie de Robert DESOILLE) ont publié aussi leurs travaux sur les grands symboles apparaissant dans les récits suscités par cette méthode.

D'autre part le mythe comme récit légendaire faisant partie des traditions d'un groupe ethnique a été étudié par Cl. LEVI-STRAUSS

---

* Mais cette métaphore est inconsciente et c'est pourquoi elle est dite symbole.

** *L'eau et les rêves, la Terre et les rêveries de la volonté, l'Air et les songes, Psychanalyse du Feu.*

*** Cf. aussi J. CHATEAU, *Les sources de l'imaginaire,* Ed. Universitaires 1972, et Louis VAX, *La séduction de l'étrange,* PUF 1965.

dans ses œuvres d'anthropologie culturelle, et par A.J. GREIMAS dans différents travaux au point de vue de la *Sémantique structurale (op. cit.).*

Il semble que l'analyse des récits mythiques oscille entre deux tendances (qui ne s'excluent d'ailleurs pas) : d'une part la recherche de l'organisation interne du récit, et d'autre part la traduction du langage mythique.

Pour ce qui est de l'organisation interne, les chercheurs s'orientent vers la clarification des « modèles » dont le plus connu est aujourd'hui le *modèle actanciel* (proposé par V. PROPP, étudié par GREIMAS, et, dans des domaines plus littéraires, par E. SOURIAU, par G. MICHAUD et par beaucoup d'autres) qui recense et définit fonctionnellement les personnages typiques d'un mythe (le Héros, l'Adjuvant, l'Opposant, le Destinateur, le Destinataire, etc.), ainsi que les types d'actions cycliques (l'Epreuve, le Contrat, la Lutte, etc...).

Il est facile de montrer, me semble-t-il, que dès l'instant où le sens symbolique est visé, la recherche de structure formelle (révélatrice du système des relations interpersonnelles dans le groupe concerné) laisse la place à une méthode de traduction avec clés.

J'en emprunterai un exemple à Cl. LEVI-STRAUSS et à A.J. GREIMAS, auteurs qui prétendent pourtant tout tirer du texte manifeste.

Voici * un extrait d'un récit mythique bororo (que donne Cl. LEVI-STRAUSS dans *le Cru et le Cuit*) dont il s'agit de découvrir le sens symbolique.

« Le héros aperçoit une liane à portée de sa main ; il la saisit et se hisse péniblement jusqu'au sommet du grand rocher. Après s'être reposé, il se met en quête de nourriture, confectionne un arc et des flèches avec des branchages, et chasse les lézards qui abondent sur le plateau. Il en tue une quantité, dont il accroche le surplus à sa ceinture et aux bandelettes de coton qui enserrent ses bras et ses chevilles. Mais les lézards morts se corrompent, exhalant une si abominable puanteur que le héros s'évanouit. Les vautours charognards s'abattent sur lui, dévorant d'abord les lézards, puis s'attaquant au corps même du malheureux en commençant par ses fesses. Ranimé par la douleur, le héros chasse ses agresseurs mais non sans qu'ils lui aient décharné complètement l'arrière-train. Ainsi repus, les oiseaux se font sauveteurs. Avec leur bec, ils soulèvent le héros par sa ceinture et ses bandelettes et le déposent doucement au pied de la montagne. Le héros revient à lui comme s'il s'éveillait d'un songe. Il a faim, mange des fruits sauvages mais s'aperçoit que privé de fondement, il ne peut garder la nourriture : celle-ci s'échappe de son corps sans même avoir été digérée. D'abord perplexe, le garçon se souvient d'un conte de sa grand-mère où le héros résolvait le même problème en se modelant un postérieur artificiel avec une pâte faite de tubercules écrasés. Après avoir par ce moyen retrouvé son intégrité physique et s'être enfin rassasié, le garçon retourne à son village. »

Après une brillante « analyse sémantique structurale », A.J. GREIMAS révèle le sens second du récit qui se résume en ceci : « il faut manger la viande rassie et cuite ; il faut manger les végétaux frais et crus ; il est interdit de manger la viande fraîche-crue et les végétaux pas frais ».

L'auteur, avec le talent qu'on lui connaît, prétend tirer ce sens d'une analyse sémique. Ainsi, dit-il, un « dictionnaire » des sèmes tels qu'ils existent pour cette tribu, préciserait que *VAUTOUR* est un mot qui, outre tout ce qu'on sait de la nature de cet oiseau, contient aussi pour sèmes « consommateur de viande pourrie crue », ce qu'il signifiera lorsque dans le mythe, il apparaît « dans sa fonction de consommateur ».

* Tiré de l'article de A.J. GREIMAS in *Communications* n° 8, art. cit. p. 40.

A.J. GREIMAS souhaite, à juste titre, qu'un dictionnaire de l'imaginaire anthropologique soit réalisé, dictionnaire des sèmes d'où l'on tirerait le code indispensable.

Mais c'est précisément la nécessité de ce code qui, à mon avis, fait basculer l'analyse de contenu vers l'herméneutique, car on y trouverait certes des sèmes, mais aussi de pures clés qui, sans être arbitraires, renvoient à une cosmologie culturelle, tout comme les symboles psychanalytiques renvoient à la théorie métapsychologique de FREUD.

Pour passer du récit ci-dessus à sa structure de sens qui concerne le régime alimentaire, il faut en effet posséder les clés suivantes :

1. L'échec du personnage principal signifie la dénégation de valeur de l'action qu'il a entreprise.
2. L'échec d'une épreuve signifie l'impossibilité ou l'interdiction divine de cette issue.
3. Le succès du personnage principal signifie l'affirmation de valeur de l'action qu'il a entreprise.
4. Le succès d'une épreuve signifie la valeur autorisée de cette issue.
5. Un affrontement déceptif (avec échec du héros) annonce la transformation des rôles.
6. La distinction Haut-Bas signifie un changement de régime alimentaire et spécialement passage de l'alimentation carnée à l'alimentation végétale.
7. Le renversement d'une situation signale l'inversion de signe du contenu.
8. La signification de l'animal dépend de la dimension mythique considérée. Ainsi si la dimension est l'alimentation, le Vautour sera considéré comme consommateur.
9. Le sujet consommateur représente l'objet consommé.

Il est difficile de considérer ces clés comme des sèmes, quoique par ailleurs l'analyse sémique de certains thèmes (cf. ci-dessus *Vautour*) soit convaincante. Armé de ces clés et des *sèmes privilégiés* (déjà symboliques par ce fait), l'analyste lit alors assez facilement sur le second registre (les unités découpées étant les paragraphes successifs du récit).

« *L'homme a essayé de changer de régime alimentaire* (ascension) / *Dans cette nouvelle situation, il a consommé de la viande crue, ce qui est facile en soi / mais la consommation de la viande crue pourrie conduit à la mort, elle est interdite et punie / L'homme n'est pas un vautour //* changement de sens des symboles vautours qui deviennent adjuvants. Descente du héros, changement de régime alimentaire // *La nouvelle alimentation de l'Homme, au hasard de la cueillette* (fruits sauvages) *est aussi un échec* (absence de fondement) *car il ne les digère pas forcément // Valorisation du végétal et de la terre nourricière* (pâte de tubercules) *en raison d'une révélation spéciale* (rappel du conseil de la grand-mère) // *L'alimentation par végétaux cultivés et consommés frais crus est affirmée* (succès du héros), *valorisée et protégée par des rituels //* Fin de l'extrait de ce récit mythique.

Outre la nécessité du code de déchiffrage, une autre difficulté surgit dans l'analyse des récits mythiques, qui est la polysémie des symboles.

Après LEVI-STRAUSS, A.J. GREIMAS signale que *le même mythe* a aussi un troisième sens (sexuel), puis un quatrième sens (cosmologique). Pis encore, dans un même long récit (le texte complet du mythe dont vous avez lu une partie en comporte six, chacune relatant une épreuve du héros), chaque partie peut concerner davantage un des codes tout en ayant un sens sur les autres codes.

On comprend que les méthodes d'analyse de contenu ne deviennent, dans un tel domaine, que *les moyens d'un premier travail* qui attend sa suite et ses résultats d'autres méthodes relevant d'un autre champ de connaissances.

Il est cependant possible d'éviter le recours à l'herméneutique dans l'analyse des productions imaginaires.

■ L'ANALYSE THÉMATIQUE STRUCTURALE

L'idée que le texte, considéré comme un système, a une organisation interne qui constitue son sens, intéresse de plus en plus les chercheurs. L'origine de cette nouvelle orientation est phénoménologique. Il s'agit, sans sortir du contenu manifeste et donc sans recours à des clés ou à une théorie « extérieure », de découvrir les rapports structuraux dont la *configuration* est le secret du sens cherché.

Une première approche relativement simple est la recherche du *leitmotiv*.

• *La recherche du leitmotiv.* Plutôt que « configuration » ou que « structure thématique », je dirai *leitmotiv* pour désigner *le thème général immanent* dont les formulations concrètes pourraient varier presque à l'infini.

Dans l'histoire du « canot » racontée ci-dessus, p. 108, le *leitmotiv* est « une réflexion mélancolique sur l'état présent et sur ce que l'avenir réserve peut-être si un changement ne se produit pas d'urgence dans la situation ».

Inutile d'aller chercher des clés : tout est là.

On peut imaginer quantité de récits qui « habilleraient » ce *leitmotiv* d'éléments concrets divers, qui « diraient » la même chose en racontant d'autres situations.

Dans l'extrait du mythe bororo, le *leitmotiv* général est : « il y a des problèmes d'alimentation et on ne peut pas les résoudre n'importe comment ». Ce thème général se subdivise en trois, par rapport aux trois épisodes : 1) il est facile de consommer cru le gibier qu'on a tué mais à la longue la viande pourrit et cela provoque des malheurs ; 2) il est facile de manger des végétaux sauvages, mais leur digestion est incertaine ; 3) les bons aliments végétaux ont un rapport avec le travail de la terre accompli selon des règles.

FREUD (in *Introduction à la psychanalyse*) cite de nombreux rêves. Prenons-en un au hasard : « *Je voyage en chemin de fer. Le train s'arrête en pleine campagne. Je pense qu'il s'agit d'un accident, qu'il faut songer à se sauver, je traverse tous les compartiments du train et je tue tous ceux que je rencontre* ».

Appliquant sa méthode d'associations libres à partir de chaque

image du rêve, FREUD trouve des souvenirs qui permettent la traduction ; il y a ajouté ses clés *a priori* (ainsi « traverser une série de pièces est le symbole du mariage », « le train est le symbole du membre viril », etc...). Le leitmotiv est pourtant clair. Il se formulerait ainsi : « *Il n'en faudrait pas beaucoup pour que je perde la raison et que je fasse un coup de folie qui aurait de lourdes conséquences* » *.

En quoi consiste donc le *leitmotiv* (ou thème général structurant le récit du *point de vue du sens* **) ? Il est à la fois *formel* (résultat de la suppression des références à un réel, pour ne retenir que le sens général), *abstrait* (par élimination des éléments concrets), *schématique* (sorte de résumé qui ne retiendrait qu'un principe général d'organisation) et *affectivement chargé* (noyau condensant non seulement tout le développement du contenu manifeste mais plusieurs développements concrets analogiques). C'est donc une forme dynamique donatrice de sens.

• *Les rapports structuraux entre les thèmes.* A un degré de complexité supérieur, plusieurs thèmes organisés entre eux selon des rapports purement *psychologiques,* constituent une *structure thématique* qui est le centre même de la signification de *l'ensemble* du récit (ou du texte en tant qu'ensemble organique) ***.

Pour illustration, je prendrai le récit (accompagné par un dessin) **** que propose Y. DURAND dans son importante contribution à *méthodologie de l'imaginaire* (in vol. *Circé,* n° 1, du Centre de Recherches sur l'imaginaire). Mais au lieu d'appliquer à ce récit l'analyse structurale à clé et le modèle actanciel, je lui appliquerai la méthode d'analyse thématique structurale.

« *Dans une forteresse, il y a une prisonnière qui est sauvagement gardée par un monstre hideux et dévorant. Un chevalier armé d'une épée veut la délivrer mais il faudra qu'il affronte tout d'abord le monstre puis les serpents qui rôdent autour du château, qu'il fasse attention à ne pas recevoir des météorites qui tombent d'un satellite, qu'il franchisse le fossé plein d'eau et qu'il puisse arriver à travers les flammes qui brûlent continuellement dans le château. S'il arrive à tout surpasser, il pourra sauver la prisonnière, sinon il sera lui aussi fait prisonnier.* »

Le modèle actanciel proposé par Y. DURAND (*op. cit.,* p. 214) est celui-ci :

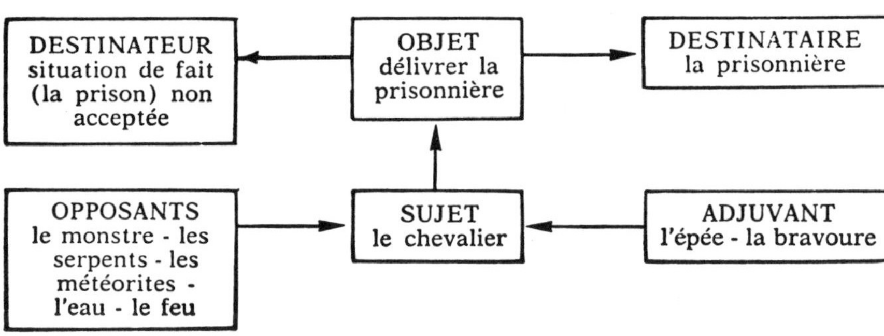

* Pour un développement de ces idées, cf. R. MUCCHIELLI, *Introd. à la psychologie structurale, op. cit.*

** Et non pas, donc, du point de sa forme littéraire, ni de son style ni de sa syntaxe, ni de son mouvement rhétorique.

*** J'ai développé ailleurs (in *Introduction à la psychologie struturale,* et dans *L'analyse existentielle,* ...) l'application de ces méthodes à des contenus psychologiques (entretiens, comportements, rêves).

**** Le narrateur est une infirmière de 20 ans et elle était soumise au test AT 9 créé par Y. DURAND.

Il paraît évident que ce modèle ne nous apprend rien, quoiqu'il trace le schéma formel (ou modèle) du récit. Il ne devient porteur du sens qu'à la condition de mettre dans les cases, les traductions de ces actants. Or, ces traductions ne peuvent être tirées du texte seul. On nous parle alors du « remplacement du père contraignant, par un homme jeune et libérateur, avec cependant chez la personne interrogée, une certaine peur de la sexualité » (*op. cit.*, p. 214), ce qui est parfaitement gratuit malgré le recours à la psychanalyse *(deus ex machina)*.

L'analyse thématique structurale que je propose énoncera d'abord le thème général : *Combat qui s'annonce difficile en vue d'une libération.* Ce thème est développé à l'aide de sous-thèmes qui sont (dans l'ordre du récit) : 1) un but est visé, du genre libération, 2) mais il y a plusieurs obstacles directs successifs sur le chemin vers ce but, 3) il y a aussi des obstacles latéraux éventuels non négligeables d'origine plus lointaine, 4) l'ensemble de ces obstacles variés est de nature à décourager l'action, 5) l'abandon du projet n'est pas envisagé cependant, 6) l'entreprise aura lieu, 7) car le courage et les moyens ne manquent pas, 8) l'issue est incertaine ; il n'y a que deux issues, le succès ou l'échec ; si l'échec se produit, la partie sera perdue pour longtemps.

Ces 8 thèmes élémentaires ont des rapports variés entre eux et on pourrait les représenter par divers schémas, par exemple un schéma logique-historique, un schéma topologique, etc... On pourrait aussi s'appuyer sur une table des connexions possibles, qui serait moins « massive » que la dichotomie « Opposants-Adjuvants », et moins topographique que celle proposée par Y. DURAND.

Sans entrer dans ces problèmes qui sont loin d'être résolus, je proposerai ce schéma provisoire de l'organisation des 8 thèmes, du point de vue *psychologique*, c'est-à-dire comme hypothèse de ce qui se passe effectivement et actuellement au niveau du vécu de l'auteur du récit :

STRUCTURE THEMATIQUE DU VECU DU SUJET

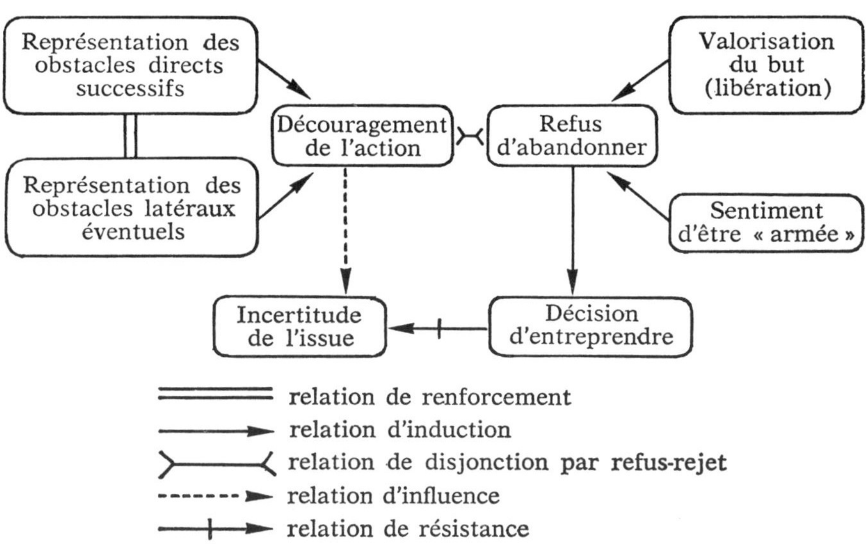

Si cette analyse est exacte, on peut conclure que l'auteur de ce récit et du dessin qui l'accompagne (la jeune infirmière de 20 ans) se trouve dans un « état psychologique » assez bien définissable (quoiqu'elle n'en ait rien dit directement). Point n'est besoin d'aller supposer un père geôlier ou un galant libérateur. Sa vérité psychologique actuelle, au niveau vécu (ou existentiel), est une volonté de « se libérer » elle-même d'une situation insupportable ; elle pressent les obstacles et les dangers (les uns directs, les autres venant de plus loin et « par le travers ») et elle en éprouve un certain découragement contre lequel elle se mobilise actuellement.

Cette analyse prétend ne rien utiliser qui soit « extérieur » au contenu (ni code de décryptage, ni clés des symboles, ni règles d'interprétation au sens psychanalytique), et cependant elle atteint un sens différent du sens littéral du récit et nous fait découvrir un niveau de signification dont la narratrice n'avait certainement pas conscience claire à l'instant où, sous la pression des consignes du test AT 9 qui était proposé à sa « libre imagination », elle inventait cette histoire.

Beaucoup de choses restent à faire en méthodologie de l'analyse structurale, et il y a des raisons de penser que les structures ainsi élucidées représentent un autre type d'inconscient que l'inconscient freudien ; elles nous introduiraient dans *les formes du vécu personnel,* dans les principes organisateurs de la manière-d'être-au-monde.

En conclusion, les méthodes d'analyse structurale constituent un secteur de pointe et de progrès de la sémantique. Elles doivent pouvoir intégrer et formaliser les relations psychologiques sans tomber dans l'herméneutique. Dès qu'une théorie de référence, un texte extérieur au texte analysé, un code ou table des clés... deviennent nécessaires, nous quittons le domaine de l'analyse de contenu pour entrer dans le champ de la traduction, de l'interprétation, ou de l'herméneutique.

CONCLUSION GENERALE

L'analyse de contenu se situe entre deux domaines qui sont d'une part la linguistique (étude de la langue sans référence à quelqu'un qui parle ou écrit), et d'autre part l'herméneutique (qui est interprétation du sens littéral et découverte des sens ésotériques cachés, ceci grâce à des clés ou à un code extérieur au texte).

Nous avons pu constater cependant que le *contenu manifeste* et le *signifié,* auxquels s'en tient méthodiquement l'analyse de contenu nous offrent de nombreuses et riches possibilités de travail, et même nous ouvrent des niveaux de sens à première vue insoupçonnés. Encore faut-il connaître et bien utiliser les méthodes.

Le champ d'application des méthodes que nous avons passé en revue apparaît maintenant dans toute sa surface qui est immense. Soit par leur usage direct et unique, soit en tant qu'auxiliaires d'autres méthodes, les techniques diverses de l'analyse de contenu sont d'une importance majeure pour l'ensemble des sciences humaines. Elles représentent, au niveau des instruments, *le carrefour interdisciplinaire le plus essentiel,* tant sont nombreuses les disciplines utilisatrices.

Beaucoup de progrès se feront sans doute dans les années à venir, en méthodologie de l'analyse de contenu, car nos méthodes bénéficieront, en retour, des progrès de ces nombreuses sciences. Vous avez pu constater la multiplicité de ces techniques, véritable arsenal à la disposition des chercheurs.

Cette multiplicité ne doit pas vous donner le sentiment d'une grande liberté, mais au contraire aiguiser le souci de trouver la méthode la plus adaptée à l'objet précis de votre recherche.

Nous souhaitons, pour terminer, que la formation à l'analyse de contenu, avec sa quadruple dimension linguistique-sémantique, esthétique, psychologique et logique, soit enfin instituée dans l'enseignement des Sciences Humaines et qu'elle y occupe la place qu'elle mérite.

Bibliographie de langue française

Les ouvrages marqués d'un astérisque sont de lecture plus facile ou plus centrés sur le sujet du séminaire.

W. ACKERMANN et R. ZYGOURIS. — Code d'analyse et domaine de référence, in *Bull. du C.E.R.P.*, 1967, tome 16, n° 3, pp. 231-244.

D. ANZIEU. — Le discours de l'obsessionnel dans les romans de Robbe-Grillet, in Rev. *Les Temps modernes*, 1965, n° 233.

J. AUCLAIR. — Meurtre, inceste et énigmes. Etudes comparées de presse, in *Revue française de sociologie*, 1966, tome 7, n° 2, pp. 215-228.

J.L. AUSTIN. — *Quand dire c'est faire*, 1962, tr. fr., Ed. du Seuil, 1970.

AZIZA Cl., OLIVIERI Cl., STRICK R. — *Dictionnaire des symboles*, Ed. Nathan, 1978.

* Laurence BARDIN. — *L'analyse de contenu*, P U F, Coll. Le psych., 1977.

R. BARTHES. — Introduction à l'analyse structurale des récits, article in Rev. *Communications*, 1966, *op. cit.*

R. BARTHES. — *S/Z*, Ed. du Seuil, 1970.

F. BATAILLE, A. SCHIFRES et C. TANNERY. — *Analyses de presse*, P U F, 1963.

S. BAUMAN et A. ECOUVES. — *L'information manipulée*, Ed. de la R.P.P., diffusion P.U.F., 1977, 216 p.

N. BELY, A. BORILLO, J. VIRBEL, N. SIOT-DECAUVILLE. — *Procédures d'analyse sémantique appliquées à la documentation scientifique*, Ed. Gauthier-Villars, 1970.

R. BOUDON, P. LAZARSFELD. — *Méthodes de la sociologie*, Ed. Mouton et C°, 1965-1966.

J. BOUILLUT. — Quelques types de transformations linguistiques dans les résumés analytiques. *Bull. du C.E.R.P.*, 1964, tome 13, n° 4, pp. 200-211.

— Une méthode de morcellement des textes en analyse de contenu, in Rev. *Psychologie française*, tome 9, n° 4, 1964, pp. 294-304.

J.M. BOUROCHE et B. CURVALLE. — La recherche documentaire par voisinage, in Revue *Sema*, Paris, 1971, n° 56, pp. 1-24.

J.M. BOUROCHE et G. SAPORTA. — *L'analyse des données*, P U F, 1980, 128 p.

J.J. BROCHIER. — Le domaine de l'osé : les feuilletons d'*Ici-Paris*, in *Communications*, 1967, n° 9.

B. BUGARD. — Langage corporel et théorie de l'information. *Revue de Médecine psychosomatique et de psychologie médicale*, tome 8, 1966, n° 2, pp. 115-128.

J. BUREAU. — *L'ère logique*, Ed. Robert Laffont, 1969.

Walter BURKERT (article). — Analyse structurale et perspective historique dans l'interprétation des mythes grecs, in *Cahiers internationaux de Symbolisme,* 1978, n° 35-36 (CIEPHUM, 17, place Warocqué, 13 700 Mons, Belgique).

D.P. CARTWRIGHT. — *L'analyse du matériel qualitatif,* in FESTINGER et KATZ : *Les méthodes de recherche dans les sciences sociales* (trad. P U F, 1963).

C. CHABROL. — *Le récit féminin, contribution à l'analyse sémiologique du courrier du cœur et des enquêtes sur la femme dans la presse féminine actuelle,* Paris, Ed. Mouton, 1971.

J. CHAUMIER. — *Les techniques documentaires,* P U F, Que sais-je, 1971.

* J. CHAUMIER. — *L'analyse documentaire,* Entreprise Moderne d'Edition, 1973.

* J. CHAUMIER. — *Les langages documentaires,* Entreprise Moderne d'Edition, 1975.

P. CHAVIGNY. — *L'organisation du travail intellectuel,* Paris, Ed. Delagrave, 1918.

P. CIBOIS. — *L'analyse des données en sociologie,* P U F, 1984.

B. COLBY, G.A. COLLIER et S.K. POSTAL. — L'analyse structurale du récit, in Rev. *Communications,* 1966, Vol. 8, Ed. du Seuil.

J.-M. COTTERET. — *Giscard d'Estaing/Mitterand, 54 774 mots pour convaincre,* P U F, 1976.

R. COSTANTINI. — L'intégration des jeunes cadres dans l'entreprise. Approches psycholinguistiques. *Revue de psychologie et de science de l'éducation,* Belgique, 1970, tome 5, n° 1, pp. 79-109.

M. COURDESSES. — Blum et Thorez en mai 1936, analyses d'énoncés. Revue *Langue française,* février 1971, n° 9, pp. 23 à 33.

M. COVIN. — La bande dessinée psychédélique. *Critiques,* France, 1971, tome 24, n° 294, pp. 1018-1029.

R.C. CROS, Cl. GARDIN et F. LEVY. — *L'automatisation des recherches documentaires, un modèle général, le Syntol,* Ed. Gauthier-Villars, 1964, 2e éd., 1968.

* M. COYAUD et N. SIOT-DECAUVILLE. — *L'analyse automatique des documents,* Paris, Ed. Mouton, 1967.

M. CURCIO. — *Le classement. Principes et méthodes.* Les Ed. d'Organisation, 1980, 160 p.

Fr. DACHET. — Effets de sens et rapports de place, in *Bull. du C.E.R.P.,* avril-septembre 1972, 21e année, tome XXI, pp. 85 à 101.

R. DAVAL et coll. — *Traité de Psychologie sociale,* P U F, Coll. Logos, 2 vol., 1963.

E. DELAVENAY. — *La machine à traduire,* P U F, 1969, Coll. « Que Sais-je ? ».

M. DENIS. — Un inventaire des principales variables à étudier en relation avec le problème de la compréhension d'un message narratif. *Bull. de Psychologie,* France, 1969-1970, tome 23, n° 6-8, pp. 422-425.

A. DEWEZE. — *Traitement de l'information linguistique par l'homme et par la machine,* Paris, Dunod, 1966.

* M. Van DIJK et G. von SLYPE. — *Le service de documentation face à l'explosion de l'information,* Les Editions d'organisation, 1969.

* J. Dubois et J. Sumpf. — L'analyse de discours, in Rev. *Langages*, 1969, n° 13.

P. Dupont. — La documentation : un investissement de bonne gestion. *Usine nouvelle*, France, 1971, 09, pp. 237-238.

G. Durand. — *Les structures anthropologiques de l'imaginaire*, Bordas, 1969.

G. Durand, A. Clancier, L. Cellier, Y. Durand. — *Méthodologie de l'imaginaire*, textes réunis par Jean Burgos, Cahiers du C.R.I., *Circé*, tome 1, Ed. Les Lettres Modernes, Paris, 1969.

M. Duverger. — *Méthodes des sciences sociales*, P.U.F., 1964, Coll. Thémis, 1re partie, chapitre 1, pp. 95-171.

F. Enel. — Le différentiel sémantique dans les affiches, in Rev. *Communic. et Langages*, 1970, n° 5.

* — *L'affiche*, Ed. Mame, 1971.

* R. Escarpit. — *Le Littératron*, Flammarion, 1954.

* R. Escarpit. — *Sociologie de la littérature*, P U F, 1958, Coll. « Que Sais-je ».

* J.P. Faye. — *Langages totalitaires*, Ed. Hermann, Paris, 1972.

L. Festinger et D. Katz. — *Les méthodes de recherche dans les sciences sociales*, trad. fr., 2 vol., P U F, 1963, partic. pp. 481-537.

M. Fiskus. — Analyse de contenu et simulation des processus de mémorisation. *Bull. du C.E.R.P.*, tome 16, n° 3, pp. 199-209.

P. Fresnault-Deruelle. — *Récits et discours par la bande. Essai sur les comics*, Ed. Hachette, 1977.

Dom. J. Froger. — *La critique des textes et son automatisation*, Dunod, 1968.

J.C. Gardin, Dr E. Grolier, F. Levery. — *L'organisation de la documentation scientifique*, Gauthier-Villars, 1966.

J.C. Gardin. — Procédures d'analyse sémantique dans les sciences humaines, in *Echanges et communications, mélanges offerts à Cl. Levi-Strauss*, Ed. Mouton, 1970.

J.C. Gardin. — Recherches sur l'indexation automatique, in *Revue française d'informatique et de recherche opérationnelle*, 1967, n° 6, pp. 27-46.

M. Goddin, D. Heyche, C. Mertens. — Comparaisons de 3 méthodes d'étude de l'image de marque. *Travail humain*, France, 1971, tome 34, n° 2, pp. 253-264.

R. Ghiglione, J.L. Beauvois, Cl. Chabrol, A. Trognon. — *Manuel d'analyse de contenu*, A. Colin, 1980, 163 p.

R. Ghiglione, B. Matalon et N. Bacri. — *Les dires analysés. L'Analyse propositionnelle du discours*, Ed. A. Colin, Collection U, 1985.

* A.J. Greimas. — *Sémantique structurale*, Larousse, 1966.

J. Guilhot. — *La dynamique de l'expression et de la communication*, Ed. Mouton, 1962.

M. Guillot. — Utilité de la représentation d'un langage documentaire sous forme graphique du type schéma fléché. *Documentaliste*, France, 1971, tome 8, n° 1, pp. 1-3.

L. Guespin. — Problématique des travaux sur le discours politique, in Rev. *Langages*, n° spécial cité, 1971.

* P. Guiraud. — *Problèmes et méthodes de la statistique linguistique*, P U F, 1960.

Z.S. Harris. — Analyse du discours, in Rev. *Langages*, 1969, n° 13, pp. 8-45.

* P. Henry et S. Moscovici. — Problèmes de l'analyse de contenu, in Rev. *Langages*, n° 11, sept. 1968, pp. 36-60.

P. Henry. — Analyse de contenu, connaissances scientifiques et langage documentaire : questions méthodologiques. *Bull. du C.E.R.P.*, 1967, tome 16, n° 3, pp. 245-264.

M.B. Holzman. — Un système d'analyse de contenu multidimensionnel, in *Bull. du C.E.R.P.*, 1967, tome 16, n° 3, pp. 289-300.

L. Irigaray. — L'énoncé en analyse, in Rev. *Langages*, n° 13, pp. 111-122.

L. Irigaray. — *Le langage des déments*, Ed. Mouton, 1973.

L. Irigaray. — Approche d'une grammaire d'énonciation de l'hystérique et de l'obsessionnel, in Rev. *Langages*, 1967, n° 5.

* J. Kayser. — L'étude du contenu d'un journal : analyse et mise en valeur, in Rev. *Etudes de presse*, 1959, vol. XI, n°s 20-21, pp. 6-20.

J. Kayser. — *Une semaine dans le monde*, Ed. de l'UNESCO, 1953.

C. Kerbrat-Orecchioni C. — *L'implicite*, Ed. A. Colin, Collection U, 1986.

A. Kientz. — *Pour analyser les media*, Ed. Mame, Coll. « Aujourd'hui », 1971.

M. Klein, F. Lantier, N. Ramognino. — Une analyse sémantique conceptuelle. *Bull. du C.E.R.P.*, 1967, tome 16, n° 3, pp. 275-288.

F. Levy. — Quelques analyses de contenu. *Bull. du C.E.R.P.*, 1967, tome 16, n° 3, pp. 191-198.

J.W. Lapierre. — *L'information sur l'Etat d'Israël dans les grands quotidiens français en 1958*, Editions du C.N.R.S., Paris, 1968.

H.D. Lasswell. — L'analyse de contenu et le langage de la politique, in *Revue française de science politique*, 1952, vol. II, n° 3, pp. 505-520.

F. Lavallard. — Les Banques de données, des espoirs et des craintes, in Rev. *L'Usine Nouvelle*, septembre 1971.

R. Legris, P. Page et coll. — *L'œuvre littéraire et ses significations*, les Presses de l'Université du Québec, Montréal, 1970.

J.F. Le Ny. — *La sémantique psychologique*, P U F, 1979.

P. Mac Leod (d'après un entretien à la suite d'une conférence de J. Roesch). — Intelligence et machines. *Concours médical*, tome 6, n° 1, 1968, pp. 37-42.

M. Mc Luhan. — *Pour comprendre les media*, Ed. Mame/Seuil, 1968.

D. Maingueneau. — *Initiation aux méthodes de l'analyse du discours*, Problèmes et perspectives, Librairie Hachette, 1976, 192 p.

* J. Maisonneuve et J. Margot-Duclot. — Les techniques de la psychologie sociale, L'analyse de contenu, in *Bull. de psychologie*, n° 231, XVII, 30 avril 1964, pp. 1049-1054.

D. Maldidier. — Lecture des discours de De Gaulle par six quotidiens parisiens, in Rev. *Langue française*, 1971, n° 9.

P. Maranda. — Analyse quantitative et qualitative de mythes sur ordinateurs, *communication au Symposium Intern. sur les méthodes de calcul dans les Sciences humaines*, Rome, juillet 1966.

R. Marchio, M. Morin, J.M. Pechnard et A. Trognon. — Psychologie sociale et linguistique : pour une théorie de la signification, in *Bull. de Psychologie,* France, 1971-1972, tome 25, n° 295, pp. 119-139.

J.M. Margot (IBM Berne). — Problèmes de l'analyse automatique de textes, *Ass. bibliothécaires Suisses, Ass. Suisses documents,* Suisse, 1972, tome 48, n° 2, pp. 77-83.

G. Matoré. — *La méthode en lexicologie,* Ed. Didier, 1953.

A. Moles. — *L'affiche dans la société urbaine,* Dunod, 1969.

M. Montuclard, Marie Montuclard, N. Ramognino et P. Verges. — Analyse structurelle d'un modèle de culture normative à partir d'un univers de thèmes motivés, in *Revue française de sociologie,* France, 1971, tome 12, n° 2, pp. 177-205.

J. Moreau. — *La contraction de texte aux examens et concours,* Ed. Nathan, Coll. Fac., 1967.

E. Morin et L. Brams. — Le contenu familial et social de la presse hebdomadaire féminine, in *L'Ecole des Parents,* 1955-1956, n° 6, pp. 16-38.

* S. Moscovici et P. Henry. — Problèmes de l'analyse de contenu, in Rev. *Langages,* 1968, n° 11, pp. 36-60.

M. Mouillaud. — Le système des journaux (théorie et méthode pour l'analyse de presse), in Rev. *Langages,* France, 1968, tome 11, pp. 61-83.

* G. Mounin. — *Les problèmes théoriques de la traduction,* N.R.F., 1963.

P. Mouren, A. Tatossian, G. Blumen, P. Guin. — La tentative de suicide du sujet jeune (résultats préliminaires de la technique du différenciateur sémantique d'Osgood). *Annales médico-psychologiques,* Paris, 1966, tome 124, n° 1, pp. 1-16.

R. Mucchielli. — *Introduction à la psychologie structurale,* Ed. Dessart, 3e édit. 1972, spécialement chap. 2, « En quête de l'information), pp. 74-143.

O. Naudin. — « Mademoiselle Age Tendre », in *Communications et Langages,* France, 1971, n° 11, pp. 67-75.

* F. Nef, *sous la direction de.* — *Structures élémentaires de la signification,* Ed. Complexes, P U F, 1976.

A. Niel. — *L'analyse structurale des textes, littérature, presse, publicité,* Ed. Universitaires, 1976.

P. Oleron. — *Les activités intellectuelles,* P U F, Le Psychologue, 1964.

P. Page et M. Gagnon-Mathony et coll. — *Le Symbole, Carrefour interdisciplinaire,* Ed. Sainte-Marie, Montréal, 1969.

* J. Parain-Vial. — *Analyses structurales et idéologies structuralistes,* Ed. Privat, 1969.

M. Pecheux. — Analyse de contenu et théorie du discours, *Bull. du C.E.R.P.,* 1967, tome 16, n° 3, pp. 191-198.

M. Pecheux. — Vers une technique d'analyse du discours. *Psychologie française,* 1968, tome 13, n° 1, pp. 113-117.

M. Pecheux. — Etudes expérimentales de conditions déterminant la plausibilité d'une théorie psychologique (sur le rapport entre objets réels et objets de connaissance). *Bull. de psychologie,* France, 1971-1972, tome 25, n° 295, pp. 102-118.

* M. Pecheux. — *Analyse automatique du discours,* Dunod, 1969.

F. Perroux. — L'information, facteur de progrès économique dans les sociétés du xxe siècle, in Périodique *Diogène UNESCO*, France, 1958, nº 21, pp. 32-60.

J. Piaget. — *La psychologie de l'intelligence*, Ed. A. Colin, 1967.

R. Pinto et M. Grawitz. — *Les méthodes des sciences sociales*, 2 vol., Ed. Dalloz, 1964 ; cf. vol. 2, chapitre 2, pp. 495-541.

Provost-Chauveau. — Problèmes théoriques et méthodologiques en analyse du discours, in Rev. *Langue française*, nº 9, pp. 6-21.

H. Raymond. — *Une méthode de dépouillement et d'analyse de contenu appliquée aux entretiens non-directifs*. Paris, Institut de Sociologie urbaine, 1968.

P. Ricoeur. — *De l'interprétation, essai sur Freud*, Ed. du Seuil, 1965.

B. Rime et M. Bonami. — Approche matricielle de la structure d'un échantillon à l'occasion d'une étude de la personnalité en psychopathologie professionnelle, in *Bull. du C.E.R.P.*, 1971, tome xx, nº 1, pp. 53-63.

C. Rivoire. — *L'analyse dynamique en sociologie*, P U F, 1978.

J. Roche. — *Le style des candidats à la Présidence de la République*, Ed. Privat, 1971.

Th. Schmidt. — Analyse de contenu et analyse sémantique, in *Bull. du C.E.R.P.*, 1967, tome 16, nº 3, pp. 265-274.

S. Siskus. — Analyse de contenu et simulation des processus de mémorisation, in *Bull. du C.E.R.P.*, 1967, tome 16, nº 3, pp. 198-210.

Henriette Steinbeg-Castro. — *Analyse de contenu et contenu de l'analyse*, Annales du C.R.E.D.O.C. nº 1, Dunod, 1976.

Evelyne Sullerot. — Une étude de presse ; à propos d'un fait divers, in *Temps Modernes*, 1965, XX, nº 226, pp. 1704-1722.

J. Sumpf. — Socio-linguistique, in Rev. *Langages*, nº 11, 1968.

L. Szekely. — La signification, les schémas de la signification et les schémas corporels de la pensée. *Revue française de psychanalyse*, 1964, nº 1, pp. 57-74.

D. Teichroew, H. Sayani. — Automatisation de la construction de systèmes, in Rev. *Informatique*, France, 1971, nº 23, pp. 67-73.

T. Todorov. — L'analyse structurale du récit, in Rev. *Communications*, Fr., 1966, nº 8.

UNESCO (publications des presses de l'UNESCO, place Fontenoy, Paris). — *Thésaurus de l'éducation*, 1976, 279 pages.

* Marie-Christine d'Unrug. — *Analyse de contenu*, Ed. Universitaires, 1974.

* H. Vetter. — *Langage et maladies mentales*, trad. fr., E S F, 1971.

B.C. Vickery. — *Techniques modernes de documentation - Analyse des systèmes de recherches de documents*, Dunod, 1962.

G. Vincent. — *Les lycéens, Contribution à l'étude du milieu scolaire* (exploration qualitative de 30 000 pages écrites par des élèves de 265 classes de lycée en 1967 et 1969), Ed. A. Colin, 1971.

P. Vouin. — Approches linguistiques et sémantique du discours, in Rev. *L'Evolution psychiatrique*, 1970, tome 35, nº 1, pp. 181-198.

P. Watzlawick, J. Helmick-Beavin et D. Jackson. — *Une logique de la communication*, trad. fr., Ed. du Seuil, 1972.

D. Wechsler. — *La mesure de l'intelligence de l'adulte*, 1944, trad. fr., P U F, 1956.

REVUES :

Bulletin du C.E.R.P., n° spécial 1967, tome 16, n° 3.

* *Communications*, n° spécial Recherches sémiologiques, l'analyse structurale du récit, Ed. du Seuil, n° 8, 1966.

Etude de presse, organe de l'Institut de l'Université de Paris.

* *Langages*, n° spécial : *Le Discours politique*, 1971, VIe année, n° 23, Ed. Didier-Larousse.

Langue française, n° spécial Linguistique et société, 1970, n° 9.

N.B. — Pour ce qui est de la très importante bibliographie de langue anglaise, on consultera les ouvrages de base suivants :

BRELSON B. — *Content analysis in Communication Research*, Glencoe Illinois, The free Press 1952, nlle éd., New York Hafner Publ. Co. 1971.

GERBNER G., HOLSTI O.R., KRIPPENDORFF K., PAISLEY W.J. and STONE Ph. — *The analysis of communication content*, New York, London, John Wiley and Sons Ed., 1969, 597 pages dont 23 de bibliog.

DE SOLA-POOL I. (sous la direction de), *Trends in Content analysis*, Urbana Illinois, Ill. Univers. Press, 1959.

LEXIQUE

ABSTRACTION : Opération intellectuelle fondée sur la possibilité de considérer à part et pour lui-même *un élément* dans un ensemble de données. D'autre part, l'abstraction permet la généralisation lorsque, passant du concret (et des données perceptives) à des rapports qualitatifs, quantitatifs ou logiques *entre* les données, elle définit des catégories, des classes, des espèces, des relations dites « **abstraites** ».

ACTANCIEL (modèle) : **Schéma qui, pour** rendre compte de la structure d'un récit, représente les rapports fonctionnels des protagonistes ou *actants* (êtres animés ou inanimés ayant un rôle dans l'histoire racontée).

ACTANT : Cf. **actanciel.**

ANALYSE : Décomposition **en éléments,** inventaire et classement des composants d'un ensemble. Examen d'un ensemble de données, en vue de déceler des caractéristiques ou un essentiel par rapport à des critères convenus. L'analyse est *formelle* si son but est de dégager la forme abstraite ; elle est *thématique* si le but est la découverte des thèmes ; elle est *sémique* si le but est la formulation des sémes, etc.

ANALYSE DE CONTENU : Examen objectif, exhaustif, méthodique et si possible quantitatif, d'un **texte** (ou d'un ensemble d'informations) en vue d'en tirer ce qu'il contient de significatif par rapport aux objectifs de la recherche.

ANALYSEUR EXTERNE : Nom donné par PAVLOV au début du XXe siècle aux *organes des sens* (toucher, goût, olfaction, ouïe, vue et autres organes sensoriels de la série animale) considérés comme organes d'analyse de l'environnement en fonction des besoins de l'organisme.

ANALYSEUR INTERNE : Nom donné par PAVLOV aux organes internes qui sont sensibles à des variations du milieu intérieur (pression sanguine, glycémie, température du corps, etc...) en vue du déclenchement du processus d'équilibration homéostatique.

ANTI-DICTIONNAIRE : Liste des éléments linguistiques qui doivent disparaître du texte lorsqu'on réécrit ce texte en abrégé (en style télégraphique par exemple ou en un langage documentaire non-codé). Dans le système documentaire *Syntex,* par exemple, l'anti-dictionnaire comporte environ 300 mots ou éléments de mots (mots-vides, mots-outils, désinences, suffixes, etc.).

BOOMERANG (effet) : On appelle ainsi le résultat inverse du résultat espéré, lorsqu'un stratagème a été découvert par celui ou ceux qu'il voulait « piéger ». Ainsi une information tendancieuse cherchant à « faire croire » quelque chose, détermine une forte opinion *contraire* si la personne « manipulée » s'aperçoit de la manipulation.

BI-UNIVOQUE : Se dit d'une relation, et a le sens de *parfaitement réciproque.*

BRUIT : En théorie de l'information et dans la théorie des communications, est appelé « bruit » tout facteur perturbant l'émission (grésillement de l'appareil émetteur, bredouillement du locuteur, par ex.), la transmission (*fading,* friture sur la ligne par ex.) et la réception (surdité du destinataire, émotion brouillant ses sens par ex.).

CATEGORIE : Genre définissant une classe d'objets, nom d'un groupement d'éléments ayant en commun des caractéristiques autorisant leur rassemblement en une même classe. Ex. *Le verbe, l'adjectif* sont des catégories syntaxiques. L'analyse de contenu distribue en *catégories* les éléments indicatifs discriminés par unités d'enregistrement.

CATEGORISATION : Opération consistant à classer les éléments significatifs après analyse du contenu et à les regrouper en catégories définies.

CHEMORECEPTRICE (cellule) : Sensible à la composition chimique et capable de déceler la présence d'éléments bio-chimiques.

CLASSE : Ensemble regroupant des éléments ou unités, ayant en commun certaines propriétés de forme, de sens, de fonction, ou certaines caractéristiques objectives.

CODAGE ou **ENCODAGE :** Opération consistant, en utilisant un code, à transformer l'information ou le message (le mettre dans une autre forme) en vue de sa réception et de sa compréhension par un système-récepteur.

CODE : Système de signes, de signaux ou de symboles qui permet la traduction d'une idée, d'un message ou d'une information en vue de son expression et de sa transmission. Tout système de signes étant code, on peut dire que toute langue est un code. Par extension, on appelle CODE tout système de catégories, et même tout moyen systématisé de compréhension d'un texte ou d'une information.

CODEUR : Opérateur de la **catégorisation** selon un système de critères et de signes convenus.

COMMUNICATION : 1) (théorie des communications) Emission - transmission d'un message, et phénomènes ou processus correspondants. 2) Relation interhumaine. 3) Au sens large, tout message.

COMPETENCE : Dans la théorie linguistique de CHOMSKY, la compétence d'un sujet parlant, c'est la langue qu'il utilise, autrement dit son appartenance et son potentiel linguistique. Ce point de vue permet à CHOMSKY de définir la langue non plus comme une réalité extérieure aux sujets parlants, mais comme la compétence commune des sujets utilisant cette langue. **Cf. Performance.**

COMPONENTIELLE (analyse) : Procédure consistant à définir la signification d'un mot-clé (ou d'un élément significatif) à partir du maximum d'énoncés le comportant ou de séquences le concernant. La définition recherchée se déduit de la confrontation des énoncés ou des séquences.

COMPUTABLE : Qui peut être soumis au calcul par ordinateur.

CONGRUENT : Adéquat, concordant, en accord.

CONCEPT : 1) Idée générale symbolisée par un mot. 2) Résumé du savoir à un moment donné des connaissances, concernant une réalité. 3) Manière dont on « conçoit » quelque chose, au sens de l'idée que l'on s'en fait personnellement, cette pseudo-idée se trouvant chargée de valeurs affectives et d'expérience subjective. Au sens 1, le concept est résultat d'un jugement, au sens 2, il est résumé d'un savoir, au sens 3, c'est en fait une « image » (une représentation mentale).

CONNOTATION : Sens associés à un mot dans la manière qu'un individu ou un groupe a de l'entendre ou de le comprendre, et qui ne font pourtant pas partie des sens donnés par le dictionnaire. Ainsi « rouge » a une connotation (politique) différente selon les groupes d'opinion. C'est ce que la signification d'un mot a de particulier pour un individu ou pour un groupe. Ces sens associés peuvent provenir du contexte original ou de la mentalité culturelle ou des expériences personnelles vécues du sujet. L'étude des connotations (selon HJELMSLEV) échappe à la linguistique et relève de la sociolinguistique, de la psycho-linguistique ou de la sémantique. S'oppose à *dénotation.*

CONTEXTE : Partie du texte auquel appartient un message ; groupe d'unités qui précèdent et qui suivent une unité déterminée. La phrase est le contexte d'un mot. Un livre entier est le contexte d'une formule significative qui en fait partie.

CONTEXTUEL : Qui se réfère ou renvoie au **contexte.**

CONTENU : Ensemble des signifiés, ensemble des significations d'un « texte ».

CONTENU CONCERNÉ : Dans un ensemble vaste comprenant de multiples données, on appelle « contenu concerné » le total des données utiles à la recherche, découpé dans l'ensemble plus vaste. Ainsi un article dans un journal, si cet article fait l'objet d'une recherche (dans une série d'articles à comparer, par exemple).

CO-OCCURENCE : Simultanéité, co-présence ou rencontre de deux ou plusieurs données, dites alors *co-occurentes* (se produisant en même temps, se trouvant dans le même énoncé).

CORPUS : Ensemble des documents réunis en vue d'une analyse et étant donné des objectifs. Ne pas confondre avec un ensemble d'énoncés significatifs d'une situation donnée, ce à quoi on réserve plutôt le nom d'*Univers.* Le corpus est la matière première de la recherche. Il est taillé sur mesure dans un Univers.

DECODAGE : 1) Opération d'un récepteur possédant le code du message et, en l'appliquant, capable de percevoir la signification de ce qui lui a été transmis avec ce même code. 2) Toute opération consistant à saisir la signification contenue dans une information, à en percevoir le sens à partir d'une grille de catégories.

DENOTATION : Elément stable de la signification, défini par le dictionnaire et en dehors de tout discours. Sens immédiat et « objectif » d'un mot. Ex. *Nuit* s'oppose à *Jour* et est l'intervalle entre le coucher et le lever du soleil. A cette dénotation, les **connotations** ajouteront de façons diverses des sens subjectifs, par ex. l'angoisse.

DESTINATAIRE : Récepteur (en schéma des **communications**). Bénéficiaire de l'action (dans le modèle **actanciel**).

DESTINATEUR : Emetteur, locuteur, source d'un message (en schéma des communications). Générateur ou situation génératrice (dans le modèle *actanciel*).

DICHOTOMIE : Classement en deux catégories, séparation en deux, subdivision d'un tout en deux parties et en deux seulement.

DIRECTE (Question) : Type de question qui formule en clair et en face le but immédiat de l'interrogation. Lorsque le but est une information objective, ce type de question est le meilleur. Lorsque le but est de savoir ce que pense le questionné sur un problème délicat le concernant, ce type de question n'obtient que des réponses de façade ou de défense.

DISCOURS : 1) Action de traiter un sujet par la parole. 2) Ensemble de la production d'un locuteur. En ce sens est *discours* tout texte (parlé, écrit ou figuré) ayant un auteur. 3) Ensemble d'énoncés.

DISJONCTION : Contraire de *conjonction ;* séparation, opposition, rupture.

DISTRIBUTIONALISME : Nom donné à la théorie linguistique de BLOOMFIELD, qui définit la langue comme l'ensemble des énoncés effectivement émis par les utilisateurs de cette langue à une époque donnée. La linguistique a pour but de faire apparaître dans le corpus ainsi réuni, toutes les *régularités,* sans recours ni à la fonction du langage ni à des significations. La « distribution » d'une « uni-

té de langage » est l'ensemble des contextes où on la rencontre. Du fait de l'importance de cette notion, la théorie s'est appelée « distributionalisme ». Cf. **Distributionnelle (analyse).**

DISTRIBUTIONNELLE (analyse) : Méthode d'analyse caractéristique de la linguistique structurale (BLOOMFIELD 1933), d'orientation behavioriste ne tenant compte d'aucun facteur « interne » (éliminant toute référence au sens). Partant d'un ensemble d'énoncés effectivement émis par des locuteurs parlant une même langue (d'où l'intérêt de cette méthode pour l'étude des langues sans écriture), on essaie de définir des régularités dans ce corpus, régularités définies par des positions et des relations de voisinage (comment se *distribuent* les unités dans l'environnement du discours). Ainsi toute langue est une structure de distribution, c'est-à-dire un ensemble de règle de position des unités les unes par rapport aux autres.

DOCUMENT : Tout objet qui enseigne ou renseigne. Tout élément de connaissance.

DOCUMENTAIRE (langage) : Lexique et syntaxe artificiels constituant une métalangue, permettant de traduire le langage naturel à des fins de documentation (recherche et stockage de l'information).

DYADIQUE : Qui concerne deux personnes en interaction (formant par là une dyade).

ECOLOGIQUE : Qui concerne ou se réfère à l'*écologie*, science de l'environnement caractéristique de chaque espèce animale (monde de leurs perceptions, des stimuli sélectifs, de leurs actions et réactions, de leur espace-temps spécifique, de leurs relations, etc...).

ÉNONCÉ : Suite finie (close) de mots d'une langue, émise par un locuteur, grammaticalement correcte et ayant un sens. Un énoncé peut être formé d'une ou plusieurs phrases. L'ensemble des énoncés constitue le *corpus* de l'analyse. Pour désigner un groupe de mots, on dit plutôt syntagme.

ÉNONCIATION : Pratiquement synonyme de *discours* au sens général de « dire » (parler ou écrire). Ce terme ne vise ni l'émission comme phénomène physique, ni la réception de la parole ; il signifie le fait même de dire-en-situation, autrement dit de s'exprimer, assumé par un *locuteur* dans des circonstances précises.

EPANORTHOSE : Figure de style consistant à faire semblant de rétracter ce qu'on avait dit, pour dire quelque chose de plus fort.

EPIPHONEME : Exclamation sentencieuse par laquelle on termine un discours.

EPISTEMOLOGIE : Partie de la philosophie et de la logique qui étudie la connaissance et les moyens de connaissance humains.

ÉQUIVALENCE SÉMANTIQUE : Identité ou similitude de sens de deux (ou plusieurs) énoncés de construction grammaticale et syntaxique différente. De tels énoncés appartiennent à la même *classe d'équivalences.* On dit aussi *équivalence logique.*

EXEGESE : Commentaire explicatif du sens d'un texte obscur et polysémique.

GENERATIVE (grammaire) : Théorie linguistique de CHOMSKY (1960) voulant tenir compte de la créativité du sujet parlant, de sa capacité à émettre et à comprendre des messages originaux. La grammaire est un mécanisme bien déterminé qui permet d'engendrer des phrases en nombre infini. De là, entre autres, l'étude des multiples façons de dire quelque chose (actif, passif, interrogation, affirmation, négation, conditionnel, etc.). De cette théorie qui fait la liste des transformations, est sortie la grammaire *transformationnelle.*

HENDIADYN : Figure de style consistant à mettre deux noms coordonnés à la place d'un nom et d'un adjectif. Ex. « boire dans une timbale et dans de l'argent » pour « boire dans une timbale d'argent ».

HERMENEUTIQUE : Art de l'interprétation des symboles, des énigmes et des textes à plusieurs sens.

HYPALLAGE : Figure de style consistant en un déplacement d'adjectif d'un mot (auquel il conviendrait) sur un autre auquel il ne convient pas habituellement. Ex. « Ce marchand accoudé sur son comptoir avide » (V. Hugo).

IDENTIFICATION D'UN TEXTE : En langage de la documentation, ensemble des références exactes permettant de trouver (ou de retrouver) et de reconnaître un texte.

INDEX : Liste alphabétique des concepts essentiels cités ou utilisés dans un document.

INDEXATION : Opération documentaire consistant à attribuer aux divers éléments, des traits distinctifs qui les décrivent et les définissent dans une langue donnée ceci en vue de leur classification ultérieure.

INDICATEUR : Signe ou caractéristique repérable permettant la classification-catégorisation d'une donnée. Il n'y a d'indicateur que par rapport à une catégorie.

INDICE : Donnée de fait qui fournit une indication, laquelle permet de reconnaître et de classer une unité en tant que significative d'une attitude.

INDUIRE : Ici au sens épistémologique strict, signifie dépasser les faits pour découvrir la loi physique (ou en faire l'hypothèse), chercher le principe organisateur d'un ensemble ordonné de propositions, passer du cas particulier à l'idée générale (ceci rationnellement).

INFERENCE : Opération par laquelle on passe d'un donné manifeste ou d'une observation particulière à une définition de la cause ou de la source ou d'une donnée cachée, en rapport supposé avec l'observation.

INFORMATION (traitement de l') : Suite d'opérations systématiques ou programmées sur des données ou documents en vue de l'exploitation complète des informations qu'ils représentent.

INFORMATIQUE : 1) Traitement de l'information opéré avec l'aide d'un ordinateur et d'un programme. 2) Etude des méthodes d'automatisation du traitement de l'information dans des objectifs spécifiés (informatique industrielle, de gestion, de documentation, etc...).

ISOTOPIE : Unité du sens à un certain niveau et selon une certaine quantité d'éléments. Sens (unitaire) d'un texte.

ITEM : Elément ou unité élémentaire formant un tout clos ou fini. Ce terme est très général. Un interview est un item pour celui qui collationne les interviews. Une phrase est un item si l'on découpe le document en phrases.

KITSCH : Mot d'origine allemande du XIXe siècle signifiant la camelote, le faux présenté comme de l'authentique, l'artificiel. Selon A. MOLES (*Psychologie du kitsch*, Ed. Mame 1971), le kitsch est un phénomène d'aliénation, de mise en condition de l'Homme par les objets culturels-artificiels qui l'entourent.

LANGAGE : 1) Langue comme système de sons et de signes organisés, objet de la **linguistique.** 2) Usage de la langue par un **locuteur,** donc comme **parole.** 3) Code quelconque ou système de signes (ex. le langage des mains). 4) Système des significations (comme dans l'expression : le langage des couleurs).

LEXEME : Pratiquement signifie « mot » comme unité de la langue écrite ou parlée. Tout *lexique* est une liste de lexèmes. Cependant, grammaticalement, un radical de verbe est un lexème et sa forme écrite concrète (radical + desinence) y ajoute un morphème (la désinence).

LEXICAL : Qui a rapport avec le lexique. Le *champ lexical* d'une technique, par ex., est l'ensemble des termes qui s'y rapportent.

LEXICOLOGIQUE : Relatif à la *lexicologie,* étude des mots et autres « unités de signification ».

LEXIE : Unité de lecture dans l'acte courant de lire. Dimension minima de texte nécessaire à la saisie d'un sens immédiat.

LINGUISTIQUE : Science de la langue et des langues comme systèmes de communication sociale antérieurs et extérieurs aux sujets parlants. Comme telle, la langue est un « fait d'observation »,

qui peut être décrit et étudié en tant que système. Cette conception saussurienne est discutée mais pèse sur l'histoire de la linguistique.

LITOTE : Figure de style qui consiste à affaiblir la pensée pour laisser entendre davantage. Ex. « Vous ne m'êtes pas indifférent ».

LEITMOTIV : Mot allemand du vocabulaire de la musique (WAGNER) signifiant un thème caractéristique dominant et conducteur dans une suite, revenant fréquemment sous des variations diverses. (pluriel : *leitmotive*).

LOCUTEUR : Celui qui parle, auteur, énonciateur.

MÉTAPHORE : Figure de rhétorique. Procédé de langage consistant en une substitution analogique de concret à l'abstrait, d'images aux idées.

METASTASE : Figure de rhétorique par laquelle l'orateur rejette sur le compte d'autrui ce qu'il est forcé d'avouer.

METHODOLOGIE : Théorie des méthodes ; réflexion sur les méthodes.

MÉTONYMIE : Figure de rhétorique. Procédé de langage par lequel on exprime un concept au moyen d'un autre qui lui est uni par une relation essentielle.

MONEME : Unité élémentaire ayant un sens, unité significative de base selon la terminologie de A. MARTINET. Egal pratiquement à *mot* (désinence incluse).

MOT-BASE : Mot sélectionné pour représenter tous ses synonymes. Simplification de vocabulaire qui est utile en analyse documentaire, et pour la constitution des **thésaurus.**

MOT-CLÉ : Mot important pour le sens général du texte. Mot dont l'oubli ou la méconnaissance entrave sérieusement la compréhension du document ou de l'unité considérée.

MOT-OUTIL : Mot exprimant seulement une relation entre les termes de la phrase. Mot fonctionnel (exemple les articles, les conjonctions).

MOT VIDE : Mot dont la suppression n'entrave pas l'intelligibilité du texte.

NORMALISATION (d'un texte) : Manipulation lexicologique et syntaxique d'un texte pour éliminer les synonymes (ramenés à des **mots-bases**) et les ambiguïtés de sens.

PARADIGME : 1) (sens traditionnel) : Modèle de référence pour comprendre le déroulement ou le fonctionnement d'un processus quelconque. 2) (sens linguistique) : Unité étudiée pour elle-même ; mot défini sans référence aux rapports **réels** qu'il a dans le texte. Dans ce sens s'oppose à **syntagme.** Adj. **paradigmatique.**

PARALANGAGE : Terme introduit par TRAGER (1958) pour désigner tout ce qui accompagne (non-verbal) la parole : ton, rythme, mimiques, mouvement des mains et de la tête, etc...

PARATAXE : Juxtaposition des propositions sans mentionner leurs rapports grammaticaux. Ex. il réussira, il a confiance en lui-même (ellision de « parce que »).

PAROLE : En linguistique s'oppose à **langue** (système existant en dehors de ceux qui parlent et en l'absence de leurs discours éventuels) pour désigner la langue en action chez un locuteur, et donc plus généralement l'individu parlant, utilisant à son initiative *(performance)* la langue qu'il connaît (*compétence* selon CHOMSKY).

PATTERN (anglais) : Configuration, forme générale, structure, modèle.

PERTINENCE : Critère de validité des **catégories** qui est leur adaptation au texte à analyser et aux objectifs de l'analyse. Adéquation. Etre approprié à...

PHONEME (linguistique) : La plus petite unité *dépourvue de sens* que l'on puisse délimiter dans le langage parlé. Chaque lettre de l'alphabet est un phonème. Une langue se définit par les différenciations et les types d'associations de phonèmes.

POLYSEMIE : 1) Multiplicité des sens d'un même mot à quoi s'ajoutent les homonymes. Facteurs d'erreurs sur le sens. 2) Multiplicité des sens d'un texte

entier, soit à cause des connotations diverses (R. BARTHES), soit à cause du double-sens intentionnel, soit du fait du symbolisme du texte (énigmes, relevant de l'**herméneutique**).

PROSOPOLOGIE : Etude des muscles du visage et des mimiques dues à leurs contractions multiples. Caractérologie fondée sur la signification des expressions du visage et de leurs traces chroniques.

REDONDANT : Qui répète ce qui a déjà été dit, et donc sans apporter d'information nouvelle.

REFERENT : Ce dont on parle : la réalité, le problème, l'objet du discours. Ce à quoi renvoie un signe linguistique ; ce qu'il désigne hors de lui.

SAUSSURIEN : Qui se rapporte ou se réfère à DE SAUSSURE, fondateur de la linguistique (1915).

SEMANTIQUE (nom féminin) : Science du sens et des règles d'apparition du sens dans la langue et la parole, étude des conditions du sens, des synonymes, des équivalences de sens, des champs sémantiques des termes, des connotations, etc... Etude des rapports entre les signes linguistiques et leurs référents.

SEMANTIQUE (adj.) : Qui concerne la signification ou l e s significations. Le *champ sémantique* d'un mot est l'ensemble de ses sens, de ses valeurs, de ses référents, de ses emplois. Trait sémantique : cf. **sème.**

SEME : Unité de signification non susceptible de réalisation indépendante et faisant toujours partie du champ sémantique d'un mot. Synonyme de *trait sémantique* ou de constituant sémantique. Ainsi *froid* est un sème de *serpent,* à côté d'autres sèmes comme *rampant, cylindrique,* etc...

SEMEME : 1) Configuration des sèmes au sein d'un mot. 2) Sème de catégorie supérieure regroupant plusieurs *traits sémantiques* des mots d'un texte *(sémème construit).*

SEMIOLOGIE : Etude de la vie des signes (langage, signaux, rites, coutumes, codes divers) au sein de la vie sociale.

SEMIOTIQUE : Etude des signes autres que le langage au sein de la vie sociale.

SEMIQUE (analyse) : Recherche méthodique des sèmes.

SENS : Signification, valeur, idée (jugement ou opinion ou conception) exprimée par un énoncé ; le sens est partiellement indépendant de la régularité de la structure grammaticale de la phrase (ex. le parler « petit-nègre »).

SIGNIFIANCE : Qualité de ce qui a un sens, une signification. Valeur de signification ; qualité de ce qui est significatif.

SIGNIFIANT : Ce qui, dans le signe, est *perceptible* (le son s'il s'agit de parole, les traits, les lettres dans leur contraste et par rapport au papier s'il s'agit d'écriture, la couleur et la surface s'il s'agit d'une affiche colorée, etc...). Paradoxalement on appelle donc *signifiant* ce qui, en soi, ne signifie *rien.* Le signifiant est cependant le véhicule sensoriel sans quoi il n'y aurait pas ultérieurement de sens **signifié.**

SIGNIFIÉ : Ce que veulent dire le texte ou l'image ou les sons ; leur sens. Tout signe a donc une face sensorielle et matérielle sans signification (le signifiant) et une face intellectuelle ou chargée de sens (le signifié).

STRUCTURE : Organisation interne d'un ensemble fonctionnant comme un système.

STRUCTURALE (analyse) : Recherche du principe organisationnel d'un système ou de sa configuration dynamique.

SYNECDOQUE : Figure de style utilisant la partie pour le tout (ex. la *voile* pour le *navire*).

SYNONYMIE : Equivalence de sens entre plusieurs termes ou plusieurs expressions d'une même idée.

SYNTACTIQUE : Synonyme de **syntaxique.**

SYNTAGMATIQUES (rapports) : 1) Relations réglées existant à l'intérieur du syntagme. 2) (par opposition à *paradigmatique*) rapports de fait existant entre des concepts au sein d'une conception d'ensemble exprimée par un discours.

SYNTAGME : 1) Groupe de mots allant ensemble et constituant à ce titre une partie de l'énoncé, sans que la place de ce groupe soit fixée par des règles grammaticales. Ex. *je regarde par la fenêtre* est un énoncé à 2 syntagmes. 2) Suite de termes constituant le noyau du sens d'un énoncé.

SYNTAXE : Etude des constructions grammaticales d'un texte, des rapports entre les syntagmes dans la phrase.

SYNTAXIQUE : Qui a trait à la syntaxe, qui relève de la syntaxe.

SYNTOL : Abréviation de *Syntagmatic Organization Language*. Type de langage **documentaire** permettant de **normaliser** et de traduire un texte en un code de telle sorte qu'un ordinateur puisse faire les opérations ultérieures.

TAXINOMIQUE : Désigne toute procédure d'analyse qui réorganise le texte et le transforme selon certaines règles en vue d'atteindre les objectifs de l'analyse.

TEXTE : Ensemble des énoncés linguistiques soumis à l'analyse de contenu Pratiquement synonyme, au sens large, de corpus.

THEMATIQUE (analyse) : Recherche méthodique des thèmes ou du thème central.

THEME : En analyse de contenu le *thème* est assimilable d'abord à une **catégorie** lorsqu'il s'agit d'opinions, d'attitudes ou de sentiments. Dans un sens plus étroit *(thème structural)* il est l'orientation de base d'un texte, l'idée-mère ou le *leitmotiv*.

THESAURUS : Genre de dictionnaire non-alphabétique qui ne comporte ni synonymes (regroupés sous un mot représentatif choisi) ni polysémies (redistribuées dans leurs acceptions respectives), et qui présente les mots par groupes dans lesquels sont explicitées les relations logiques, linguistiques et sémantiques.

TMESE : Figure de rhétorique consistant à séparer deux mots habituellement adjacents. Ex. *puis donc qu'on me permet...*

TRANSACTIONNELLE (analyse) : Type d'analyse de situation en termes de rôles se déterminant réciproquement dans un système global où chaque élément retentit sur le tout et est influencé par chaque autre élément du système.

TRANSFORMATION : Réécriture d'un énoncé de façon à ce qu'il ait une autre forme grammaticale sans que le sens soit changé.

TRANSFORMATIONNELLE (analyse) : Etude des règles des transformations des énoncés et de leurs conditions (linguistiques ou sémantiques selon les auteurs).

TRANSFORMATIONNELLE (grammaire): Développée après sa « Grammaire générative » par CHOMSKY, la grammaire transformationnelle étudie pratiquement les règles et les processus par lesquels une même « phrase-noyau » (entendez tout simplement *quelque chose de clair à exprimer :* une remarque, une idée, un désir...) peut se formuler de multiples façons grammaticalement correctes et différentes, pour signifier la même chose.
Cette grammaire intéresse l'analyse de contenu car elle permet l'inverse : ramener méthodiquement des formulations diverses à une même « phrase-noyau ». Elle fonde la recherche des « équivalences sémantiques » si nécessaires dans la catégorisation des énoncés.

TRESOR : Cf. **thésaurus.**

UNITES D'ANALYSE DE CONTENU : Eléments permettant l'opération de codage et de catégorisation. Il y a plusieurs sortes d'unités : 1) *unité d'enregistrement*, ou minimum de contenu qui puisse être qualifié par une des catégories et classé ; 2) *unité d'énumération* ou plus petite unité en vue de la quantification (décompte de fréquence, calculs de surface ou de temps) ; 3) *unité de contexte* ou minimum de contenu à examiner pour que l'unité d'enregistrement ait un sens.

INDEX

Les nombres en italiques renvoient aux pages du lexique.